U0367382

一流大学研究文库
WCU SERIES

教育部人文社会科学研究青年基金项目"我国一流工科建设成效评价研究"（23YJC88047）
江苏高校哲学社会科学研究一般项目"江苏高校优势学科建设成效评价研究"（2023SJYB0559）
江苏省教育科学规划高校青年专项课题"江苏高校一流学科建设成效评价与提升路径研究"（C/2023/01/65）

我国理工类一流学科国际水平评价研究

Research on International Level Evaluation of China's First-class Science and Engineering Disciplines

姜 凡 刘念才 著

上海交通大学出版社
SHANGHAI JIAO TONG UNIVERSITY PRESS

内容提要

本书聚焦我国理工类一流学科国际水平的评价及提升研究,运用访谈法、比较分析法、案例分析法等对具体问题展开研究,得出以下结论:我国理工类一流学科国际水平的评价需要高精尖评价指标体系;我国理学类一流学科国际水平的总体表现与理学类世界一流学科存在明显的差距,工学类一流学科国际水平的总体表现与工学类世界一流学科的差距不大,但在国际学术大师、重大原创性成果和拔尖创新人才方面均与理工类世界一流学科存在明显的差距;以论文、项目为导向的"短平快"式的评价体系、一流科研平台和学科交叉融合不足等因素是造成以上差距的主要原因。本书适合高等教育管理者、高等教育研究者阅读和使用。

图书在版编目(CIP)数据

我国理工类一流学科国际水平评价研究 / 姜凡,刘
念才著. —上海:上海交通大学出版社,2024.3
　　ISBN 978 - 7 - 313 - 30227 - 4

　　Ⅰ.①我…　Ⅱ.①姜…　②刘…　Ⅲ.①高等学校-学
科建设-研究-中国　Ⅳ.①G642.3

　　中国国家版本馆 CIP 数据核字(2024)第 037195 号

我国理工类一流学科国际水平评价研究

WOGUO LIGONGLEI YILIU XUEKE GUOJI SHUIPING PINGJIA YANJIU

著　　者：姜　凡　刘念才
出版发行：上海交通大学出版社　　　　　地　　址：上海市番禺路 951 号
邮政编码：200030　　　　　　　　　　　电　　话：021 - 64071208
印　　制：上海万卷印刷股份有限公司　　经　　销：全国新华书店
开　　本：710 mm×1000 mm　1/16　　　印　　张：13.75
字　　数：218 千字
版　　次：2024 年 3 月第 1 版　　　　　印　　次：2024 年 3 月第 1 次印刷
书　　号：ISBN 978 - 7 - 313 - 30227 - 4
定　　价：78.00 元

前　言

在知识经济时代,世界一流大学和世界一流学科在提升国家软实力、增强国家国际竞争力上发挥着日益重要的作用。截至 2023 年,已有 30 多个国家出台了世界一流大学和一流学科建设相关计划,旨在促进科技的进步和知识的创新,以保障在激烈的国际竞争中占据主导地位。随着我国世界一流大学和一流学科的建设,国内学者对世界一流大学和一流学科的关注日益渐增,但还鲜有研究从国际比较视角出发,立足"世界一流"标准,通过实证研究方法,系统、全面地探索我国理工类一流学科国际水平的评价体系。

本书通过访谈法、比较分析法、案例分析法系统地探索了我国理工类一流学科国际水平的评价及提升对策。具体而言,首先,对来自 32 所"双一流"建设高校的 133 位理工科专家进行了访谈,旨在探析初步构建的评价体系的科学性与合理性,以及探讨如何推动我国理工类一流学科国际水平的提升。其次,基于构建的评价指标体系,对我国理工类一流学科的国际水平展开了定量评价和国际比较。最后,对 5 个世界理工类一流学科展开了案例研究,以剖析其可借鉴经验。

本书共八章:

第一章为绪论,主要介绍了本书的研究背景与意义、概念界定、理论基础、研究问题等内容。

第二章为文献综述,梳理了国内外学科评价的发展历程;国内外一流学科评价理念、评价指标及体系、评价实践;国内外一流学科及理工类一流学科国际水平评价指标体系的构建及评价实践;国内外一流学科国际水平提升等内容。

第三章为研究设计与方法,首先阐释了样本学科、样本高校的选取方法和结果,其次概述了本书所采用的研究方法并阐明了具体的研究思路和步骤,最后详细介绍了每种方法的数据收集和分析过程。

第四章至第七章为本书的核心内容,主要围绕三大研究问题展开。

第四章主要讨论了理工类一流学科国际水平高精尖评价指标体系的构建。

第五章首先运用构建的评价指标体系对我国理工类一流学科国际水平展开了实证评价并进行了国际比较,然后结合学科专家调研结果和相关文献对评价结果进行了分析。

第六章主要针对评价结果及其分析结果,针对性地选取了5个世界理工类一流学科进行案例研究,探讨了其可借鉴的发展经验。

第七章主要提出了我国理工类一流学科国际水平提升的对策建议。

第八章为本书的主要结论与展望,总结了本书的主要结论,同时指出了研究中存在的不足并阐述了后续的研究展望。

总的来说,本书对理工类一流学科国际水平的评价及提升对策进行了全面、系统的探索,有助于推动学科评价的发展,也有助于明晰我国理工类一流学科的国际水平,以及与世界理工类一流学科之间的差距和相对位置,对促进我国理工类一流学科国际水平的提升和世界一流学科的建设具有重要的现实意义。

本书的创新性主要体现在:第一,构建了理工类一流学科国际水平高精尖评价指标体系。本书在结合世界一流学科内涵、"双一流"建设相关政策文件、学科评价系统论等理论的基础上,秉承"遵循世界一流标准、甄选顶尖、高端指标"和"聚焦世界一流目标、促进世界一流学科建设"的理念,分析与借鉴了国内外一流学科评价指标及体系,并通过实证方法构建了理工类一流学科国际水平高精尖评价指标体系。该评价指标体系所选取的指标均是能够衡量世界一流学科水平的顶尖、高端指标,是学界少有的理工类一流学科国际水平高精尖评价指标体系。第二,找到了在高精尖评价指标上我国理工类一流学科与理工类世界一流学科的差距,有利于推动我国理工类一流学科的建设。本书运用构建的评价指标体系,充分利用了现有的统计渠道,借助了计算机辅助技术来获取指标数据并构建数据库,定量比较了我国理工类一流学科和理工类世界一流学科的国际水平,找到了在高精尖评价指标上两者间的主要差距,明晰了我国理工类一流学科在世界理工科体系中的相对位置,有利于引领我国理工类一流学科加快建成世界一流学科。

目　录

图目录

表目录

第一章
绪　论

本章主要阐释了研究背景、研究意义、核心概念、理论基础、研究问题、研究内容、研究技术路线图等内容。

第一节　研究背景与意义

一、研究背景

1. 国际背景

在当今知识经济时代，一国唯有坚持以科技进步和知识创新为先导，才能促使生产力实现质的飞跃，才能在激烈的国际竞争中占有一席之地。加快高等教育发展，创建世界一流大学和一流学科，是迅速促进科技进步和知识创新的关键，也是保障一国在激烈的国际竞争中占据主导地位的战略性措施。因此，创建世界一流大学和一流学科，提升本国一流大学和一流学科的国际水平成为诸多国家高等教育改革的重要举措。截至2023年，已有30多个国家出台了世界一流大学和一流学科建设相关计划，如德国的卓越计划（Excellence Initiative）和卓越战略（Excellence Strategy）、日本的全球顶级大学计划（Top Global University Program）和世界顶级国际研究中心计划（The World Premier International Research Center Initiative）、法国的卓越大学计划（Initiatives' Excellence）、新加坡的卓越研究中心计划（Research Centres of Excellence）、加拿大的卓越研究中心网络计划（Networks of Centres of Excellence）、瑞士的国家竞争研究中心计划（National Centres of Competence in Research）等等。

伴随着世界一流大学和一流学科的建设,各国对本国一流大学和一流学科的水平展开了评价,以期通过评价加快世界一流大学和一流学科的建设,如澳大利亚政府相关部门开展的科研质量框架 RQF(Research Quality Framework)和卓越研究评价 ERA(Excellence in Research for Australia);英国政府相关部门开展的科研评价 RAE(Research Assessment Exercise)和科研卓越框架 REF(Research excellence framework)等。但由于评价工作的复杂性,各国的一流学科水平评价在取得一定进展或成绩的同时,仍面临着一些问题,如评价维度过于单一、过度重视科学研究的评价而忽视人才培养的评价等等。总之,如何构建评价及提升一流学科的水平是世界各国亟须解决的重大问题。

2. 国内背景

我国一直以来也致力于世界一流大学和一流学科的建设,从重点大学建设到"211 工程""985 工程"的建设,再到如今的"双一流"建设,推进世界一流大学和一流学科建设已成为我国高等教育改革与发展的重中之重。2015 年 11 月,国务院发布《统筹推进世界一流大学和一流学科建设总体方案》(简称"双一流"建设方案),明确提出要立足我国国情,加快建成一批世界一流大学和一流学科(简称"双一流"建设)①。2017 年,教育部、财政部、国家发展改革委联合出台了《关于公布世界一流大学和一流学科建设高校及建设学科名单的通知》,正式公布了"双一流"建设名单。2022 年,教育部等部委正式公布了第二轮"双一流"建设名单。在两轮"双一流"建设名单中,理工类学科的建设数量均占"双一流"建设学科总数的 60％左右②③。可见,理工类学科在"双一流"建设中占据着重要地位,其建设成效在一定程度上直接影响着我国"双一流"的建设成效。因而,如何对理工类一流学科的建设成效进行评价及促进其发展成为重中之重。

《"双一流"建设成效评价办法(试行)》明确指出"双一流"建设成效评价要以学科为基础,探索建设成效的国际比较,要科学确定相关领域的世界一流标杆,对建设高校和学科在全球同类院校相关领域的表现、影响力、发展潜力等进行综

---

① 国务院.统筹推进世界一流大学和一流学科建设总体方案[EB/OL].[2019－11－22].http://www.gov.cn/zhengce/content/2015-11/05/content_10269.htm.

② 教育部,财政部,国家发展改革委.《关于公布世界一流大学和一流学科建设高校及建设学科名单的通知》[EB/OL].[2019－11－22].http://www.moe.gov.cn/srcsite/A22/moe_843/201709/t20170921_314942.html.

③ 教育部,财政部,国家发展改革委.关于公布第二轮"双一流"建设高校及建设学科名单的通知[EB/OL].[2022－04－20].http://www.moe.gov.cn/srcsite/A22/s7065/202202/t20220211_598710.html.

合考察①。因此,这就要求从国际比较的视角来衡量我国理工类一流学科的水平及其与理工类世界一流学科的差距,即衡量我国理工类一流学科的国际水平及其与理工类世界一流学科的差距。同时,由"双一流"建设方案可知,我国"双一流"建设的目标是建成世界一流大学和世界一流学科,因此,选取能够衡量世界一流学科水平的顶尖、高端指标对我国理工类一流学科的国际水平进行评价,有利于寻找到我国理工类一流学科与理工类世界一流学科的差距、明晰其在世界理工科体系中的相对位置、推动其加快建成世界一流学科。然而,总体而言,当前与理工类一流学科国际水平评价及提升密切相关的研究还甚少。

综上所述,如何评价及提升理工类一流学科的国际水平,是我国在建设世界一流学科中亟须解决的问题,也是其他国家所亟须解决的问题。同时,发达国家一流学科水平的评价及提升经验可供我国学习借鉴。因此,在对理工类一流学科国际水平评价及提升展开研究时,既要立足我国国情,探讨符合我国理工类一流学科国际水平评价及提升之策;也要放眼国外,借鉴其他国家尤其是发达国家一流学科水平评价及提升的成功经验,构建出科学的理工类一流学科国际水平评价指标体系,探索出我国理工类一流学科国际水平提升之策,以加快我国理工类一流学科迈向世界一流的速度,并为他国一流学科水平的评价及提升提供中国方案与中国经验。

二、研究意义

在理论方面,本书旨在结合世界一流学科的内涵、"双一流"建设相关政策文件、学科评价系统论等理论,明确我国理工类一流学科国际水平高精尖评价指标体系构建的核心理念、基本原则和思路。在此基础上,分析与借鉴国内外政府相关部门、第三方评价机构、学界的一流学科评价或其科研评价指标及体系,并对学科评价专家和理工类学科专家展开调研,以此构建出理工类一流学科国际水平高精尖评价指标体系,希冀为一流学科评价的发展作出一定的学术贡献。

在实践方面,本书运用构建的理工类一流学科国际水平高精尖评价指标体系,对我国理工类一流学科和理工类世界一流学科的国际水平进行定量比较,对了解我国

---

① 教育部,财政部,国家发展改革委.关于印发《"双一流"建设成效评价办法(试行)的通知》[EB/OL].[2021-04-25].http://www.moe.gov.cn/srcsite/A22/moe_843/202103/t20210323_521951.html.

理工类一流学科的国际水平、寻找到其与理工类世界一流学科的差距,以及促进我国理工类一流学科国际水平的提升和世界一流学科的建设具有重要的现实意义。

第二节 概 念 界 定

一、学科

"学科"一词古老而意涵丰富,经历了从古拉丁文的"知识和权力"(disciplina)到乔塞时代的"各门知识"(discipline)再到现代意义上的"多层概念体系"(discipline)等多重洗礼,在时代演变的过程中逐渐衍生为一个内涵丰富的概念体系①。事实上,西方最初(中世纪大学前)并不划分学科,但随着时代的发展和知识的日趋专业化,学科的划分越来越细,越来越多。严格意义上的大学学科始于中世纪的大学,以古巴黎大学(University of Paris)开设的神学、法学、医学等学科为杰出代表②,现代意义上的大学学科则形成于 17—19 世纪。随着学科的发展,学科的内涵不断丰富,学者们对学科内涵的阐释也丰富多彩,大体上可归纳为知识说、组织说和规训说三种主流观点,如黑克豪森(Heckhausen)认为,学科是对同类问题所进行的专门研究,以便实现知识的新旧更替、知识的一体化以及理论的系统化和再系统化③;伯顿·克拉克(Burton Clark)认为,学科是一门门知识的"学科"和围绕这些"学科"而建立起来的组织④。

我国对学科的认知可追溯至唐代,当时主要是指学问的科目分类⑤。在《辞海》中,学科是指某个科学领域或一门科学的分支,或者是教学的科目⑥。在《汉语大词典》中,学科是知识或科学的一门分科⑦。国内学者对学科的内涵也进行了阐释,如阎光才认为,学科概念是一种倾向于自我收敛、刻意与其他知识形成边界,以做区分的知识与理论体系和训练活动⑧;宣勇认为,学科的概念有两种形态,一种是

---

① 朱明.我国大学学科水平评价问题研究[D].南京航空航天大学,2015:30.
② 张绍文.大学学科竞争力研究[D].华东师范大学,2016:15-16.
③ 杨天平.学科概念的沿演与指谓[J].大学教育科学,2004(01):13-15.
④ [美]伯顿·克拉克著.徐辉,王承绪译.高等教育新论:多学科的研究[M].杭州:浙江教育出版社,2001:105-117.
⑤ 朱明.我国大学学科水平评价问题研究[D].南京航空航天大学,2015:31.
⑥ 夏征农.辞海[M].上海:上海辞书出版社,1988:1126.
⑦ 罗竹风.汉语大词典[M].上海:汉语大词典出版社,1989:245.
⑧ 阎光才.学科的内涵、分类机制及其依据[J].大学与学科,2020,1(01):58-71.

"形而上",一种是"形而下";前者指学科是一个知识分类的体系,后者指学科是以组织的形态而存在的①;翟亚军则将学科概念的流派分为知识说、组织说和规训说②。

总体而言,对学科的理解伴随着人类知识的深化,从最初的单纯指知识领域或教学科目到大学出现后开始涉及组织建制,体现了学科的组织性;再到知识和组织双重作用下形成的学科文化以及此后所衍生出的学科制度、学科规范、学术共同体等,但值得注意的是,无论学科的概念及其内涵如何演变,学科作为知识门类这一本源意义从未改变③。

结合学界的观点及自身的理解,可以从以下几个层面阐释学科的内涵:

第一,学科的基本内涵是相对独立的知识体系,是一定科学领域的分支,是具有相同或类似知识的集合体。

第二,学科是一种专门化的组织。学科是划分和组合学术活动的基本组织,它把同一知识领域的专家学者汇集在一起进行知识探索。

第三,学科需要多要素支撑。学科是多要素支撑的系统概念,大学中的学科并非孤立的静态性概念,而是一个系统化的多要素组织系统,涉及办学条件、人才培养能力、科研质量、师资队伍等诸多方面。

第四,学科的分类是相对的。学科的分类标准并非固定的或统一的,它会因历史、文化、目标等不同被分割成不同的学科体系。不同国家会根据本国文化、经济等需要对学科进行划分,以形成符合本国需要和特色的学科体系,甚至同一国家在不同的历史时期或者基于不同的目的,对学科的划分也不尽相同。

二、世界一流学科

近年来,学界就世界一流学科的内涵、特征、建设路径等重要问题展开了诸多讨论。在世界一流学科内涵与特征方面,周光礼和武建鑫认为,世界一流学科应满足一流的学术队伍、一流的科研成果、一流的学生质量、一流的学术声誉四个条件④。眭依凡认为,世界一流学科应拥有一流的学者、一流的人才培养质量、一流的知识创新水平、一流的大学制度和文化等⑤。冯用军和赵雪认为,世

① 宣勇.大学学科建设应该建什么[J].探索与争鸣,2016(07): 30 - 31.
② 翟亚军.大学学科建设模式研究[D].中国科学技术大学,2007: 19 - 25.
③ 朱明.我国大学学科水平评价问题研究[D].南京航空航天大学,2015: 31.
④ 周光礼,武建鑫.什么是世界一流学科[J].中国高教研究,2016(01): 65 - 74.
⑤ 眭依凡.关于"双一流建设"的理性思考[J].高等教育研究,2017,38(9): 1 - 8.

界一流学科应拥有一流的学者队伍、一流的学生、一流的科技成果、一流的学术声誉、一流的社会服务和一流的国际影响①。宣勇认为,世界一流学科应拥有一流的学术组织和一流的学术产出②。"双一流"建设方案明确指出,建设传承创新优秀文化、建设一流的师资队伍、培养拔尖创新人才、提升科研水平、推进成果转化是"双一流"建设的主要任务③。

　　基于学科的内涵以及学者们对世界一流学科内涵的界定,本书认为,世界一流学科的内涵主要围绕师资队伍、人才培养、科学研究、社会服务、学科影响力5个核心要素展开,即世界一流学科应拥有一流的师资、一流的人才培养、一流的科研成果,同时能够服务国家和社会的发展,且在国际上有较大的影响力,见图1-1。可以从以下几个层面把握世界一流学科的内涵:

　　第一,从比较的范围来看,世界一流学科的比较范围是世界范围内的,而非国内范围内一流学科间的比较。比较的对象是世界范围内的同类或者同一学科。

　　第二,从核心支撑要素来说,世界一流学科是多要素支撑的系统概念,主要围绕师资队伍、人才培养、科学研究、社会服务、学科影响力5个核心要素展开。

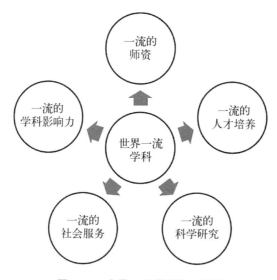

图1-1　世界一流学科核心要素

---

① 冯用军,赵雪.中国"双一流"战略:概念框架、分类特征和评估标准[J].现代教育管理,2018(01):12-18.
② 宣勇.建设世界一流学科要实现"三个转变"[J].中国高教研究,2016(05):1-6,13.
③ 国务院.统筹推进世界一流大学和一流学科建设总体方案[EB/OL].[2019-12-02].http://www.gov.cn/zhengce/content/2015-11/05/content_10269.htm.

第三,世界一流学科是世界范围内各类一流学科的集合或统称,可以包括理学类世界一流学科、工学类世界一流学科、医学类世界一流学科等,具体到一级学科层面,又可以包括世界一流化学学科、世界一流数学学科等。

三、理工类一流学科

厘清理工类一流学科的内涵需首先厘清一流学科的内涵。基于前文对世界一流学科内涵的界定,本书认为,一流学科是世界一流学科的上位概念,且相较于世界一流学科而言,一流学科的比较范围是模糊的。具体而言,从比较的范围上来看,一流学科既可以是国内范围内的一流学科,也可以是世界范围内的一流学科,即世界一流学科。同时,值得注意的是,尽管从比较的范围来看,一流学科可被划分为国内范围内的一流学科和世界范围内的一流学科,但这仅仅是从比较的范围对一流学科进行的划分。事实上,从比较的结果来看,由于国内范围内的一流学科的水平并不一定比世界范围内的一流学科低,因此,从这一角度而言,世界范围内的一流学科可能包含国内范围内的一流学科,即若国内范围内的一流学科的水平较高,达到世界一流水平,则属于世界范围内的一流学科;若国内范围的一流学科的水平仅达到国内一流水平,未达到世界一流水平,则不属于世界范围内的一流学科。基于此,结合前文对世界一流学科内涵的界定,本书认为可以从以下几个层面对一流学科的内涵进行把握:

第一,从比较的范围来看,一流学科的比较范围是模糊的,比较的对象既可以是国内范围内的同类或同一学科,也可以是世界范围内的同类或同一学科。就这一意义而言,一流学科既包括国内范围内的一流学科,又包括世界范围内的一流学科。

第二,从比较的结果来看,世界范围内的一流学科既可能包含国内范围内的一流学科,也可能不包含国内范围内的一流学科,只有当国内范围内的一流学科的水平达到世界一流学科的水平,其才隶属于世界一流学科。

第三,从核心支撑要素来说,一流学科也是多要素支撑的系统概念,主要围绕师资队伍、人才培养、科学研究、社会服务、学科影响力5个核心要素展开。

第四,从学科分类上来说,一流学科是各类一流学科的集合或统称,可以包括理学类一流学科、工学类一流学科、医学类一流学科等,具体到一级学科层面,又可以包括一流化学学科、一流数学学科等。

此外，如前文所述，学科的分类标准并非固定的或者统一的，它会因历史、文化、目标的不同被分割成不同的学科体系，甚至同一国家对学科的划分标准也不尽相同。如我国国务院学位委员会、教育部颁布的《学位授予和人才培养学科目录（2018）》将学科分为哲学、理学、工学、文学、农学、医学等13个学科门类以及111个一级学科，而国家技术监督局依据中华人民共和国国家标准GBT 13745—2009将学科划分为自然科学、工程与技术科学、人文与社会科学等5个学科门类以及62个一级学科。因而，根据不同的学科分类标准，学科被划分为不同的门类和一级学科。本书主要参考《学位授予和人才培养学科目录（2018年）》中的学科划分，并聚焦理学和工学门类，即主要对理工类一流学科进行研究。至此，本书认为理工类一流学科的内涵，可以参考本书所界定的一流学科内涵，只需将学科门类聚焦理学和工学门类即可。

四、理工类一流学科国际水平

结合以上对世界一流学科、一流学科、理工类一流学科内涵的界定，本书认为可以从以下几个层面对理工类一流学科国际水平的内涵进行把握：

从比较的范围来看，理工类一流学科国际水平的比较范围是世界范围内的同类或同一学科水平间的比较，而非国内范围内的同类或同一学科水平间的比较，即主要比较理工类一流学科在国际层面上的水平。

从比较的内容来看，理工类一流学科与一流学科和世界一流学科一致，亦即多要素支撑的系统概念，主要包括师资队伍、人才培养、科学研究、社会服务、学科影响力5个核心支撑要素，因此，可以围绕以上5个核心支撑要素对理工类一流学科的水平展开国际层面的比较，即比较理工类一流学科的师资队伍、人才培养、科学研究、社会服务、学科影响力在国际层面上的水平。

第三节　理　论　基　础

一、学科评价的系统论理论

1. 系统论的主要观点

系统论是在辩证唯物主义和唯物辩证法的深入发展以及现代科技理论发展

趋向整体化、综合化的前提下才作为一门科学诞生的①。系统论崇尚用系统的概念来把握研究对象，始终把研究对象当作一个整体来看待，并强调系统内部的结构和功能②。系统论强调任何一个系统都是由多个子系统组成的，各子系统间的相关关系和相互作用称为"耦合"③。系统论的观点主要包括：第一，整体性，系统是由若干子系统组成的整体，但并非是各子系统的简单叠加而形成的；第二，层次性，即各子系统都是按层次、等级组织起来的；第三，开放性，即任何一个系统都需要与外界环境进行物质、能量、信息等交换，与周围的环境相互影响、相互改变，系统的开放性是系统获得发展和稳定存在的前提④。

2. 系统论在学科评价中的应用分析

系统论是基于自然科学的世界观和方法论，为解决学科评价等问题提供了理论武器。系统论概括的观点、方法和理论，普遍适用于学科评价。在学科评价中，将系统的整体性、层次性等特征运用于评价指标体系的建立、评价结果的分析，有利于评价功能的实现。具体而言，系统的整体性要求对学科进行评价时将其视为一个系统，并对组成学科这一系统的各要素进行综合评价；系统的层次性要求对学科进行评价时按照系统层次分析法，把评价对象、评价指标分解成若干层次的子系统，并根据重要程度对各层次进行分析；系统的开放性要求对学科进行评价时注意学科与外部环境间的互动关系，各学科所处的环境可能存在差异，且对学科的影响也有所差异。因此在进行评价时，要注意学科与其环境之间的关系。本书基于系统论理论，在构建理工类一流学科国际水平高精尖评价指标体系时，将理工类一流学科的国际水平视为一个整体，并从要素层面分析理工类一流学科国际水平的基本构成，以及从结构层面分析各要素间的关系（即层次性）。

二、学科评价的钻石模型理论

1. 钻石模型理论的基本观点

1990 年，哈佛的迈克尔·波特（Michael Porter）基于竞争理论和比较竞争理论提出了波特菱形理论，又称钻石模型理论（Michael Porter Diamond Model），见

---

① ［美］路德维希·冯·贝塔朗菲著.秋同,袁嘉新译.一般系统论：基础发展应用［M］.北京：社会科学文献出版社,1987：8-9.
② 吴金培,李学伟.系统科学发展概论［M］.北京：清华大学出版社,2010：24.
③ 李燕.世界一流学科评价及建设研究［D］.中国科学技术大学,2018：21.
④ 魏宏森,曾国屏.系统论——系统科学哲学［M］.北京：清华大学出版社,1995：12.

图1-2。波特的钻石模型由六个要素组成,包括生产要素、需求条件、相关产业及企业战略、结构和同业竞争、政府功能和机遇。生产要素是指为产业发展提供基础支撑材料的要素,包括自然资源、人力资源、资本资源、知识资源等。需求状况是指市场的需求,如客户的需求等。相关和支持产业是指是否存在促进产业发展的产业群。企业战略、组织结构和同业竞争是指企业的组织架构、发展战略和竞争状况。政府功能是指政府为企业创造的公平的竞争环境等辅助作用。机遇是指在企业正常运营过程中出现的突发偶然事件。其中生产要素,需求状况,相关和支持产业,企业战略、组织结构和同业竞争是钻石模型理论的四个关键要素,政府功能和机遇为辅助要素,这六个要素相互作用、相互影响。

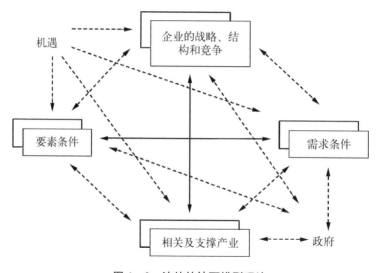

图1-2　波特的钻石模型理论

2. 钻石模型理论在学科评价中的应用分析

钻石模型要求对学科展开评价时应充分把握学科评价的关键因素和辅助要素。学科评价的关键要素主要为:学科条件,包括师资队伍、科研平台等;学科产出,依据国家战略需求在人才培养、科学研究、社会服务等方面作出的贡献;学科外部环境,包括学科群、学科生态等因素;学科内部环境,包括学科发展目标与战略、学科组织结构、学科制度与文化等;辅助要素,包括国家政策及地方支持、时代所赋予的机遇等。本书基于钻石模式理论,在构建理工类一流学科国际水平高精尖评价指标体系时,将充分考虑师资队伍等学科条件,重点对学科依据国家战略需求在人才培养、原始创新、社会服务等方面的产出进行评价。学科外部环境和学科内部环境因当前缺乏具体的可操作性指标暂时无法对之展开评价，但对评价结果进行分析和提出具体的对策建议时，本书会以学科所处的内、外部环境作为分析框架。

第四节 研 究 设 计

一、研究问题

研究我国理工类一流学科国际水平的评价及提升问题具有重要的理论价值和现实意义。已有研究对一流学科水平的评价及提升做了大量的探索，为本书奠定了良好的基础。遍览已有文献发现，当前学界主要借用 ESI 等数据库或学科排名对理工学门类下的个别一级学科进行国际比较研究，以此得到学科的国际水平，并提出一些对策建议。而通过构建理工类一流学科国际水平高精尖评价指标体系，对我国理工类一流学科和理工类世界一流学科国际水平进行定量比较的系统的、全面的研究较少。基于此，本书重点探讨以下三个问题：

第一，如何构建适用于我国理工类一流学科国际水平评价的指标体系？

第二，我国理工类一流学科的国际水平如何？与理工类世界一流学科存在哪些主要差距？造成差距的主要原因是什么？

第三，如何推动我国理工类一流学科国际水平的提升？

二、研究内容

本书结合"世界一流学科"的内涵、"双一流"相关政策文件和学科评价相关理论，明确了我国理工类一流学科国际水平评价的核心理念、基本原则等内容，在此基础上，借鉴国内外政府相关部门、第三方评价机构、学界有关一流学科及理工类一流学科评价指标体系的研究，并结合对我国近 150 名理工类学科专家调研的结果，构建了我国理工类一流学科的国际水平评价指标体系。与此同时，选取世界一流学科作为对照组，运用构建的评价指标体系，收集评价指标体系中相关指标数据，对我国理工类一流学科的国际水平与世界一流学科进行定量比较分析，并基于理工类学科专家的调研结果和相关文献对定量比较的结果展开

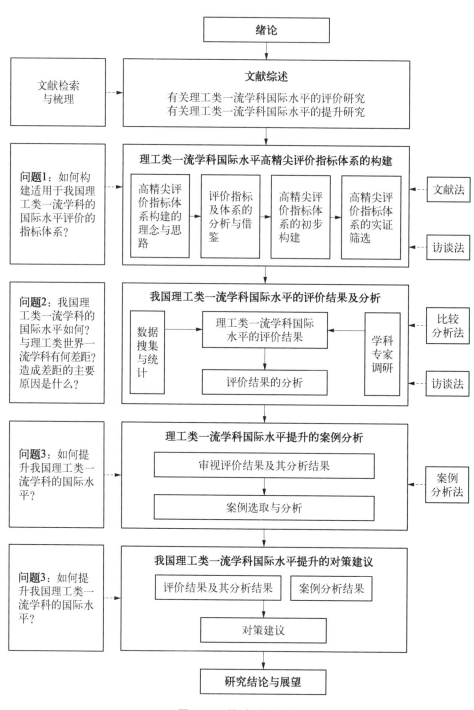

图 1-3 技 术 路 线 图

了分析与案例研究,主要选取了 5 个世界理工类一流学科进行深度案例分析,探讨其提升经验。最后,结合实证评价及其分析结果、案例研究结果,针对性地提出我国理工类一流学科国际水平提升的对策,为我国理工类一流学科国际水平的提升提供借鉴。

三、技术路线

本书围绕我国理工类一流学科国际水平评价及提升这一核心主题展开。首先,通过对相关文献的梳理,选择了合适的研究方法、明确了评价指标体系构建的理念和思路,并初步构建了我国理工类一流学科国际水平高精尖评价指标体系;其次,运用访谈法对初步构建的高精尖评价指标体系的科学性和合理性进行了评价,完成了我国理工类一流学科国际水平高精尖评价指标体系的构建;再次,运用所构建的高精尖评价指标体系对我国理工类一流学科和理工类世界一流学科的国际水平进行了定量比较,并结合理工类学科专家的调研结果和相关文献的梳理结果对定量比较的结果进行了分析;基于定量比较的结果及其分析结果,运用案例分析法对案例学科在国际学术大师引育、重大原创性研究开展等方面的举措进行分析与讨论,挖掘其借鉴价值。最后,基于定量比较、分析与案例研究的结果,提出我国理工类一流学科国际水平提升的对策建议。本书的技术路线图见图 1 - 3。

第二章
文献综述

本章紧紧围绕本书的研究问题和核心章节展开,主要包括三部分:有关理工类一流学科国际水平评价的研究,涉及一流学科评价理念、评价指标体系、一流学科及理工类一流国际水平评价等内容;有关理工类一流学科国际水平提升的研究,涉及学科国际水平提升、一流学科形成的影响因素、一流学科建设中存在的问题及对策等内容;文献述评。

第一节　有关理工类一流学科国际
水平评价的研究

一、学科评价

1. 学科评价发展概述

国外的学科评价始于美、英等发达国家。早在 1906 年,美国在高校范围内开展的高等教育评价活动,便可看作是学科评价活动的开端[①]。随着各国大学及学科评价活动的兴起,学科评价的内容、方法、主体等都发生了巨大的变化,且受到了高度关注。诸多第三方评价机构对学科展开了评价,并将评价的结果进行排名,即学科排名。除第三方评价机构开展的学科排名外,各国政府和学界也开展了一系列学科评价研究和实践,如英国的 REF 评价、澳大利亚的 ERA 评价。在学界,也产生了丰硕的学术专著和论文,如比彻(Becher)的《学术部落及其领地》(*Academic Tribes And Territories*)、克龙巴赫(Cronbach)的

---

① 朱明.我国大学学科水平评价问题研究[D].南京航空航天大学,2015:10.

《通过评价改进教程》(*Course Improvement Through Evaluation*)、斯塔弗尔比姆(Stufflebeam)的《评估模型》(*Evaluation Models*)。

与国外相比,我国的学科评价始于 20 世纪 80 年代,与我国高等教育研究的发展基本同步。1985 年,国家教委(今教育部)开启了全国重点学科评估工作;自 1986 年始,又组织开展了三次评估工作。与重点学科评估发展相匹配的是我国一级学科整体水平评估的快速开展。1995 年,我国开启了一级学科整体水平评估工作,至今为止已开展了五轮评估工作。在国家重点学科和一级学科整体水平评估的推动下,一些民间组织和中介机构也开展了学科评价实践。如中国管理科学研究院广东分院、上海软科教育信息咨询有限公司(简称软科)等为代表的一级学科评价与排名。

总体而言,随着学科评价活动的开展,以及社会各界对学科的关注,学科评价得以不断发展,形成了比较成熟的理论体系和实践评价经验。

2. 学科评价指标及体系与评价方法研究

国内外学者对学科评价指标及体系和评价方法展开了深入的研究。在评价指标及体系方面,国外相关研究主要集中在科学计量学领域,如加菲尔德(Garfield)提出的影响因子[1]、赫希(Hirsch)提出的 H 指数[2]等,均为学科评价的实践提供了参考。同时,也吸引了一大批从事科学计量学研究的学者投身于学科评价研究中,他们或创立新的指标,或对既有指标进行改进,如沃尔特曼(Waltman)和艾克(Eck)创立了源标准化引用分数(Source Normalization Citation Score,简称 SNCS)指标[3];博恩曼(Bornmann)和丹尼尔(Daniel)对 H 指数进行改进形成了 H 指数(H-index)谱系[4];拉恩(Raan)利用皇冠指标(Crown indicator),通过将篇均被引数与学科均被引数的比值(即篇均被引数/学科均被引数)与世界平均值进行对比,以此来判断学科发展的层次[5]。库尼亚(Cunha)

① Garfield E. The diverse roles of citation indexes in scientific research[J]. Revista De Investigación Clínica,1998,50(06):497 - 504.
② Hirsch J E. An index to quantify an individual scientific research output[J]. Proceedings of the National academy of Sciences,2005,102(46):16569 - 16572.
③ Waltman L,Eck,N J V. A systematic empirical comparison of different approaches for normalizing citation impact indicators[J]. Journal of Informetrics,2013,7(04):833 - 849.
④ Bornmann L,Daniel H D. What do we know about the h Index? [J]. Journal of the Association for Information science & Technology,2010,58(09):1381 - 1385.
⑤ Graham G P. The Remains of a British Discipline[J]. Journal of Geography in Higher Education,2007,31(03):353 - 379.

和罗恰(Rocha)运用数据包络分析(Data Envelopment Analysis,简称 DEA)方法以机构的总拨款额、总支出、总学术人员为输入指标,以研究生总数、授予博士学位人数等为输出指标对葡萄牙公立高等教育机构的相对效益进行了分析①。

国内学者有关学科评价指标及体系的研究主要集中于通过对学科及学科建设内涵的分析,并借用学科排名指标体系来探讨学科评价指标的设置及其体系的构建,如郑莉在对学科内涵以及学科建设内涵剖析的基础上,构建了"体用"结合的学科评价体系,并指出对学科"用"的评价主要是对学科人才培养、科学研究、社会服务等产出水平的评价,对学科"体"的评价主要是对学科的组织使命、结构、制度、文化与制度、资源等发展水平的评价②。郝玉凤在对 QS 世界大学学科排名(QS World University Rankings by Subject)、软科世界一流学科排名(Shanghai Ranking's Global Ranking of Academic Subjects,简称 GRAS)等排名指标体系分析的基础上指出,在制定学科评价指标体系时要采用综合性指标、与国际接轨的通适指标,注重定性与定量评估相结合,指标权重分配要"因科制宜"等③。

在评价方法方面,国内外学者也展开了丰富的研究,如颂巴松波普(Sombatsompop)等关注影响因子分数平均值,将期刊的影响因子分数平均值运用于学科评价中,并指出该方法适用于对不同学科领域进行比较评价④。威廉姆斯(Williams)等运用了国际同行评议和学科绩效统计两种方法对澳大利亚大学的学科声誉进行了评价,并指出这两种方法的相关性很高⑤。罗德里格斯(Rodriguez)对美国和欧洲的高引用论文和诺贝尔奖进行了比较研究,并采用经验方法建立了重要的文献计量指标⑥。哈亚希(Hayashi)认为学术成果的完整数据、定性评估或使用自下而上的评估方法、与研究相关的社会影响等是人文社会科学研究评价的关键⑦。

---

① Cunha M,Rocha V. On the efficiency of public higher education institutions in portugal:an exploratory[J]. FEP Working Papers,2012(12):13-16.
② 郑莉.建构"体用"结合的学科评价体系[J].中国高教研究,2016(05):25-27,67.
③ 郝玉凤.全球性大学学科评价指标体系分析及其启示[J].中国高等教育评估,2015(05):33-38.
④ Sombatsompop N,Markpin T. Making an equality of ISI impact factors for different subject fields[J]. Journal of the American Society for Information Science and Technology,2005(56):676-783.
⑤ Williams R,Van-Dyke N. Reputation and Reality:Ranking Major Disciplines in Australian Universities [J]. Higher Education,2008,56(01):1-28.
⑥ Rodriguez-Navarro A. Research assessment based on infrequent achievements:a comparison of the United States and Europe in terms of highly cited papers and Nobel Prize[J]. Journal of the Association for Information Science and Technology,2016,67(03):731-740.
⑦ Hayashi T. Research assessment in the humanities and social sciences in the national university evaluation[J]. Trends in the Science,2018,23(10):10-16.

梁燕等人在分析与借鉴学界指标体系的基础上,利用层次分析法对指标权重进行赋值,完成了高校科技创新能力评价指标体系的构建①。梁传杰对学科绩效评价的方法展开了研究并指出,指标权重法和数据包络分析法各有优缺点,在进行学科绩效评价时需要结合不同的方法来弥补缺陷②。李明将传统的 DEA 模型与模糊数相结合,创新了一种基于模糊 DEA 的学科绩效评价方法③。

二、一流学科评价

与一流学科评价相关的文献十分丰富,本小节根据本书的主要研究问题,围绕一流学科评价的理念、一流学科评价的指标及体系、一流学科评价的实践三个主题,对相关文献进行了梳理。

1. 一流学科评价的理念

尽管目前与一流学科评价理念直接相关的文献仍较少,但从相关的文献中仍可窥探出一些端倪,即一流学科评价必须遵循“一流”的理念,必须用“一流”的标准来评价一流学科,如在人才培养维度,必须评价其所培养人才的卓越性与高端性等;在科学研究维度,必须评价其取得的重大原创性成果、在国际学科前沿中的引领地位等;在社会服务维度,必须评价其服务国家经济社会发展和服务国家重大战略需求的能力等;在师资队伍维度,必须评价其拥有的一流学者或学术大师等。

英国的 REF 科研评价要求从原创性(Originality)、重要性(Significance)、严谨性(Rigour)角度出发,参考国际研究质量标准对一流学科的产出进行评价,如从重要性角度,根据一流学科的研究成果是否产生重大社会影响来评价其科研影响;从活力和持续性的角度,根据一流学科的科研环境是否有利于产生高质量的研究成果来评价其科研环境④。澳大利亚的 ERA 科研评价是在遵循国际认可、学科间可比性、能识别卓越成果等 8 项原则的基础上构建的,同样参考国际

①　梁燕,耿燕,林玉伟,等.基于层次分析法的高校科技创新能力评价指标体系研究[J].科学学与科学技术管理,2009,30(05): 194 - 196.
②　梁传杰.论学科建设绩效评价[J].北京科技大学学报(社会科学版),2010,26(01): 158 - 161.
③　李明.基于模糊 DEA 的地方高校学科建设绩效评价方法研究[J].北京工业大学(社会科学版),2014,14(06): 73 - 79.
④　The Scottish Funding Council, the Higher Education Funding Council for Wales, the Department for the Economy of Northern Ireland. Research Excellence Framework 2021[EB/OL]. [2022 - 05 - 26]. http://www.ref.ac.uk/.

研究质量标准对一流学科的产出进行评价[①]。ERA 科研评价结果的等级划分，见表 2-1。我国的"双一流"建设相关政策文件也指出，对一流学科的评价要遵循"一流"的理念，如"双一流"建设方案明确指出"双一流"建设的指导思想要坚持以中国特色、世界一流为核心，以立德树人为根本，以支撑创新驱动发展战略、服务经济社会发展为导向；指出了"双一流"建设的基本原则，即坚持以一流为目标，引导和支持具备一定实力的高水平大学和高水平学科瞄准世界一流，汇聚优质资源，培养一流人才，产出一流成果，加快走向世界一流[②]。

表 2-1　ERA 2018 科研评价结果的等级划分

等　级	标　　准
5	远远超过世界水平(达到世界顶尖水平)
4	超过世界水平(达到世界领先水平)
3	达到世界平均水平
2	低于世界平均水平
1	远落后于世界平均水平
不适用	没有达到评价标准，未给予评价

资料来源：https://dataportal.arc.gov.au/ERA/NationalReport/2018/.

此外，从部分学者的研究中也能窥探出必须遵循"一流"的理念对一流学科展开评价，如宣勇提出，世界一流学科建设是建设世界一流的学科组织，提高学科的学术产出能力，在人才培养、科学研究等方面生产出世界一流的学术成果[③]。周光礼和武建鑫指出，一流学科的评价标准应该兼顾学术标准和实践标准，其中从学术标准来看，一流学科有两个标志，一是拥有一流的科研，产出一流的学术成果；二是有一流的教学，培养出一流的人才，而一流的科研和一流的教学都依靠一流的学者队伍；从实践标准来看，一流的学科应该服务国家创新驱动发展战略、服务国家和区域经济社会发展[④]。王战军和杨旭婷指出，社会需求和本体需求的相互融合共同塑造了中国特色世界一流学科的独特内涵，为此，一流学科的

①　Australian Government，Australian Research Council. ERA National Report 2018 - 2019[EB/OL]. [2020 - 03 - 02]. https://dataportal.arc.gov.au/ERA/NationalReport/2018/.
②　国务院.关于印发《统筹推进世界一流大学和一流学科建设总体方案》的通知[EB/OL].[2019 - 12 - 02].http://www.gov.cn/zhengce/content/2015-11/05/content_10269.htm.
③　宣勇.建设世界一流学科要实现"三个转变"[J].中国高教研究,2016(05)：1 - 6,13.
④　周光礼,武建鑫.什么是世界一流学科[J].中国高教研究,2016(01)：65 - 73.

建设成效主要表现在对这两个需求的满足情况,即主要从一流学科提供的社会服务和取得的学科前沿引导地位来考察一流学科的建设成效①。

2. 一流学科评价的指标及体系

目前主要有政府相关部门、第三方评价机构、学界对一流学科或其科研评价指标及体系进行了探索。

(1)在政府相关部门层面,目前主要有英国的 REF 科研评价、澳大利亚的 ERA 科研评价、中国教育部学位与研究生教育发展中心(简称学位中心)开展的学科评估。

英国的 REF 科研评价。英国 REF 科研评价的前身是始于 1986 年的 RAE (Research Assessment Exercise)科研评价。1986—2008 年英国开展了六次 RAE 科研评价活动,但由于 RAE 主要是建立在同行评议基础之上的,其主观性使得科研评价饱受争议,如越有名的机构越容易获得较高的评价结果和较多的资助,造成了强者更强、弱者更弱的态势。为此,英国政府委托高等教育基金会 (Higher Education Funding Council for England,简称 HEFCE)重新设计科研评价体系,尽可能多地使用定量指标②。2014 年,英国首次使用 REF 科研评价体系开展了第七次科研评价活动,2021 年,完成了第二次 REF 评价。目前 REF 科研评价已成为其他国家的范例,引发了全球效应。在评价指标及权重上,2021 年 REF 科研评价指标体系包括科研产出(outputs)、科研影响(impacts)、科研环境(environment),三者的权重依次为 60％、25％、15％③,考虑到学科的特殊性, REF 在指标权重的设置上有所差异,见表 2 - 2。

表 2 - 2　2021 年 REF 科研评价指标体系(部分学科)

学 科 群	学 科 大 类	科研成果	科研影响	科研环境
医学、健康、生命科学	临床医学;公共健康、健康服务和初级护理;医学专业、牙医、护理和药学;心理学等	60	25	15

① 王战军,杨旭婷.世界一流学科建设评价的理念变革与要素创新[J].中国高教研究,2019(03):7-11.
② 刘莉.英国大学科研评价改革:从 RAE 到 REF[J].科学学与科学技术管理,2013,35(02):39-45.
③ The Scottish Funding Council, the Higher Education Funding Council for Wales, the Department for the Economy of Northern Ireland. Research Excellence Framework 2021[EB/OL]. [2022-05-26]. http://www.ref.ac.uk/.

续　表

学 科 群	学 科 大 类	科研成果	科研影响	科研环境
自然科学、工程学和数学	地球系统与环境科学；化学；物理；数学科学；计算机科学与信息；工程学等	60	25	15
社会科学	地理、环境研究；经济学和计量经济学；商业与管理研究；法学；社会学；教育等	60	25	15
艺术/人文社科	区域研究；现代语言与语言学；英语和文学；历史学；古典学；哲学；神学与宗教科学等	60	25	15

资料来源：https://www.ref.ac.uk/.

注：虽然对所有学科的评价都采用"科研成果""科研影响"和"科研环境"三个指标，且三个指标的权重均设为60%、25%、15%，但针对不同学科，"科研环境"下的各二级指标权重的设置有所差异。

澳大利亚的 ERA 科研评价。澳大利亚的 ERA 科研评价始于 2009 年，至今已完成四轮评价（2010 年、2012 年、2015 年、2018 年）。2018 年 ERA 科研评价指标体系包括科研质量（Indicators of research quality）、科研活动及数量（Indicators of research activity）、科研成果应用（Indicators of research application）[1]，见表 2-3。考虑到学科间的差异性，ERA 在进行评价时采用的指标会有所差异，这种差异主要体现在人文社科和其他学科之间。

表 2-3　2018 年 ERA 科研评价指标体系

评 价 维 度	相 关 描 述
科研质量	主要考察科研成果的内容水平、引文分析以及同行专家对学术机构科研产出情况的评价等
科研活动及数量	主要考察科研成果的数量、科研收入以及其他研究项目
科研成果应用指标	主要考察科研成果的商业性收入、专利、商标注册等

资料来源：https://dataportal.arc.gov.au/ERA/NationalReport/2018/.

---

[1]　Australian Government，Australian Research Council. ERA National Report 2018-2019[EB/OL].[2020-04-12]. https://dataportal.arc.gov.au/ERA/NationalReport/2018/.

中国学位中心的学科评估。中国教育部学位与研究生教育发展中心,自 2002 年首次开展学科评估以来,至今已完成了五轮学科评估。第四轮学科评估从"师资队伍建设与资源、人才培养、科学研究、社会服务与学科声誉"4 个维度及师资队伍质量、学位论文质量、优秀毕业生、出版教材、专利转化、科研获奖、科研项目、学科声誉等 23 个具体指标对一级学科展开评价(由于第五轮学科评估指标体系暂未公布,所以以第四轮学科评估指标体系为例)[①]。同时,第四轮学科评估考虑了学科间的差异性,对不同门类的学科,甚至是同一门类下不同的一级学科,进行评价时所采用的指标都会有所差异。第四轮学位中心理工类学科评估指标体系(由于第四轮学科评估未公布相应指标的权重,故暂无统计)见表 2-4。

表 2-4 第四轮学位中心理工类学科评估指标体系

一 级 指 标	二 级 指 标	三 级 指 标
师资队伍及资源	师资质量	师资队伍质量
	师资数量	专任教师数
	支撑平台	重点实验室、基地、中心
人才培养	培养过程质量	课程教学质量
		导师指导质量
		学生国际交流
	在校生质量	学位论文质量
		优秀在校生
		授予学位数
	毕业生质量	优秀毕业生
		用人单位评价

① 中国学位与研究生教育信息网.全国第四轮学科评估工作概览[EB/OL].[2020-04-20].http://www.cdgdc.ed-u.cn/xwyyjsjyxx/xkpgjg/.

续　表

一 级 指 标	二 级 指 标	三 级 指 标
科学研究	科研成果	学术论文质量
		出版教材
		专利转化
	科研获奖	科研获奖
	科研项目	科研项目
社会服务与学科声誉	社会服务贡献	社会服务贡献与特色
	学科声誉	学科声誉

资料来源：http://www.cdgdc.edu.cn/xwyyjsjyxx/xkpgjg/.

注：理工类学科不含理学中的统计学、工学中的建筑学、城乡规划学、风景园林学。

（2）在第三方评价机构层面，第三方评价机构开展的学科或学科领域排名主要有 QS 开展的 QS 世界大学学科排名、软科开展的软科世界一流学科排名（GRAS）、《美国新闻与世界报道》(*US News & World Report*，简称 US News)开展的 US News 全球最佳大学学科排名(The Best Global Universities Subject Rankings)、THE 开展的 THE 世界大学学科排名、美国科学信息研究所(Institute for Scientific Information，简称 ISI)推出的 ESI 数据库给出的 22 个学科领域排名。

QS 世界大学学科排名。从 2011 年开始，QS 推出了世界大学学科排名，目前已成为国际主流学科排名之一。在学科分类上，2021 年 QS 世界大学学科排名共覆盖数学、化学、物理与天文学、材料科学、计算机科学等 51 个学科，涉及艺术与人文、工程与技术、生命科学与医学、自然科学、社会科学与管理学 5 个学科领域。在评价指标与权重上，2021 年 QS 世界大学学科排名包括学术声誉、雇主声誉、篇均论文引用率、H 指数 4 个评价指标，且针对不同的学科设置了不同的指标权重[1]，见表 2 - 5。

---

① QS. QS World University Rankings By Subject：Methodology[EB/OL]. [2021 - 11 - 17]. http://www.iu.qs.com/un-iversity-rankings/subject-tables/.

表 2-5　2021 年 QS 世界大学学科排名指标与权重(部分学科)

学科门类	一级学科	学术声誉	雇主评价	篇均被引	H指数
艺术与人文	考古学、建筑学等	70	10	10	10
	哲学	75	5	10	10
工程与技术	化学工程、计算机科学等	40	30	15	15
生命科学与医学	医学、生物科学等	40	10	25	25
	牙医学;护理学;兽医学	30	10	30	30
自然科学	化学;数学;物理与天文学	40	20	20	20
	地球物理、材料科学等	40	10	25	25
社会科学与管理学	会计与金融学;商学;政治学	50	30	10	10
	传媒学、统计与运筹学等	50	10	20	20

资料来源: http://www.iu.qs.com/university-rankings/subject-tables/.

软科世界一流学科排名(GRAS)。2009 年上海软科首次发布世界一流学科排名(GRAS),主要对学科水平处于世界前 500 名的学科进行排名。在学科分类上,2021 年 GRAS 共覆盖物理学、数学、化学、机械工程、材料科学与工程等 54 个学科,涉及理学、工学、生命科学、医学、社会科学 5 个学科领域。在评价指标与权重上,2021 年 GRAS 排名指标体系包括论文总数、论文标准化影响力、国际合作论文比例、顶尖期刊论文数、教师获权威奖项数 5 个评价指标,且针对不同的学科设置了不同的指标权重[1],见表 2-6。

US News 全球最佳大学学科排名。《美国新闻与世界报道》作为美国最大的高等院校排名机构,在全球享有极高的知名度和影响力。在学科分类上,2021 年 US News 全球最佳大学学科排名共覆盖化学、数学、地球科学、材料科学、计算机科学、化学工程等 38 个学科或学科领域,这些学科或学科领域被进一步划分为软科学、硬科学等学科领域。在评价指标与权重上,2021 年 US News 全球最佳大学学科排名包括全球研究声誉、论文数、专著、论文篇均被引、高被引论文数量

---

[1]　软科.排名方法——2021 世界一流学科排名[EB/OL].[2021 - 11 - 17].https://www.shanghairanking.cn/method-ology/gras/2021.

（前 1%）、高被引论文（前 1%）百分比、国际合作论文数等 13 个评价指标。根据不同学科的特点，5 个学科领域所采用的评价指标及权重有所差异，甚至同一学科领域下不同的一级学科所采用的评价指标及权重也有所差异[①]，见表 2-7。

表 2-6　2021 年 GRAS 排名指标与权重（部分学科）

学科门类	一 级 学 科	重要期刊论文	论文标准化影响力	国际合作论文比例	顶尖期刊论文数	教师获权威奖项数
理学	物理学、化学、地球科学等	100	100	20	100	100
	数学	100	50	20	100	100
工学	机械工程、土木工程等	100	100	20	100	100
	通信工程、仪器科学等	200	100	20	0	0
生命科学	生物学、基础医学	100	100	20	100	100
	农学	200	100	20	0	0
医学	临床医学、口腔医学	100	100	20	100	100
	护理学、药学、医学技术	100	100	20	100	20
社会科学	经济学、统计学	150	50	10	100	100
	政治学、图书情报科学等	150	50	10	100	20

资料来源：https://www.shanghairanking.cn/methodology/gras/2021.

表 2-7　2021 年 US News 全球最佳大学学科排名指标与权重

评 价 指 标	使用 10 个指标评价的硬科学	使用 11 个指标评价的硬科学	使用 10 个指标评价的软科学	使用 11 个指标评价软科学	艺术与人文	计算机科学与工程
全球研究声誉	/	12.5	/	12.5	20	12.5
区域研究声誉	/	12.5	/	12.5	15	12.5
论文数	17.5	15	12.5	17.5	10	10

① US News. Ranking Indicators[EB/OL]. [2021-11-20]. https://www.usnews.com/education/best-global-universities/articles/subject-rankings-methodology.

续 表

评 价 指 标	使用 10 个指标评价的硬科学	使用 11 个指标评价的硬科学	使用 10 个指标评价的软科学	使用 11 个指标评价软科学	艺术与人文	计算机科学与工程
专著	/	/	/	/	15	/
会议论文	2.5	/	10	/	5	7.5
论文篇均被引	12.5	10	10	7.5	7.5	7.5
论文总被引次数	17.5	15	15	12.5	7.5	12.5
高被引论文数量（前 10%）	12.5	10	15	12.5	7.5	12.5
高被引论文（前 10%）百分比	7.5	5	7.5	5	7.5	5
高被引论文数量（前 1%）	7.5	5	7.5	5	/	5
高被引论文（前 1%）百分比	7.5	5	7.5	5	/	5
国际合作论文占本国国际合作论文比	7.5	5	7.5	5	2.5	5
国际合作论文数	7.5	5	7.5	5	2.5	5

资料来源：https://www.usnews.com/education/best-global-universities/articles/subject-rankings-methodology.

THE 世界大学学科排名。《泰晤士高等教育》已成为世界上较具影响力的大学排名和学科排名机构。在学科分类上，2021 年 THE 世界大学学科排名共覆盖化学、物理与天文学、计算机科学、化学工程、土木工程等 35 个学科或学科领域，涉及生命科学、物理科学、工程学等 11 个学科领域。在评价指标及权重上，2021 年 THE 世界大学学科排名包括教学、科研、论文引用、国际化、行业收入 5 个一级指标以及声誉调查、师生比、博士生与本科生比例、科研收入、科研生产力、篇均被引、国际教师比例、国际学生比例、国际合作论文比例等 13 个二级指标。针对不同的学科领域，THE 世界大学学科排名设置了不同的指标权重[①]，见表 2-8。

① THE. Methodology［EB/OL］.［2021 - 11 - 22］. https://www.timeshighereducation.com/world-university-rankings/by-subject.

表 2 - 8   2021 年 THE 世界大学学科排名指标与权重(部分学科)

学科门类	一级学科或学科群	教学	科研	论文引用	国际化	行业收入
临床与健康	医学和牙科;其他健康	27.5	27.5	35.0	7.5	2.5
生命科学	农业和林业;生物科学	27.5	27.5	35.0	7.5	2.5
物理科学	物理与天文学;化学;地质、环境	27.5	27.5	35.0	7.5	2.5
心理学	心理学;临床心理学	27.5	27.5	35.0	7.5	2.5
商业与经济学	业务及管理;会计和金融	30.9	32.6	25.0	9.0	2.5
教育	教育;教师培训;教育学术研究	32.7	29.8	27.5	7.5	2.5
法律	法律	32.7	30.8	25.0	9.0	2.5
社会科学	传播与媒体研究;社会学;地理	32.4	32.6	25.0	7.5	2.5
计算机科学	计算机科学	30.0	30.0	27.5	7.5	5.0
工程学	通用工程;土木工程;化学工程	30.0	30.0	27.5	7.5	5.0
艺术与人文	语言、文学和语言学;建筑学	37.4	37.6	15.0	7.5	2.5

资料来源:https://www.timeshighereducation.com/world-university-rankings/by-subject.

注:教学维度下包含声誉调查、师生比、博士生与本科生比例、教师中博士学位比例、机构收入 5 个二级指标;研究维度下包含声誉调查、科研收入、科研生产力 3 个二级指标;论文引用维度下只有论文篇均被引 1 个指标;国际化维度下包含国际教师比例、国际学生比例、国际合作论文比例 3 个二级指标。

ESI 学科排名。ESI 是美国科学信息研究所(Institute for Scientific Information,简称 ISI)推出的一种基本分析评价工具,主要用于衡量世界各国高校和研究机构的国际学术水平及影响力[1]。ESI 学科排名共覆盖数学、物理学、化学、地球科学、工程学、材料科学、计算机科学、药理学与毒理学等 22 个学科或领域,且主要集中于理工科学科领域。在评价指标与权重上,ESI 学科排名包括论文收录总数、论文被引总频次、篇均被引频次、高被引论文、热门论文、前沿论文 6 个评价指标,这 6 项指标主要体现了一所机构的科研生产力、科研影响力、科研发展力和科研创新力[2]。ESI 按照单个指标对学科或学科领域进行排名,各指标间相对独立。

(3)在学界层面,学界对一流学科评价指标及体系也进行了探索。如刘瑞儒和何海燕依据我国对世界一流学科建设标准要求,并参考国内外学科评价指

---

① 高敏,谈小龙.中国行业特色高校 ESI 学科排名研究[J].高教发展与评估,2019,35(03):30 - 38,56.
② 李兴国,张莉莉.世界一流大学建设的现实基础与路径选择——基于 38 所样本高校 ESI 学科指标的统计分析[J].高校教育管理,2015,10(06):149 - 155.

标体系后构建了世界一流学科建设中期绩效评估表,从学科建设指导思想、师资队伍与科研团队、科研成果水平、人才培养、社会服务与文化传承、国际视野、学科建设条件与利用、学科组织和学科声誉等 9 个维度,目标定位、建设思路、科研成果、成果转化、在校生、毕业生、国际合作交流、科研环境等 21 个一级指标,高被引科学家、科研骨干、论文数量、论文质量、出版专著、科研项目的数量与质量等 38 个二级指标对一流学科中期建设绩效进行评估[①]。冯用军和赵雪围绕"双一流"建设目标、基于第三方评价视角、借鉴国内外大学办学水平评价后构建了中国特色世界一流学科评估标准,从人才培养、学术研究、国际声誉 3 个维度,教学质量、师资队伍、培养基地、科研成果、科研基地、科研项目、社会影响 7 个二级指标,教学水平、杰出校友、杰出师资、学科建设、科研成果、创新基地、学术平台、科研项目、媒体影响、国际影响 10 个三级指标,国家级、省级学生奖励、世界级杰出校友、国家级和部省级杰出科学家和专家学者、诺贝尔奖等世界级科学奖励、教育部科研创新基地、国际或跨国重大科研项目等 26 个具体观测指标对一流学科建设成效进行评价[②]。李燕参考 ESI、QS、THE 等学科排名指标体系和学界现有的学科评价文献,对普林斯顿大学(Princeton University)的物理学科、麻省理工学院(Massachusetts Institute of Technology,简称 MIT)的化学学科等世界一流学科进行案例分析;并在对理学类 50 名专家展开调研的基础上构建了理学基础学科评价指标体系,包含学科声誉、学科条件、学科环境、学科产出 4 个一级维度,以及教学声誉、学术声誉、师资队伍、生源质量、资源投入、学科生态、国际合作、文化氛围、科研产出、人才培养、社会贡献 11 个二级维度[③]。

3. 一流学科评价的实践

政府相关部门、第三方评价机构、学界不仅对一流学科评价或其科研评价指标及体系进行了探索,也对一流学科展开了评价实践。其中,政府相关部门和第三方评价机构主要是通过构建评价指标体系对一流学科展开评价。学界主要是借用 ESI 等数据库或 QS 世界大学学科排名等全球性学科排名对一流学科展开评价。

(1)在政府相关部门及第三方评价机构层面,目前主要有英国高等教育基

① 刘瑞儒,何海燕.世界一流学科建设中期绩效考核评估研究[J].研究生教育研究,2018(02):60-66.
② 冯用军,赵雪.中国"双一流"战略:概念框架、分类特征和评估标准[J].现代教育管理,2018(01):12-18.
③ 李燕.世界一流学科评价及建设研究[D].中国科学技术大学,2018:41-92.

金会采用 REF 对英国一流学科展开的评价;澳大利亚研究委员会(Australian Research Council,简称 ARC)采用 ERA 对澳大利亚的一流学科展开的评价;QS 对艺术与人文、工程与技术、生命科学与医学、自然科学、社会科学与管理学等学科领域的 51 个学科开展的世界大学学科排名;软科对理学、工学、生命科学、医学、社会科学 5 个学科领域的 54 个学科开展的世界一流学科排名;US News 开展的 38 个学科或领域的全球最佳大学学科排名;THE 开展的 35 个学科或领域的世界大学学科排名以及 ESI 开展的 22 个学科或领域的排名等等。

(2) 在学界层面,学者们借用 ESI 等数据库或学科排名对一流学科展开了评价实践,如高塔姆(Gautam)基于 WOS(Web of Science)数据库对尼泊尔 2004—2013 年出版的论文进行了详细的文献计量分析并指出,尼泊尔论文的引文影响约为世界平均水平,但国际合著率非常高(76%),临床医学、地球科学和农业科学的影响力相对较高[1]。拉斯(Rassi)等基于 ESI 等数据库对阿拉伯国家 2007—2016 年医学研究生产力进行文献计量分析[2]。郭丛斌以 QS 世界大学学科排名和 US News 全球最佳大学学科排名等为基础,对以北京大学、清华大学为代表的中国高水平大学的学科水平展开评价并指出,中国高水平大学在学科建设过程中存在有"高原"、缺"高峰",数量领先、质量落后,人文社科国际影响力不足等问题[3]。邱均平和楼雯基于武汉大学中国科学评价研究中心的"世界一流大学与科研机构竞争力评价报告"对我国"985 工程"大学在 2006—2013 年期间进入 ESI 排行的学科数进行分析并指出,"985 工程"大学建设世界一流学科的进程是稳步而快速的,进入 ESI 排行的学科数、学科水平等均呈现上升趋势,但整体而言,仍然缺乏世界顶尖学科[4]。

三、理工类一流学科国际水平评价

理工类一流学科国际水平评价隶属于一流学科国际水平评价,是一流学科

① Gautam P. An overview of the Web of Science record of scientific publications (2004 - 2013) from Nepal: focus on disciplinary diversity and international collaboration[J]. Scientometrics, 2017, 113(03): 1245 - 1267.
② Rassi E R, Meho L I, Nahlawi A. Medical research productivity in the Arab countries: 2007 - 2016 bibliometric analysis[J]. Journal of Global Health, 2018, 8(02): 1 - 10.
③ 郭丛斌.中国高水平大学学科发展现状与建设路径分析——从 ESI、QS 和 US News 排名的视角[J].教育研究,2016(12): 62 - 73.
④ 邱均平,楼雯."985"大学世界一流学科建设成效研究——基于"武大版"世界大学评价结果的分析[J].中国社会科学评价,2015(02): 115 - 125.

国际水平评价的在理工类学科领域的"具体化"。总体而言,在一流学科国际水平及理工类一流学科国际水平评价指标体系构建方面,目前学界几乎还鲜有对其展开系统、全面的研究;在一流学科国际水平及理工类一流学科国际水平评价实践方面,主要以政府相关部门开展的一流学科评价中涉及的理工类一流学科的评价、第三方评价机构开展的世界一流学科排名中涉及的理工类一流学科排名,以及学界借用 ESI 数据库或学科排名对理工类一流学科的水平展开国际层面的比较研究为主。

1. 评价指标及体系的构建

尽管学界还鲜有对一流学科国际水平及理工类一流学科国际水平评价指标体系展开系统、全面的研究,但少数学者在对一流学科评价指标体系的研究中,涉及了一些可用于评价一流学科国际水平的指标,但总体而言,可用于评价一流学科国际水平的指标在其所构建的一流学科评价指标体系所占的比重并不高。如冯用军和赵雪构建的中国特色世界一流学科评估指标体系,共有 26 个具体观测指标,其中可用于评价一流学科国际水平的指标占比不足 50%[1]。此外,部分学者尽管暂未构建出一流学科评价指标体系,但对如何评价一流学科进行了探讨,其中有部分指标可用于一流学科国际水平的评价,如王战军和杨旭婷提出的,在国际主流第三方评价机构的名次、学科带头人或骨干在国外重要学术组织担任要职/知名期刊中担任主编或审稿人[2];史竹琴等提出的高被引论文、高被引科学家[3];李佳哲等提出的杰出校友、教师获权威奖项数[4];李明等提出的高被引论文、顶尖期刊论文[5]等。

2. 评价实践

(1) 在政府相关部门层面,一流学科或理工类一流学科国际水平的评价主要以各国遵循"世界一流"的评价标准对本国一流学科或理工类一流学科的水平所展开的评价,如英国高等教育基金会采用 REF 对化学、物理学、数学、机械工

① 冯用军,赵雪.中国"双一流"战略:概念框架、分类特征和评估标准[J].现代教育管理,2018,(01):12-18.
② 王战军,杨旭婷.世界一流学科建设评价的理念变革与要素创新[J].中国高教研究,2019(03):7-11.
③ 史竹琴,朱先奇.ESI 在世界一流大学与学科评价中的问题与对策研究[J].重庆大学学报(社会科学版),2017,23(06):84-91.
④ 李佳哲,胡咏梅.世界一流经济学科建设:概念、指标与实现路径[J].清华大学教育研究,2019,40(03):21-32.
⑤ 李明,宋爱林,贺伟.基于文献计量的高校"双一流"学科评价指标体系构建研究[J].新世纪图书馆,2018(11):94-97.

程、制造工程、计算机科学与信息等学科展开了评价。尽管并未将这些学科的水平与世界范围内的学科进行比较评价,但其明确以"世界领先"为最高等级来衡量这些学科的水平,这种以"世界一流"为评价标准对本国学科水平进行的评价,实际上可视为对本国学科水平在国际层面上的评价,即学科的国际水平评价。同样,澳大利亚研究委员会以"远远超过世界水平(达到世界顶尖水平)"为评价标准采用 ERA 对其资助的数学、物理、化学、生物、地球、工程与应用、社会和人文等八个科学领域的各学科五年内的发展情况进行了评估,以获得相应学科的水平状况,并以此作为后续绩效分配的依据①。

(2) 在第三方评价机构层面,一流学科或理工类一流学科国际水平的评价主要以世界一流学科排名的形式呈现。QS、US News、软科等开展的世界一流学科排名主要是对世界范围内的一流学科的水平展开国际比较,并将比较的结果以排名的形式进行呈现,其在理学、工学领域所开展的化学、物理学、数学、计算机科学与技术、材料科学与工程、机械工程等学科排名可视为对理工类一流学科国际水平的评价。

(3) 在学者层面,一流学科或理工类一流学科国际水平的评价主要为借用 ESI 数据库或 QS 世界大学学科排名等全球性学科排名对部分一流学科或理学类一流学科的水平展开国际层面的比较研究,如张伟等以 ESI 学科排名为基础,对我国建设世界一流学科的基础与潜力进行分析并指出,我国的化学、工程、材料等学科已达到或接近世界一流水平;清华大学、北京大学等高校有较多学科已进入或即将进入世界一流学科行列;东部地区大部分省市的高校都有达到或接近世界一流的学科②。姜华和刘苗苗基于 ESI 数据库对我国"985 工程"高校的一流学科进行评价研究并指出,我国"985 工程"高校已有 373 个学科达到世界影响力学科水平,有 53 个学科达到世界一流学科水平,有 32 个潜力值大于 0.9的优势学科和 24 个临界影响力学科③。胡波等通过对 ESI 数据收录的近 11 年地球科学领域的文献进行统计研究并指出,我国现阶段地球科学领域的科研水

---

① Coutts B J. Disciplinary principles for cadastral surveyors: a case study in Australia and New Zealand [J]. Journal of Spatial Science, 2011, 56(01): 3 - 13.

② 张伟,徐广宇,缪楠.世界一流学科建设的内涵、潜力与对策——基于 ESI 学科评价数据的分析[J].现代教育管理,2016(06): 32 - 36.

③ 姜华,刘苗苗.中国"C9"与澳大利亚"G8"联盟一流学科之比较分析——基于 ESI 和 InCites 数据库[J].中国高教研究,2017(06): 62 - 72.

平在世界范围内进入了较高的层次,拥有一批科研产出较高的学校和机构,但在影响力方面与国际顶尖水平存在一定的差距①。倪端等借助 ESI 数据库,比较分析了国内外部分高校的化学、物理、数学等 6 个学科的发展情况,了解我国高校学科的发展趋势及其与发达国家的差距②。李向森和杨华等采用文献计量方法,利用 ESI 数据库对环境与生态学领域的高影响力国家(地区)、高影响力机构、高水平论文等情况进行了分析并指出,从论文的总被引频次来看,美国位居世界第一,中国位居第四,美国仍然是该领域整体实力最强大的国家,中国与其还存在不小的差距③。

第二节 有关理工类一流学科国际水平提升的研究

一、学科水平提升

严格来说,学科建设与学科水平提升并非同一概念,但学科建设与学科水平提升保持着密切的联系,在学术研究中常常会直接或间接地耦合在一起。一方面,推进学科建设有益于提升学科水平;另一方面,学科水平的提升是学科建设的目标。如复旦大学原校长杨玉良在学科及学科建设问题的认识上明确指出,提升学科水平、建设一流学科的关键在于:要坚持有所为、有所不为;要确保学科间的连通性、优化学科布局、加强人才队伍建设;要建立差异化的学科评价方法等④。

在国外,学科建设很少作为一个专有名词而出现,学科建设是在我国高等教育改革不断深化的过程中形成的一个特色概念。国外很少有学者把学科建设作为一个单独问题从大学建设中剥离出来进行研究,而是通常把学科建设或学科水平提升当作高等教育或大学的某一方面进行重点研究。现有的研究主要集中

① 胡波,严嘉.地球科学领域学科发展水平分析——基于 ESI 数据库的地球科学领域文献计量分析[J].中国地质教育,2015,24(01):10-14.
② 倪瑞,胡忠辉,燕京晶.基于 ESI 的国内外部分高校理学学科发展比较研究[J].学位与研究生教育,2011(05):32-38.
③ 李向森,杨华.基于 ESI 数据库的环境与生态学领域研究影响力分析[J].预防医学情报杂志,2017,33(10):1061-1065.
④ 杨玉良.关于学科和学科建设有关问题的认识[J].中国高等教育,2009(19):4-7,19.

于具体某类学科的发展、跨学科和学科交叉融合、学科水平对大学的影响、学科建设与地方经济发展间的关系等方面的研究等,如玛丽安娜(Mariann)对心理学学科当前的发展状况进行了分析,认为心理学是一门需要反思的学科①。斯蒂尔曼(Stearman)通过网络调查和各种学术期刊影响因素的评估,对社会与自然资源学 20 年的发展情况进行了评估②。侯赛因(Hossain)等对系统工程学科发展的历史观点进行了回归和分析③。还有学者认为在高等教育竞争日益激烈的背景下,学科建设需要通过模式和方法的合作来提升学科水平④。泰林(Thelin)对 20 世纪 80 年代以后的学科建设情况进行分析后发现,跨学科领域的学科交叉和融合日趋活跃,学科结构已发生重大变化⑤。比格兰(Biglan)对大学院系结构和产出之间的关系进行了探讨并指出,院系作为行政管理的组织对学科间的融合具有一定的阻碍⑥。卡罗尔(Carroll)等指出,高校为社会经济发展所作出的贡献往往被忽视,而学科作为高校的主体,其功劳更是被轻描淡写⑦。扎雷(Zare)等人提出,政策制定者和组织者要减少行政权力的干预,为学术发展创造自由、开放的环境⑧。总之,尽管国外学者很少单独对学科建设展开研究,但研究成果对西方国家乃至世界各国高校的学科建设产生了积极影响。

　　国内对学科建设和学科水平提升的研究主要包括两类,一类是教育学学者从学科整体层面对之开展的研究,一类是各学科领域的学者从各自学科层面对之开展的研究,两类研究都从宏观、中观、微观三个层次对学科建设和学科水平提升的路径提出了相关建议。在宏观层面上,主要包括学科发展的规划、学科发展的定

① Jaffe K, Horst E, Gunn L H, et.al. A network analysis of research productivity by country, discipline, and wealth[J]. PLoS One, 2020(05): 88 - 90.

② Holland D G. Discipline in the context of development: a case of the social sciences in Malawi, Southern Africa[J]. Higher Education, 2008, 55(06): 671 - 681.

③ Hossain N U I, Jaradat R M, Hamilton M A, et.al. A Historical Perspective on Development of Systems Engineering Discipline: A Review and Analysis[J]. Journal of Systems Science and Systems Engineering, 2020(01): 1 - 35.

④ Chan W W Y. International Cooperation in Higher Education: Theory and Practice[J]. Journal of Studies in International Education, 2004(08): 32 - 55.

⑤ Thelin J R. A History of American Higher Education[M]. Baltimore and London: The Johns Hopkins University Press, 2004: 200.

⑥ Biglan A. Relationships between subject matter characteristics and the structure and output of university departments[J]. Journal of Applied Psychology, 1973(03): 204 - 213.

⑦ Carroll M C, Blair J P. Local economic development and the academy[J]. Applied Geography, 2012: 51 - 53.

⑧ Zare M N, Pourkarimi J, Salehi G Z. In search of a world-class university in Iran[J]. Journal of Applied Research in Higher Education, 2016: 522 - 529.

位、学科发展的目标与方向等；中观层面上，主要包括学科结构和布局、学科组织建设、学科管理体制建设等；微观层面上，主要包括学术队伍建设、科学研究等。

王春晖指出，确立学科发展目标、遵循学科建设原则、合理配置资源、明确责任主体是高校开展学科建设工作的重要环节[①]。赵婷婷指出，在学科建设中要加强对学科建设的分类指导，使不同学科寻找到适合自身发展的模式；要紧密结合国家经济社会发展，以获得更多新的生长点；要改革现有的学科资源配置和管理方式，促进跨学科和交叉学科的发展[②]。王大中指出，大学的发展是以学科为中心的，提升我国高校学科水平需要在整体上统筹规划；需要重点培育优势学科；需要鼓励高校进行学科交叉合作项目，促进学科交叉融合等[③]。高艳等人指出，优势学科的培育和建设有利于推动高校重大创新科研成果的产出和高质量人才的培养。优势学科是高等学校办学水平的重要标志，是高校科学发展的内在动力，高校在学科建设中应重点打造自身的优势学科[④]。向兴华等人指出，学科建设是一项综合性、系统性的活动，其中师资队伍是学科建设中最核心的因素和最活跃的力量，如何更好地提升师资队伍的水平和充分发挥师资队伍的作用是当前我国研究型大学学科建设所面临的重要问题。创新学术组织形式，加强团队建设尤其是一流创新团队建设应成为我国研究型大学加快提升学科水平的重要途径和战略举措[⑤]。孙晋海对我国体育学学科的发展战略进行了研究，并从政策保障、制度保障、组织保障、资金保障、执行保障5个层面指出了体育学学科发展的策略[⑥]。张艳对我国护理学学科的发展策略进行了研究并指出，巩固学科基本要素，奠定学科成长根基；拓宽生态资源，加速护理学科国际化、制度化进程；汲取跨学科知识营养、促进护理学科丛林繁荣发展是我国护理学学科的发展之策[⑦]。

二、一流学科国际水平提升

如前文所述，国外很少有学者把学科建设作为一个单独问题从大学建设中

---

① 王春晖.推动高校优势学科建设 促进办学水平提升[J].中国高等教育,2015(12)：50-52.
② 赵婷婷.释放高校学科建设活力 加快推进一流学科发展[J].中国高教研究,2019(09)：14-15.
③ 王大中.大学学科建设和专业结构调整的实践和体会[J].中国大学教学,2002(11)：7-9.
④ 高艳,吴森林,郭兴蓬.论大学学科建设[J].中国高等教育评估,2015(03)：23-29.
⑤ 向兴华,杜鹃.建设一流创新团队 加快提升我国研究型大学学科水平[J].学位与研究生教育,2011(07)：22-26.
⑥ 孙晋海.我国高校体育学学科发展战略研究[D].苏州大学,2015：218-220.
⑦ 张艳.我国护理学学科体系构建与发展策略研究[D].第二军医大学,2013：149-151.

剥离出来进行研究,通常把学科建设或学科水平提升作为高等教育或大学的某一方面进行重点研究。因此,国外学者很少将研究视角聚焦于一流学科层面,通常是从研究型大学或者世界一流大学的视角来研究其学科布局、学科发展等问题,如伯恩鲍姆(Birnbaum)认为,各国真正需要的不是建立更多的世界一流大学,而是要建立更多的世界一流技术学院、世界一流师范学院、世界一流农业学院,美国正是因为拥有一个世界一流的高等教育体系,才能够拥有世界一流大学,而非拥有许多世界一流大学才拥有世界一流的高等教育体系[1]。庞(Pang)和廉(Lim)认为,世界一流大学的建设要兼顾国际标准和本土需求,如在纯科学领域,衡量科研卓越的全球基准可能只有"国际顶尖期刊论文",但在人文社科等领域,如果仍将这一全球基准作为教师晋升的评价标准,势必会阻碍应用研究和学术论文的发表[2]。伯格(Berg)和奥斯特格伦(Ostergren)在探讨一流学科与学者间的关系中指出,虽然学术系统在教育发展进程中不断改革,但"学者"仍然是一流学科及其学术系统内部最重要且必不可少的组成部分[3]。

随着我国重点学科的建设,尤其是"双一流"建设,国内学者对一流学科展开了丰富的研究,以下根据本书的研究问题,围绕"一流学科形成的影响因素、一流学科建设中面临的困境及对策、一流学科建设的国际借鉴"三个主题,对相关文献进行了梳理。

1. 一流学科形成的影响因素

学界认为影响一流学科形成的因素主要包括学科及大学等内部因素和政府等外部因素。在内部因素层面,主要包括学科文化、学科发展理念与方向、学科带头人、学科产出、学科条件与环境等中观和微观因素。在外部因素层面,主要包括政府职能的完善、政策和制度的支持等宏观因素。

芦艳和庞青山通过对 MIT 化学学科、加州大学伯克利分校(University of California,Berkeley)生物学与生物化学学科、芝加哥大学(University of Chicago)物理学科等世界一流学科成长经验分析的基础上指出,国家政策、学科发展理

① Birnbaum R. NO World-Class University Left Behind[J]. International Higher Education,2007(47):7-9.
② Pang E F,Lim L Y C. Evolving Great University in Small and Developing Countries[J]. International Higher Education,2003(33):9-10.
③ Berg B,Ostergren B. Innovation processes in higher education[J]. Studies in Higher Education,1997(04):261-268.

念、办学者的胆识、学术领军人物、世界一流标志性成果、多学科融合的跨学科研究等是影响一流学科形成的主要因素①。钟伟军指出,积极转变政府职能、全面提升政府治理能力、实现政府善治是一流学科建设的必要"保障"②。郭书剑和王建华指出,一流的制度吸引一流的学者,一流的学者造就一流的学科,制度建设对一流学科建设具有重要意义③。陆根书和胡文静指出,一流学科的建设需重视学科传统、内在品质的积累;需培育底蕴深厚的学科文化,着力营造特色鲜明的学科文化氛围④。周鹏和赵娇洁认为,高水平的实验室能够促进学科的发展、学科间的交叉融合、学术队伍的建设、科研水平的提升和高水平人才的培养等⑤。

2. 一流学科建设存在的问题及对策

国内学者认为当前我国在建设一流学科的过程中主要存在以下问题:较强的行政规划,削弱了学科的自主性和自治权;离散式的要素投入模式,忽视了学科组织及其制度建设;单一的择优扶持策略和功利化取向,破坏了学科生态系统;追求排名及其指标的学科建设,扭曲了学科建设的真实目标,阻碍了学科内涵式发展等等。基于以上问题,学界对一流学科建设的对策进行了探索并指出:一流学科建设必须要重构行政力量的传导方式与作用机制,创新学科发展制度,从要素推动转向创新驱动;下放办学自主权至学科基层组织,尊重学科基层学术组织地位,赋予学科自治权;遵循学科发展内因主导之道,建设以优势学科为主的学科群或学科生态系统;加快学科评价体系建设,提升学科真实水平,促进学科内涵式发展等等。

朱冰莹和董维春指出,我国从重点学科建设到当前的世界一流学科建设均是以政府和大学为践行主体,由政府主导和大学规划,即"建成"逻辑贯穿于学科建设的整个过程。随着"建成"逻辑的强势输入,造成了国家意志和政府规划削弱,甚至僭越了学科发展规律和学术内在逻辑,而原本应当以增进学术和社会价值为目标的学科建设,却在建设实践中更多体现出为"指标"和"排名"展开建设,学科建设只能沾沾自喜于科研的"量",遑论学术的积累和科学的繁荣。一流学

① 芦艳,庞青山.世界一流学科形成的影响要素研究[J].大学教育科学,2018(02):89-94.
② 钟伟军.一流学科建设中的政府职能转型[J].中国高教研究,2016(05):7-9.
③ 郭书剑,王建华.论一流学科的制度建设[J].高校教育管理,2017,11(02):34-40.
④ 陆根书,胡文静.一流学科建设应重视培育学科文化[J].江苏高教,2017(03):5-9.
⑤ 周鹏,赵娇洁.加强重点实验室建设 促进高校学科发展[J].科技咨询导报,2007(25):239.

科建设要转变学科建设的思维方式,走出政府框架下学科"建成"逻辑的固有思维;要从要素推动转向创新驱动,尊重一流学科的成长规律等等①。武建鑫指出,以往的学科建设主要是遵循以政府和大学的行政干预的他组织机理,政府和大学超强的行政规划力量,压缩了学科组织的行动空间;简化的要素投入模式,忽视了学科组织的生长过程;量化的学科评估指标,扭曲了学科组织的成长方向。一流学科建设要尊重学科组织的主体性和自主权;要强调学科系统的竞争与协同,深化研究学科布局的生态结构等②。刘小强和聂翠云指出,在国家学科制度下,一流学科建设在某种意义上蜕变为功利化行为,陷入诸多误区:追逐排名的一流学科建设注重学术指标,却不能真正提升学科水平;自上而下的建设方式注重资源投入的外在"利诱",却忽略了学科内生动力的激发等。一流学科建设要激发学科全体学者的内在动力,而非只依靠政府和高校管理层的外部推动;要放弃对一流学术指标的简单追逐和学术产品的狭隘关注;要关注学科组织的建设和关注影响学科"生产"的深层次制度、文化和机制等③。宣勇指出,在以往我国重点学科建设的过程中存在学科布局结构不够合理、学科遴选缺乏顶层设计、学科建设投入上"见物不见人"(重视实验设备和条件的改善,忽视智力的价值与投入)等问题。一流学科建设要实现从经费投入的"要素驱动"向制度供给的"创新驱动"转变,遴选重点学科从单一的"竞争选优"到与"择需布局"相结合转变等④。赵渊指出,在一流学科建设的过程中要建立多维度、多元化的一流学科评价体系,要构建基于内生能力生长的学科生态系统,要重构学科建设行政性力量的传导方式与作用机制等等⑤。

3. 一流学科建设的国际借鉴

针对国际层面的经验借鉴,从研究内容来看,国内学者主要对某一国家(地区)的世界一流学科建设经验进行的研究,也有对世界一流大学的学科布局与发展进行的研究,还有对某一世界一流学科的发展进行的研究。这些研究指出,世界一流学科的建设需要政府政策、经费等支持,需要明确学科建设的理念、方向

---

① 朱冰莹,董维春."建成"抑或"生成":世界一流学科成长的逻辑与路径[J].学位与研究生教育,2014(09):14-20.
② 武建鑫.走向自组织:世界一流学科建设模式的反思与重构[J].湖北社会科学,2016(11):158-164.
③ 刘小强,聂翠云.走出一流学科建设的误区——国家学科制度下一流学科建设的功利化及其反思[J].学位与研究生教育,2019(12):18-24.
④ 宣勇.建设世界一流学科要实现"三个转变"[J].中国高教研究,2016(05):1-6,13.
⑤ 赵渊.我国世界一流学科建设的路径依赖及其破解[J].中国高教研究,2019(06):27-32.

以及制定学科发展规划;需要推动和加强学科交叉融合与学科生态系统建设;需要科学的评价体系;需要高度重视学术大师的作用、提升一流的知识生产能力和加快产出重大原创性成果等。

　　包水梅和常乔丽对香港一流学科建设策略进行研究后指出,特色与创新并存的学科建设理念,政府适当引导下高校自主发展的学科建设模式,系统规划与灵活调整相结合的学科建设方案,公平竞争与审核监督相结合的学科建设保障机制是香港世界一流学科建设的主要举措①。唐卫民等对日本一流学科建设策略进行研究后指出,我国在一流学科建设的过程中应抓住和促进重点学科的发展;重视教研结合、产教融合;促进师生互惠、丰富研究成果②。吴越对 MIT 的学科建设理念进行研究后指出,工科特色巩固了 MIT 的世界一流大学地位;理科和工科的交叉融合促使 MIT 向理工类研究型大学转型;文科与理科、工科的相互协调促使 MIT 成为著名的综合性研究型大学;学科交叉与融合推动了 MIT 走向创业型大学;建议我国高校在一流学科建设的过程中要打破学科均衡发展的理念,坚持"有所为、有所不为"的学科发展理念;要打破学科壁垒,通过学科的交叉与融合培育新学科;要结合国家、社会的需求加强建设与时俱进、顺应社会发展的学科③。白强对美国芝加哥大学社会学学科的发展史进行进行研究后指出,知识生产能力是衡量学科水平的第一标准,只有具备世界一流的知识生产能力,才能成长为世界一流的学科④。

三、理工类一流学科国际水平提升

　　国内学者对理工类一流学科建设或国际水平提升的研究,主要集中在从"理工类高校"和"生态学"的视角,研究理工类高校应如何进行学科布局,以推动其学科和自身的发展;从"国际借鉴"的视角,研究国外一流理工类学科的发展经验;从"一流学科"自身的视角,研究理工类一流学科建设或国际水平提升的对

①　包水梅,常乔丽.从政府战略到院校行动:香港世界一流学科建设的经验及启示[J].高等工程教育研究,2017(03):95-99.
②　唐卫民,许多.日本一流学科建设的经验与启示——以早稻田大学为例[J].辽宁工程技术大学学报(社会科学版),2020,22(01):60-64.
③　吴越.世界一流大学的学科建设理念——基于 MIT 的个案研究[J].西北师大学报(社会科学版),2010,47(02):80-85.
④　白强.世界一流学科的生成逻辑与建设路径——基于中外两所大学两个一流学科生长史的考察[J].大学教育科学,2019(04):47-52,65.

策。这些研究中涉及的理工类一流学科建设或国际水平提升的对策主要包括：获取政府等多方支持、凝练学科发展方向、优化学科结构、发展优势学科、推进跨学科发展和学科间的交叉融合、加强师资队伍和平台建设等。

邓军等指出，理工类高校在建设或发展的过程中要保持自身传统和特色，要高度凝练学科发展方向，要加强团队和科研平台建设，要走产学研发展道路①。周佑勇指出，真正的一流大学必然是建立在一流的自然科学与人文社会科学之上的。对于传统理工类大学而言，要迈向一流的研究型、综合性大学，必须要在继续突出理工科优势的基础上，遵循多学科协调发展的战略布局，高度重视文科的发展②。韩喜双和方灵敏指出，人文社会科学与自然科学的相融合已成为现代科技发展的基本特征，对于理工类研究型大学而言，人文社会学科具有激发创新能力、促进学科交叉融合等独特的意义，因此，理工类研究型大学要重视人文社会学科的建设，促进人文社会学科与理工学科的交叉融合，以提升学科的水平和促进重大原创性成果的突破③。郑培钢指出，理工类高校要实现向综合性大学转型的目标，必须抓住当前发展人文社会科学的历史机遇，发展人文社会科学是理工类高校建设高水平综合性大学的内在要求，是实现学校全面协调可持续发展的紧迫任务。只有人文社会学科和理工学科协调发展，才能积淀理工类高校的人文底蕴，提高人才培养的质量，才能实现高水平大学的建设目标④。

周志发和孔令帅对美国物理学科的发展进行研究后指出，大学制度的优越性、良好的学术氛围、美国的实用主义文化、交叉学科的繁荣等促进了美国物理学科的发展⑤。张荻指出，美国化学学科快速崛起主要是受到德国流亡化学学家群体的流入、美国化学学会的推动、政府和社会力量的支持等外部因素的作用和美国大学化学教育目标的适时转变、关键人物的重要引领、院系结构调整、学术队伍建设等内部因素的支持⑥。李燕在对理学类世界一流学科评价的基础

① 邓军,季荣生,刘大锰.关于理工类高校建设与发展的若干思考[J].中国地质教育,2005(03)：1-6.
② 周佑勇.理工类大学如何创建"一流文科"[J].中国高等教育,2017(23)：40-41.
③ 韩喜双,方灵敏.理工研究型大学人文社会学科建设问题探究[J].哈尔滨工业大学学报(社会科学版),2010,12(04)：99-104.
④ 郑培钢.理工类高校人文社会科学发展战略的思考[J].高校教育管理,2007(05)：40-42,56.
⑤ 周志发,孔令帅.美国大学从"地方性"走向"世界一流"的发展历程(1876—1950)——从物理学科发展的视角[J].清华大学教育研究,2009,30(01)：61-66.
⑥ 张荻.二战前后美国大学化学学科的快速崛起及其影响因素探析[D].河北大学,2017：28-48.

上,提出了世界一流学科建设的八大建议,主要包括要加强学科文化建设;要立足学科现状,明确学科定位;要完善人才培养方案,注重创新创业能力的培养;要加快发展发展特色学科;要搭建一流科研平台,推动学科交叉融合;要加快建立一流师资队伍;要扩充资金来源渠道,保障经费投入等①。

第三节 文献述评

通过对相关文献的梳理与分析发现:在理工类一流学科国际水平评价方面,学界现有的研究主要是借用 ESI 等数据库或学科排名,对理工类门类下的个别一级学科展开国际层面的比较研究,以期明晰其国际水平;目前还鲜有通过构建理工类一流学科国际水平评价指标体系,搜集相关数据,并对理工类一流学科国际水平展开定量评价的系统性研究。在理工类一流学科国际水平提升方面,现有的研究主要是基于借用 ESI 等数据库和学科排名得到的国际比较的结果,提出一些对策建议;通过对定量比较的结果展开实证原因分析和案例分析,并据此针对性地提出我国理工类一流学科国际水平提升对策的研究还甚少。

具体而言,借用 ESI 等数据库或学科排名对理工类门类下的个别一级学科展开国际层面的比较研究,缺乏对理工类学科的整体评价。同时,由于 ESI 数据库和学科排名主要以科研指标为主,因此,当前借助于 ESI 等数据库和学科排名所开展的国际层面的比较研究,实际上主要是对理工类一流学科科研水平进行的国际比较,未能从人才培养、社会服务、师资水平等多维度对理工类一流学科的国际水平展开全面的评价。在评价指标体系构建方面,当前学界有少部分学者对之进行了探讨,但对其构建的评价指标体系进行分析发现,其评价指标体系中有很多指标都不具有国际可比性,无法用于一流学科国际水平的评价。此外,尽管少部分学者构建了评价指标体系,但均没有运用所构建的评价指标体系对我国或世界一流学科展开评价,这在一定程度上使其所构建的评价指标体系的可靠性、可操作性存疑。当然,在一定程度上,国内外第三方评价机构所开展的学科排名(理工类)可视为理工类一流学科国际水平评价研究,但如前文所述,其

① 李燕.世界一流学科建设及评价研究[D].中国科学技术大学,2018:94-99.

排名指标体系中有部分指标是能够衡量世界一流学科水平的顶尖、高端指标,但有部分指标难以衡量世界一流学科水平的面上指标,不足以引导我国一流学科迈向世界一流。同时,第三方评价机构仅是将评价的结果以排名的形式呈现出来,并未基于评价的结果探讨原因,进而给出具体的对策建议。

第三章
研究方法

参考《学位授予和人才培养学科目录(2018年)》,在综合考虑各学科在国内外的发展现状及未来发展趋势的基础上,本章首先对样本学科进行了选取。其次,参考软科世界一流学科排名(2020)等学科排名,充分考虑样本的可比性、可借鉴性以及数据的可获取性,对样本高校进行了选取。再次,结合研究问题,确定访谈法、比较分析法、案例分析法等为本书的研究方法。最后,对评价指标的内涵,数据的搜集、统计、计算等内容进行了界定。第一节阐释了样本学科的选取及结果;第二节阐释了样本高校的选取及结果;第三节阐释了本书的研究方法;第四节阐释了数据的搜集与统计。

第一节 样本学科的选取

一、学科分类的依据

目前,国内外常见的学科分类主要有我国国家技术监督局颁布的《中华人民共和国国家标准学科分类与代码》(简称《学科分类与代码》);我国国务院学位委员会和教育部颁布的《学位授予和人才培养学科目录》,以及 ESI 数据库推出的学科分类等。《学科分类与代码》现行版本为国家标准(GB/T)13745—2009,其中规定了学科分类的原则、依据、编码方法,以及学科的分类体系和代码等内容,具体的学科分类,见表 3-1。《学位授予和人才培养学科目录(2018年)》则主要将学科目录分为学科门类和一级学科,见表 3-2。ESI 学科分类主要依据期刊对学科或学科领域进行分类,将学科分为化学、计算机科学、经济与商业、工程学、地球科学、材料科学、数学、综合交叉学科、物理学、空间科学、农业科学、临床医学、免疫学、微生物学、植物学与动物学等 22 个学科或学科领域。

表 3 - 1　《学科分类与代码》GB/T 13745—2009 学科分类目录

序号	学科门类	一级学科或学科群
1	自然科学	数学、信息科学与系统科学、力学、物理学、化学、天文学、地球科学、生物学、心理学
2	农业科学	农学、林学、畜牧与兽医科学、水产学
3	医药科学	基础医学、临床医学、预防医学与公共卫生学、军事医学与特种医学、药学、中医学与中药学
4	工程与技术科学	工程与技术学科基础学科、信息与系统科学相关工程与技术、自然科学相关工程与技术、测绘科学技术、材料科学、矿山工程技术、冶金工程技术、机械工程、动力与电气工程、能源科学技术、核科学技术、电子与通信技术、计算机科学技术、化学工程、产品应用相关工程与技术、纺织科学技术、食品科学技术、土木建筑工程、水利工程、交通运输工程、航空与航天科学技术、环境科学技术及资源科学技术、安全科学技术、管理学
5	人文与社会科学	马克思主义、哲学、宗教学、语言学、文学、艺术学、历史学、考古学、经济学、政治学、法学、军事学、社会学、民族学与文化学、新闻学与传播学、图书馆、情报与文献学、教育学、体育科学、统计学

资料来源：中华人民共和国学科分类与代码简表(国家标准 GBT 13745—2009)。

表 3 - 2　《学位授予和人才培养学科目录(2018 年)》学科分类目录

序号	学科门类	一 级 学 科
1	哲学	哲学
2	经济学	理论经济学、应用经济学
3	法学	法学、政治学、社会学、民族学、马克思主义理论、公安学
4	教育学	教育学、心理学、体育学
5	文学	中国语言文学、外国语言文学、新闻传播学
6	历史学	考古学、中国史、世界史
7	理学	数学、统计学、物理学、地球物理学、化学、天文学、地理学、大气科学、海洋科学、地质学、生物学、系统科学、生态学、科学技术史

续　表

序号	学科门类	一　级　学　科
8	工学	力学、化学工程与技术、机械工程、兵器科学与技术、核科学与技术、农业工程、林业工程、环境科学与工程、生物医学工程、光学工程、仪器科学与技术、材料科学与工程、冶金工程、动力工程即工程热物理、电气工程、电子科学与技术、信息与通信工程、控制科学与工程、计算机科学与技术、生物工程、安全科学与工程、公安技术、网络空间安全建筑学、土木工程、水利工程、测绘科学与技术、地质资源与地质工程、矿业工程、石油与天然气工程、轻工技术与工程、交通运输工程、纺织科学与工程、船舶与海洋工程、航空宇航科学与技术、食品科学与工程、城乡规划学、风景园林学、软件工程
9	农学	作物学、兽医学、园艺学、草学、农业资源与环境、植物保护、畜牧学、林学、水产
10	医学	基础医学、护理学、临床医学、口腔医学、中医学、药学、中药学、特种医学、医学技术、中西医结合、公共卫生与预防医学
11	军事学	战役学、军事装备学、战术学、军队指挥学、军制学、军队政治工作学、军事后勤学、军事训练学、军事思想及军事历史、战略学
12	管理学	公共管理、管理科学与工程、图书情报与档案管理、工商管理、农林经济管理
13	艺术学	艺术学理论、音乐与舞蹈学、戏剧与影视学、美术学、设计学

资料来源：http://www.moe.gov.cn/s78/A22/xwb_left/moe_833/201804/t20180419_333655.html.

二、样本学科的选取结果

鉴于本书主要是对理学和工学门类下的一级学科进行研究，因此，首先，需要对学科门类进行界定。其次，在学科门类界定的基础上，需要对各学科门类下的一级学科进行划分与界定。在学科门类及具体学科划分方面，本书主要参考我国国务院学位委员会和教育部颁布的《学位授予和人才培养学科目录（2018年）》。由表3-2可知，该目录将我国的学科划分为理学、工学、教育学、经济学等13个学科门类，以及数学、力学等111个一级学科，其中，理学门类下包括数学、物理学、地球物理学、化学、天文学、地理学、大气科学、海洋科学、地质学等14个一级学科；工学门类下共包含材料科学与工程、计算机科学与技术、电子科学与技术、电气工程、化学工程与技术、机械工程、控制科学与工程、土木工程、环境科学与工程、信息与通信工程、矿业工程、航空宇航科学与技术、船舶与海洋工程、交通运输工程、食品科学与工程等 39 个一级学科。

限于时间、精力等因素,在综合考虑各学科在国内外的发展现状及未来发展趋势的基础上,本书从 14 个理学类一级学科和 39 个工学类一级学科中选取部分一级学科进行研究。其中,理学类选择了数学、物理学、地球物理学、化学、天文学、地理学、大气科学、海洋科学、地质学 9 个一级学科;工学类选择了材料科学与工程、计算机科学与技术、电子科学与技术、电气工程、化学工程与技术、机械工程、土木工程、环境科学与工程、信息与通信工程、核科学与技术、动力工程与工程热物理、石油与天然气工程、矿业工程、航空宇航科学与技术、船舶与海洋工程、交通运输工程、食品科学与工程 17 个一级学科进行研究。同时,由于在具体的研究过程中会将我国理工类一流学科的国际水平与理工类世界一流学科进行定量比较,因此,本书对以上初步选取的 9 个理学类一级学科和 17 个工学类一级学科进行适当归并处理,以使得相应的学科分类符合当前国外学科的分类,其中主要将"物理学"和"天文学"两个学科合并为"物理学";将"地球物理学"和"地质学"合并为"地球科学";将"电子科学与技术"和"电气工程"两个学科合并为"电子电气工程";将"核科学与技术、动力工程与工程热物理、石油与天然气工程"合并为"能源科学与工程";其他一级学科未作变动。

基于此,本书主要对理学门类下的数学、物理学、地球科学、化学、地理学、大气科学、海洋科学 7 个一级学科,以及工学门类下的材料科学与工程、计算机科学与技术、电子电气工程、机械工程、化学工程与技术、环境科学与工程、土木工程、信息与通信工程、能源科学与工程、矿业工程、航空宇航科学与技术、船舶与海洋工程、交通运输工程、食品科学与工程 14 个一级学科展开研究。此外,为了便于寻找到我国理工类一流学科国际水平得分表现的规律或趋势,本书进一步将选取的 7 个理学类一级学科划分为传统理科和特色理科 2 个学科群;进一步将选取的 14 个工学类一级学科划分为传统工科、新兴交叉工科、特色工科 3 个学科群,见表 3 - 3。

表 3 - 3　选取的样本学科及划分的学科群

学科门类	学科群	一级学科
理科	传统理科	化学、数学、物理学
	特色理科	地球科学、地理学、大气科学、海洋科学

学科门类	学科群	一级学科
工科	传统工科	电子电气工程、机械工程、化学工程与技术、土木工程
	新兴交叉工科	材料科学与工程、计算机科学与技术、环境科学与工程、信息与通信工程
	特色工科	能源科学与工程、矿业工程、航空宇航科学与技术、船舶与海洋工程、交通运输工程、食品科学与工程

注：传统理科、传统工科主要为发展历史较为悠久的学科；特色理科、特色工科主要为"小众"类学科；新兴交叉工科主要为相较于传统工科而言，发展历史较短、由多学科交叉融合形成的新兴学科和交叉学科。

第二节 样本高校的选取

一、样本高校选取的基本原则与具体方法

1. 样本高校选取的基本原则

世界顶尖学科组、世界一流学科组、国内顶尖学科组、国内一流学科组的样本数一般为 10，可以少于 10 但最低不少于 6。样本高校选择的首要依据为 2020 年软科世界一流学科排名（GRAS），其次参考 2020 年 QS 世界大学学科排名和教育部学位中心第四轮学科评估的结果。样本量不足进行递补时，除了参考以上学科排名外，同时会参考 2020 年软科世界大学学术排名（ShanghaiRanking's Academic Ranking of World Universities，简称 ARWU）。

最终的样本选择要充分考虑样本的可比性、可借鉴性以及数据的可获取性，经过实际数据搜索和比较分析后确定。世界顶尖学科组、世界一流学科组的样本中不包括中国的样本。国内顶尖学科组、国内一流学科组不包括港澳台地区的样本。

2. 样本高校选取的具体方法

世界顶尖学科组：GRAS 前 25 且 QS 世界大学学科排名前 25；样本数量超过 10 的情况下，根据上述基本原则从中选 10；样本数量达不到 10 的情况下，在 GRAS 前 25 中优先递补 QS 世界大学学科排名最靠近前 25 且大学整体排名在

ARWU 前 25 的,直到样本数量达到 10 为止。样本数量若仍达不到 10 的只要超过 6 即可。只有 GRAS 的情况下,从其前 25 中选择 10 所,优先选择大学整体排名在 ARWU 前 25 的样本。

世界一流学科组:GRAS 的 76～100 且 QS 世界大学学科排名的 51～100;样本数量超过 10 的情况下,根据上述基本原则从中选 10;样本数量达不到 10 的情况下,在 GRAS 的 76～100 中优先递补 QS 世界大学学科排名 101～150 且大学整体排名在 ARWU 的 76～100 的,直到样本数量达到 10 为止。样本数量仍达不到 10 的只要超过 6 即可。只有 GRAS 的情况下,从其 76～100 中选择 10,优先选择大学整体排名在 ARWU 的 76～100 的样本。

国内顶尖学科组:GRAS 前 100(特殊学科可依次扩大);样本数量超过 10 的情况下,优先考虑在 QS 世界大学学科排名前 100、学位中心第四轮学科评估中 A+的;样本数量达不到 10 的情况下,优先递补 QS 世界大学学科排名前 100 中靠前、学位中心第四轮学科评估中 A+的,直到样本数量达到 10 为止,仍然达不到 10 的只要超过 6 即可。只有 GRAS 的情况下,从其前 100 中选择 10,优先选择大学整体排名在 ARWU 前 100 的样本。

国内一流学科组:除国内顶尖学科组外的 GRAS 前 100;如果数量超过 10,优先选择靠前的;如果达不到 10 依次递补 GRAS 后一组的,其中优先考虑 QS 世界大学学科排名相应组别、学位中心第四轮学科评估中 A 的,直到样本数量达到 10 为止,仍然达不到 10 的只要超过 6 即可。只有 GRAS 的情况下,从其前 100 中选择 10,优先选择大学整体排名在 ARWU 前 200 的样本。

二、样本高校的选取结果

按照以上样本高校选择的基本原则与具体方法,本书选取了化学、数学、物理学、地球科学、地理学、大气科学、海洋科学、电子电气工程、机械工程、土木工程、材料科学与工程、计算机科学与技术、环境科学与工程、信息与通信工程、航空宇航科学与技术、船舶与海洋工程等 21 个样本学科的世界顶尖学科组、世界一流学科组、国内顶尖学科组、国内一流学科组样本高校,其中"航空宇航科学与技术"和"船舶与海洋工程"2 个学科因取样难度较大(GRAS 只发布了这 2 个学科的前 50 名的高校名单,QS 世界大学学科排名暂未发布这 2 个学科的排名结果),只选取了其世界顶尖学科组和国内顶尖学科组的样本高校。各学科世界顶尖学科组和世界一流学科组的样本高校,见附录 2 和附录 3。

第三节 研 究 方 法

一、访谈法

访谈法是研究者通过口头谈话的方式从受访者处收集第一手资料的方法,其可以协助研究者捕捉受访者的经验和个人观点,这些经验和个人观点可能只能通过口头谈话的方式才能够获得,它可以补充已有研究文献中所缺乏的重要资料,也有助于研究者更深入地理解研究问题①。本书对理工类学科专家进行访谈,期望获得相关文献中无法知晓的信息,以此充实研究内容和提高研究的准确性。

本书运用访谈法对理工类学科专家展开了调研,主要探析以下问题:本书所构建的理工类一流学科国际水平高精尖评价评价指标科学性与合理性如何?本书所构建的理工类一流学科国际水平高精尖评价指标体系中部分高精尖评价指标的具体内涵是什么?我国理工类一流学科国际水平与理工类世界一流学科是否存在差距?若存在,主要存在哪些差距?造成差距的主要原因是什么?通过研究以上问题,以期构建出科学的理工类一流学科国际水平高精尖评价指标体系并针对性地提出我国理工类一流学科国际水平提升之策。

1. 访谈专家的选取

在访谈专家选取方面,本书充分考虑了学科专家的经历、水平、代表性与权威性等。同时,由于本书主要以我国理工类一流学科为研究对象,且所构建的理工类一流学科国际水平高精尖评价指标体系中均为国际可比性指标,因此,本书旨在选取所在单位为"双一流"建设高校中具有丰富国际化背景的教师(以教授为主)、系主任、院长、副校长等进行访谈。

本书通过查阅学校官网学科专家的简历或主页建立了学科专家拟访谈人员清单,而后通过邮件邀请学科专家参与访谈。本书共发放邮件 2 846 封,回收邮件 190 份,有效邮件 133 份,有效回收率 70%,最终以面对面、一对一的形式共访谈了 133 位理工类学科专家,受访的学科专家包括教师(以教授为主)、系主

---

① 陈向明.质的研究方法与社会科学研究[M].北京:教育科学出版社,2000:165.

任、院长、副校长等,涉及北京市、上海市、南京市、杭州市、成都市等 15 个城市的
北京大学、上海交通大学、南京大学、浙江大学等 32 所"双一流"建设高校。理工
类受访学科专家的具体情况,见表 3 - 4。

表 3 - 4　理工类受访学科专家信息表

项　　目	人　　数	百　分　比
学科	133	100%
理科	40	30.08%
工科	93	69.92%
学位	133	100%
学士	0	0%
硕士	0	0%
博士	133	100%
职称	133	100%
副高	9	6.77%
正高	124	93.23%
行政头衔	133	100%
无	96	72.18%
有	37	27.82%
出国经历	133	100%
<1 年	44	33.08%
1～3 年	52	39.10%
>3 年	37	27.82%
国际任职	133	100%
有	71	53.38%
无	62	46.62%

注:国际任职包含担任本学科国际学术期刊/组织的负责人。

　　研究者向受访者介绍了本书的大致情况,并发放知情同意书以遵循研究伦
理规范,在征得受访者的同意后对访谈过程进行全程录音。访谈提纲共包括 7

个问题,所有问题均严格围绕研究目的和研究问题所设立,具体访谈提纲见附录
1。访谈时长约 30～90 分钟。

2. 访谈资料的分析

基于对 133 位理工类学科专家的深度访谈,本书共获得了约 100 小时(6 000
分钟)的录音,研究者随后将其转录为文本资料,共获得了 90 万字的中文文本。
结合访谈的目的,本书主要借助 EXCLE 和 NVIVO12.0 软件对转录后的文本资
料进行统计与分析。运用 EXCEL 软件对文本资料中有关"本书所构建的理工
类一流学科国际水平高精尖评价评价指标科学性与合理性如何"和"本书所构建
的理工类一流学科国际水平高精尖评价指标体系中部分高精尖评价指标的具体
内涵是什么"部分的内容进行统计与分析。运用 NVIVO12.0 软件对转录后的
文本资料中有关"我国理工类一流学科国际水平与理工类世界一流学科是否存
在差距? 若存在差距,主要存在哪些差距? 造成差距的主要原因是什么"部分的
内容进行统计与分析。

具体而言,首先,本书通过访谈法对所构建的理工类一流学科国际水平高精
尖评价指标体系进行专家意见咨询,以尽可能地构建出科学、合理的评价指标体
系。本书认为,任何一个评价指标体系都会因评价目标、评价理念的不同以及对
评价对象内涵理解的不同而受到不同的评价,即任何一个学科专家都会因自身
对理工类一流学科国际水平评价体系的评价目标、评价理念的理解以及自
身对理工类一流学科国际水平内涵的理解,对本书所构建的高精尖评价指标体
系持有不同的立场与观点。因此,本书主要借助 EXCEL 软件采用百分比统计
法对转录后的文本资料中有关"本书所构建的理工类一流学科国际水平高精
尖评价评价指标科学性与合理性如何"部分的内容进行统计与分析,且认为只
要评价指标体系中的某一项具体内容获得 50% 及以上专家的认可,该内容即
可保留。

其次,本书通过访谈法探析所构建的理工类一流学科国际水平高精尖评价
指标体系中部分高精尖评价指标的具体内涵,如各学科重大国际学术权威奖项
有哪些、国际权威学术期刊有哪些等等。本书认为,若某一指标的具体内涵获得
了多数学者的认同,则该指标的内涵就具有一定的科学性。因此,本书主要借助
EXCEL 软件采用百分比统计法对转录后的文本资料中有关"本书所构建的理工
类一流学科国际水平高精尖评价指标体系中部分高精尖评价指标的具体内涵是

什么"部分的内容进行统计与分析,且认为只要某一评价指标的内涵获得了50%及以上专家的认可,则可为本书各指标内涵的界定提供一定的支撑。

最后,本书通过访谈法探析我国理工类一流学科国际水平与理工类世界一流学科是否存在差距,以及若存在差距,存在哪些主要差距和造成差距的主要原因。针对这一问题,本书主要借助 NVIVO12.0 软件对转录后的文本资料中有关该部分的内容进行编码、分析,使用的分析方法是质性内容分析法。在本书中,对这部分内容的分析主要包括以下四个阶段:

第一阶段:准备数据,启动文本分析工作。首先,研究者将每份转录好的文本资料在 Word 文档中进行格式标准化(以研究者提问的具体内容和受访者的回答内容作为 Word 文档的主体内容),且以受访学科专家的代号对每份转录好的文本资料进行命名。受访学科专家的代号主要由其姓名的首字母缩写和受访顺序组合而成,如第一位受访学科专家张三,代号为 ZS01。这一工作的主要目的是让随后的编码文本更为清晰。其次,研究者将每份标准化后的文本导入至 NVIVO12.0 软件,仔细阅读文本后运用 NVIVO12.0 软件对重要的文本内容进行标记,为下一阶段的编码做相应的准备。

第二阶段:初步编码——创建编码点。研究者对文本内容进行初步编码,在此基础上创建出编码点。在这一过程中,编码点可以是句子或简短的单词序列。

第三阶段:二次编码——创建子类目。虽然创建编码点也是分析的一部分,因为研究者正在将数据归入有意义的组别之中,但编码点与分析单位(类目)不同,通常而言后者的范围更广。子类目是对数据进行解释性分析的体现,也是与所探究的现象有关的论点[1]。因此,在完成初步编码后(创建编码点),研究者对以上编码点进行归纳分析以形成新的子类目。

第四阶段:基于类目的分析和结果呈现。在这一阶段,研究者可以继续整理前一阶段所创建的子类目,即可根据研究需要将部分子类目整合到更具概括性和抽象化的主类目中,至此,整个编码过程基本完成,类目框架基本构建完成。质性内容分析方法可以提供质性和量化两种结果,质性结果主要源于对类目框架的总结和深度分析[2];量化结果主要是借助 NVIVO12.0 软件中的编码点统计功能,统计出每个(子)类目被提及的次数,以便识别出重点内容和完成后续的讨

①   田琳.世界一流大学的功能研究[D].上海交通大学,2020:84.
②   田琳.世界一流大学的功能研究[D].上海交通大学,2020:85.

论与分析。

二、比较分析法

比较分析法是对两个或两个以上具有一定相关性的事物进行考察和辨别，从中发现相似性或相异性，进而加深对事物的认识[①]。本书运用比较分析法对我国理工类一流学科和理工类世界一流学科的国际水平展开比较，以寻找到两者间的差距，明晰我国理工类一流学科在世界理工科体系中的相对位置，促进我国理工类一流学科加快建成世界一流学科。

本书运用 EXCEL 软件建立了各比较数据的数据库，包括重大国际学术奖项的获奖人数据库、国际权威学术期刊编委数据库、全球高被引科学家数据库、国际权威学术期刊论文数据库、高被引论文及其施引机构数据库、国际著名校友的培养数据库、在第三方评价中的影响力数据库等。

重大国际学术奖项的获奖人数据库。各重大国际学术奖项官网都公布了获奖者的名单，且大多数重大国际学术奖项官网都公布了获奖者的获奖年份、获奖时所在的工作单位等内容，本书搜集了相关数据，并将其纳入重大国际学术奖项的获奖人数据库。针对部分获奖时所在工作单位信息缺失的获奖者，本书通过查阅其简历或主页进行补充，仍未检索到获奖时所在工作单位的获奖者作数据缺失处理，以此建立了重大国际学术奖项的获奖人数据库，该数据库包含约 1 700 名获奖者的姓名、获奖时工作单位、获奖年份、获奖份额等 6 800 条具体信息。

国际权威学术期刊编委数据库。各国际权威学术期刊官网都公布了编委会成员的名单，且大多数国际权威学术期刊官网都公布了编委会成员的具体职务和工作单位，本书搜集了相关数据，并将其纳入国际权威学术期刊编委数据库。针对部分工作单位信息缺失的主编、副主编和编委，本书通过查阅其简历或主页进行补充，仍未检索到工作单位的主编、副主编和编委作数据缺失处理，以此建立了国际权威学术期刊编委数据库，该数据库包含约 5 200 名编委会成员的姓名、目前所在工作单位、在学术期刊中的职务等 15 000 条具体信息。

全球高被引科学家数据库。科睿唯安官网公布了 22 个学科或学科领域的全球高被引科学家名单，包含 10 个理工类学科或学科领域，其中 5 个学科与本

---

① 徐志明.社会科学方法论[M].北京：当代中国出版社,1995：323.

书所划分的学科一致,因此,这 5 个学科领域的全球高被引科学家可直接归属于本书相应学科的全球高被引科学家数据库;另外 5 个学科领域的高被引科学家则需要根据高被引科学家的研究方向和所在院系进行划分。具体划分方法如下:首先,通过科睿唯安官网搜集这 5 个学科领域全球高被引科学家的研究方向和所在院系信息。对于未检索到研究方向和所在院系信息的全球高被引科学家,通过查阅其简历或主页进行第二轮补充,仍未检索到研究方向和所在院系的全球高被引科学家作数据缺失处理。其次,参考教育部发布的《学位授予和人才培养学科目录(2018 年)》,对检索到研究方向和所在院系的全球高被引科学家,进行学科划分,以此形成本书理工类 21 个学科的全球高被引科学家数据库。最终构建的全球高被引科学家数据库包含约 4 000 名全球高被引科学家的姓名、当前工作单位、研究方向和所属学科等 16 000 条具体信息。

国际著名校友的培养数据库。在本书中,国际著名校友的培养是指获得本学科重大国际学术奖项、在本学科国际权威学术期刊/组织中担任负责人、入选本学科全球高被引科学家、在全球 500 强企业担任高管的校友数,其中,校友是指在一所大学相关学科获得学士或博士学位的人。限于时间、精力等因素,本书暂时只搜集和统计了获得本学科重大国际学术奖项、在本学科国际权威学术期刊中担任负责人、入选本学科全球高被引科学家的校友人数。本书根据所建立的重大国际学术奖项的获奖人数据库、国际权威学术期刊编委数据库、全球高被引科学家数据库,获取重大国际学术奖项的获奖人、国际权威学术期刊编委、全球高被引科学家的名单和工作单位,并通过查阅其简历或主页,获取其本科和博士阶段的求学经历,即本科和博士的毕业院校,以此建立国际著名校友的培养数据库,该数据库包括约 12 000 名校友的姓名、本科和博士毕业院校等 36 000 条具体信息。

国际权威学术期刊论文数据库。根据本书所确定的各学科国际权威学术期刊清单,通过 WOS 核心合集数据库,下载各学科国际权威学术期刊 2015—2019 年 5 年间所刊发的学术论文,下载类型为"Article",以此建立了各学科国际权威学术期刊论文数据库,该数据库包含约 22 万篇学术论文的第一作者姓名、隶属高校、论文发表年份等 66 万条具体信息。

高被引论文及其施引机构数据库。ESI 数据库公布了 22 个学科或学科领域的高被引论文,包含 10 个理工类学科或学科领域,其中有 5 个学科与本书所划分的学科领域一致,因此,这 5 个学科的高被引论文可直接归属于本书相应学科的高被引论文数据库;另外 5 个学科领域的高被引论文则根据每篇高被引论文所刊发的期刊,并参考软科所发布的《期刊与学科对应表》对每篇高被引论文所属的学科进行划分,最终形成了理工类 21 个学科的高被引论文数据库,数据库包含每一篇高被引论文的第一作者姓名、隶属高校、刊发的期刊等内容。鉴于理工类 21 个学科高被引论文数据的庞大,本书在建立高被引论文施引机构数据库之前,首先,根据 21 个学科所选择的样本高校,选取隶属于样本高校的高被引论文,建立了 21 个学科样本高校的高被引论文数据库。其次,在 21 个学科样本高校高被引论文数据库建立的基础上,通过 WOS 核心合集数据库检索每一篇高被引论文,然后下载其施引文献相关信息,以此建立了样本高校高被引论文的施引文献数据库,该数据库约包含 4 万篇高被引论文的施引机构、被引频次等12 万条具体信息。

在第三方评价中的影响力数据库。软科官网或 QS 官网公布了各学科的排名,根据 2021 年软科世界一流学科排名(GRAS)和 2021 年 QS 世界大学学科排名,统计各学科样本高校在 2021 年软科世界一流学科排名和 2021 年 QS 世界大学学科排名中的名次。如果只有一个学科排名对该学科进行排名,则只需统计其在该学科排名中的名次即可。以此,形成理工类 21 个学科在第三方评价中的影响力数据库,数据库约包括各样本高校的名称、学科排名名次等 2 000 条具体信息。

三、案例分析法

案例分析法通过选取一个或几个典型样本为研究对象,通过收集相关资料进行深入研究,用以探讨某一现象在实际环境下的状况。案例研究的目的在于采用"分析性概况"的方法充分描述现象发生的过程及相互影响的作用机制,因此,对于回答"为什么会这样"的研究问题,案例分析法能给出较为满意的答案[①]。在案例数量方面,由于多案例的研究方式能够通过对比不同的案例,挖掘到更为丰富的信息,因此,若能够获得相关资料,应尽可能地采用多案例的研究设计,以得到更具说服力、更可靠的结果[②]。在案例选取原则方面,所选取的案

① 姜帆.社会科学领域的国际学术奖项评价研究[D].上海交通大学,2019:43.
② [美]罗伯特·K·殷著.周海涛译.案例研究方法的应用[M].重庆:重庆大学出版社,2004:137.

例应具有代表性和典型性,因为案例的代表性和典型性是提升案例研究结论适用性的重要途径①。

本书运用案例分析法对 5 个理工类世界一流学科进行案例分析。在案例学科选取方面,主要从典型性、代表性等方面进行权衡,选择了加州大学伯克利分校化学学科、南洋理工大学(Nanyang Technological University)电子电气工程学科、麻省理工学院材料科学与工程学科、南京大学大气科学学科、中南大学矿业工程学科 5 个案例学科,以期探讨其在国际学术大师引进和培育、重大原创性研究的开展、拔尖创新人才的培养等方面的可借经验,以上 5 个案例的具体选取理由见第六章第一节相关内容。

本书对案例学科的分析主要结合我国理工类一流学科国际水平与理工类世界一流学科的主要差距进行展开,重点分析案例学科在国际学术大师的引育、重大原创性研究的开展、拔尖创新人才的培养等方面的可借经验,以为我国理工类一流学科国际水平的提升提供借鉴。本书对不同案例学科分析的侧重有所不相同,主要对加州大学伯克利分校化学学科学术大师的引进和培育、拔尖创新人才培养的经验进行分析;对南洋理工大学电子电气工程学科的学术大师引育、重大原创性研究开展的经验进行分析;对麻省理工学院材料科学与工程学科的重大原创性研究开展、拔尖创新人才培养的经验进行分析;对南京大学大气科学学科重大原创性研究开展、拔尖创新人才培养的经验进行分析;对中南大学矿业工程学科学术大师的引育经验进行分析。

第四节　数据搜集与统计

一、评价指标的界定

重大国际学术奖项的获奖人指的是获本学科重大国际学术奖项的教师数。本学科重大国际学术奖项主要根据学术排名与卓越国际协会(IREG Observatory on Academic Ranking and Excellence,简称 IREG)公布的 IREG 国际学术奖项清单(IREG List of International Academic Awards)、软科官网公布的"学术卓越调查"中所列出的国际学术奖项清单、郑俊涛博士的《基于声誉调查和奖项图

---

① ［美］罗伯特・K・殷著.周海涛译.案例研究:设计与方法[M].重庆:重庆大学出版社,2012:11.

谱的国际科学技术奖项评价研究》中所列出的国际学术奖项清单以及结合理工类学科专家调研所取得的"理工类学科专家推荐的重大国际学术奖项清单"进行确定，以此保证所选奖项的权威性。各学科重大国际学术奖项，见附录4。

　　国际权威学术期刊/组织负责人指的是在本学科国际权威学术期刊中担任主编、副主编、编委，以及在本学科国际权威学术组织中担任主席、副主席、秘书长/执委的教师数。本学科国际权威学术期刊主要根据软科官网公布的"学术卓越调查"中所列出的国际权威学术期刊清单、WOS的JCR（Journal Citation Reports）分区Q1区（Quartile 1）清单、中国科学院期刊分区Q1区（Quartile 1）清单、已有文献中所列出的顶尖学术期刊清单以及结合理工类学科专家调研所取得的"理工类学科专家推荐的国际权威学术期刊清单"进行确定，以此保证所选期刊的权威性。各学科国际权威学术期刊，见附录5。

　　全球高被引科学家指的是入选本学科科睿唯安"全球高被引科学家"的教师数。全球高被引科学家是由科睿唯安公司发布的世界范围内各学科领域被引次数最高的研究人员。

　　国际著名校友的培养指的是获得本学科重大国际学术奖项、在本学科国际权威学术期刊/组织中担任负责人、入选本学科全球高被引科学家、在全球500强企业担任高管的校友数。校友指在一所大学获得学士或博士学位的人（不含获得硕士学位的人）。

　　博士研究生培养指的是本学科过去5年年均授予博士学位的数量。由于国内有的高校未明确公布各学科博士学位授予数量，为统一数据口径，本书采用各学科的博士生毕业人数替代博士学位数量。

　　国际权威学术期刊论文指的是过去5年在本学科国际权威学术期刊上发表论文的数量。

　　高被引论文被世界一流学科引用的比例指的是一段时间内本学科的高被引论文被世界一流学科引用的次数除以总被引次数。其中，"高被引论文"是指在本学科基础科学指标（ESI）前1%的论文。"世界一流学科"是指同时进入QS世界大学学科排名和软科世界一流学科（GRAS）前100的学科。

　　国际专利转让比例指的是一段时间内本学科国际专利转让数与国际专利授权数之比。其中，国际专利授权是指法律对技术发明人或所有人授予的国际专利权；专利转让是指专利权人作为转让方，将其发明创造的专利的所有权或持有权移转给受让方,受让方支付约定价款的法律行为。本书中的专利包括发明授权专利、实用新型专利和外观设计专利,不包括发明申请专利。由于当前统计上衡量专利转化率较为困难,因此选择国际专利转让比例来近似反映一段时间内的国际专利转化情况。

在第三方评价中的影响力指的是本学科在 QS 世界大学学科排名和软科世界一流学科排名(GRAS)两大全球性主要学科排名中的表现。

二、数据搜集与统计

重大国际学术奖项的获奖人数据主要来源于各重大国际学术奖项官网公布的 2001—2020 年的获奖人名单,主要对获奖人名单中人员的获奖年份、获奖份额、所属高校等数据进行搜集与统计,具体搜集与统计过程见第三章第三节有关"重大国际学术奖项的获奖人数据库"部分的内容。在统计方法上,根据获奖者获奖当时的归属单位统计每所大学该学科的获奖人数;当一名获奖人同时署名两个单位时,每个单位各计 1 人次。

国际权威学术期刊负责人数据主要来源于各国际权威学术期刊官网公布的期刊编委会名单(截止日期为 2021 年 2 月),主要对期刊编委会名单中人员的姓名、职务、隶属院校等数据进行搜集与统计,具体搜集和统计过程见第三章第三节有关"国际权威学术期刊负责人数据库"部分的内容。限于时间、精力等因素,暂未搜集国际权威学术组织负责人相关数据,博士研究生的培养和国际专利转让比例 2 个指标的数据也暂未搜集与统计。在统计方法上,当一个主编(副主编、编委)隶属于多个单位时,每个单位计 1 人次;当一个主编(副主编、编委)担任多本期刊的主编,则累计计数,如一名教师既担任 A 国际权威学术期刊主编,又担任 B 国际权威学术期刊主编,则该主编所属单位计 2 次数;对主编、副主编、编委赋予同等权重。另外,鉴于主编、副主编、编委在不同期刊编委会中有不同的英文表述,本节采集了直接表述为主编、副主编、编委或相当于主编、副主编、编委职能的负责人信息。

全球高被引科学家数据主要来源于科睿唯安公司 2020 年 11 月发布的"全球高被引科学家"名单,主要对名单中人员的姓名、隶属高校、隶属学科、研究方向等数据进行搜集与统计,具体搜集与统计过程见第三章第三节有关"全球高被引科学家数据库"部分的内容。在统计方法上,当全球高被引科学家同时署名两所大学时,只统计全球高被引科学家隶属的第一单位,计 1 人次。

国际著名校友的培养数据主要来源于各学科重大国际学术奖项官网、各学科国际权威学术期刊官网、科睿唯安公司官网、校友隶属工作单位官网等,主要通过各学科重大国际学术奖项的官方网站搜集其 2001—2020 年所公布的获奖人名单,并对获奖人的姓名、毕业院系等数据进行搜集与统计;通过各学科国际权威学术期刊官网搜集其所公布的期刊编委会名单(截止日期为 2021 年 2 月),并对期刊编委会中人员的姓名、职务、隶属高校、毕业院系等数据进行搜集与统计;通过科睿唯安公司官网搜集其发布的"2020 年全球高被引科学家"名单,并对名单中人员的姓名、隶属高校、毕业院系等数据进行搜集与统计,具体搜集与统计过程见第三章第三节有关"重大国际学术奖项的获奖人数据库""国际权威学术期刊负责人数据库""全球高被引科学家数据库"部分的内容。在统计方法上,若一个校友在一所学校获得两个或两个以上学位,则只计算最近的一次。

国际权威学术期刊论文数据来源于 WOS 核心合集数据库中 2015—2019 年所收录的学术论文(Article),主要对每篇学术论文的第一作者姓名、隶属高校等数据进行搜集与统计,具体搜集与统计过程见第三章第三节有关"国际权威数学期刊论文数据库"部分的内容。在统计方法上,统计 2015—2019 年以第一作者的署名机构发表的论文数量;当一篇文章有多个第一作者,则每个第一作者署名机构各计 1 篇次;当一篇文章的第一作者同时署名多个机构,则每个署名机构计 1 篇次。

高被引论文被世界一流学科引用的比例数据来源于 ESI 数据库中收录年份为 2015—2019 年的高被引论文及其引文,主要对每一篇高被引论文的第一作者姓名、隶属高校、总被引次数、施引机构等数据进行搜集与统计,具体搜集与统计过程见第三章第三节有关"高被引论文及其施引机构数据库"部分的内容。在统计方法上,根据已确定的各学科世界一流学科名单,统计出样本高校的高被引论文被世界一流学科所引用的频次,然后用此频次除以样本高校高被引论文的总被引次数。

在第三方评价中的影响力数据来源于 QS 官网 2021 年 3 月发布的"2021 年 QS 世界大学学科排名"和软科官网 2021 年 5 月发布的"2021 年世界一流学科排名(GRAS)";主要对样本高校在 2021 年 QS 世界大学学科排名和 2021 年 GRAS 学科排名中的名次进行搜集与统计。在统计方法上,对于进入全球排名前 25 的高校,赋予 5 倍权重;位于第 26~50 名的高校,赋予 4 倍权重;位于第 51~100 名的高校,赋予 3 倍权重;位于第 101~150 的高校,赋予 2 倍权重;位于第 151~200 的高校,赋予 1 倍权重;位于 201 及之后的高校,赋予 0.5 倍权重。各样本高校原始得分由其在两个排名的表现简单相加得到(若只有一个排行榜对该学科进行排名,则样本高校原始得分无需相加)。

三、得分计算

1. 指标得分计算

首先,对所有原始值进行统计处理,改善原始数值分布。其次,计算出世界顶尖学科组、世界一流学科组、国内顶尖学科组、国内一流学科组在该指标上得分的平均值。再次,以世界顶尖学科组的平均值作为参照,设为标准分 1 分。最后,计算出其他组别平均值与世界顶尖学科组平均值的比值,得到各组别在该指标上的得分,得分超过 1 的计为 1。

2. 维度得分计算

以学术大师维度为例,首先,对学术大师维度的重大国际学术奖项的获奖人、国际权威学术期刊的负责人、全球高被引科学家 3 个指标得分赋予同等权重,进行简单加权,得到学术大师维度的得分,计算公式为:$I_A = (I_W + I_J + I_S)/3$,其中,$I_A$ 为学术大师维度得分、I_W 重大国际学术奖项的获奖人指标得分、I_J 为国际权威学术期刊的负责人指标得分、I_S 为全球高被引科学家指标得分。其次,计算出世界顶尖学科组、世界一流学科组、国内顶尖学科组、国内一流学科组在该维度上得分的平均值。再次,以世界顶尖学科组的平均值作为参照,设为标准分 1 分。最后,计算出其他组别平均值与世界顶尖学科组平均值的比值,得到各组别在该维度上的得分,得分超过 1 的计为 1。其他维度的得分计算方法与学术大师维度的得分计算方法一致。

3. 国际水平整体得分计算

首先,对重大国际学术奖项的获奖人、国际权威学术期刊编委、全球高被引科学家、国际著名校友的培养、国际权威学术期刊论文、高被引论文被世界一流学科引用的比例、在第三方评价中的影响力等 7 个指标得分赋予同等权重,进行简单加权,得到国际水平整体得分,计算公式为:$I_L = (I_W + I_J + I_S + I_A + I_P + I_R + I_E)/7$,其中 I_L 为国际水平整体得分、I_W 为重大国际学术奖项的获奖人指标得分、I_J 为国际权威学术期刊的负责人指标得分、I_S为全球高被引科学家指标得分、I_A为国际著名校友的培养指标得分、I_P为国际权威学术期刊论文指标得分、I_R为高被引论文被世界一流学科引用的比例指标得分、I_E为在第三方评价中的影响力指标得分。其次,计算出世界顶尖学科组、世界一流学科组、国内顶尖学科组、国内一流学科组国际水平整体得分的平均值。再次,以世界顶尖学科组的平均值作为参照,设为标准分1分。最后,计算出其他组别平均值与世界顶尖学科组平均值的比值,得到各组别国际水平的整体得分,得分超过1的计为1。

第四章
理工类一流学科国际水平高精尖评价指标体系的构建

结合世界一流学科的内涵、"双一流"建设相关政策文件、学科评价系统论等理论,本章首先明确理工类一流学科国际水平高精尖评价指标体系构建的核心理念、基本原则与思路。其次,对政府相关部门、第三方评价机构、学界一流学科评价或其科研评价指标及体系进行分析与借鉴,以初步构建出我国理工类一流学科国际水平高精尖评价指标体系。最后,对学科评价专家和理工类学科专家进行调研,以对所构建的高精尖评价指标体系的科学性和合理性进行评价。本章第一节探讨了高精尖评价指标体系构建的核心理念、基本原则与思路;第二节分析与借鉴了政府相关部门、第三方评价机构、学界的一流学科评价评价或其科研评价指标及体系;第三节初步构建了理工类一流学科国际水平高精尖评价指标体系;第四节探讨了基于学科评价专家和理工类学科专家的调研,对初步构建的理工类一流学科国际水平高精尖评价指标体系展开实证筛选。

第一节 高精尖评价指标体系构建的理念与思路

一、高精尖评价指标体系构建的核心理念

众所周知,指标上的"一流"并不代表学科已成为真正意义上的世界一流学科,但警惕指标上的"一流"并非是警惕一流指标。相反,若选取能够衡量世界一流学科水平的顶尖、高端指标来评价我国一流学科的国际水平,则无疑对其建成世界一流学科具有重要的积极意义。由"双一流"建设方案可知,我国一流学科建设的目标是建成世界一流学科,因此,不论是理学类一流学科的建设,还是工学类一流学科的建设,其建设目标都是建成世界所公认的、具有"世界一流水平"的学科,即建成世界一流学科。而这一建设目标就要求在对我国理工类一流学科国际水平进行评价时,必须要遵循"世界一流"的评价标准来评价我国理工类一流学科的国际水平,所选取的评价指标应是能够衡量世界一流学科水平的顶尖、高端指标;所构建的评价指标体系应能引导我国理工类一流学科以世界一流为目标,加快建成世界一流学科。为此,本书以"遵循世界一流标准,甄选顶尖、高端指标"和"聚焦世界一流目标,促进世界一流学科建设"为核心理念来构建理工类一流学科国际水平高精尖评价指标体系。

二、高精尖评价指标体系构建的基本原则

1. 科学性原则

评价指标体系的整体设计和具体指标的选取、计算与赋权都必须遵循科学性原则。从单个具体评价指标的选取、计算和赋权到整个评价体系的构建,每一步都必须建立在对评价对象广泛调研、充分认知、深入分析的基础上,确保评价指标体系的构建过程科学、合理①,唯此才可能真实、客观地衡量出我国理工类一流学科的国际水平及其与理工类世界一流学科的差距。

2. 导向性原则

理工类一流学科国际水平高精尖评价指标体系的构建目的不仅是为了测量我国理工类一流学科国际水平的高低,更重要的意义在于通过评价寻找到与理工类世界一流学科的差距,以及时调整我国理工类一流学科国际水平的提升之策,加快引导我国理工类一流学科迈向世界一流。因此,在构建高精尖评价指标体系时,要甄选能够衡量世界一流学科水平的顶尖、高端指标,如重大国际学术奖项的获奖人、国际权威学术期刊论文等,旨在通过衡量我国理工类一流学科在顶尖、高端指标上的表现,及其与理工类世界一流学科的差距,引导和促进我国理工类一流学科国际水平的提升和世界一流学科的建设。

---

① 曹蕾.区域生态文明建设评价指标体系及建模研究[D].华东师范大学,2014:46.

3. 可定量原则

理工类一流学科国际水平包含诸多方面的内容,部分内容难以通过定量指标表示,但若采用定性指标,则会在一定程度上影响评价结果的准确性和客观性,因为定性指标对评价对象的评判通常得到的是等级,只能大体上反映出评价对象间的相对关系。此外,定性指标不能采用与定量指标相同的数据标准化方法,也不易于代入计量模型计算,即使有些定性指标经过转化能够定量化,但也难以保证转化过程的科学、准确,造成评价结果的失真[①]。因此,为了评价结果的准确性和客观性,应尽量避免使用定性指标,要尽可能地建立起以量化指标为基础的评价指标体系。

4. 可操作性原则

在构建评价指标体系时,若只注重理论上的完美,不注重实际评价过程中的可操作性,则所构建的评价指标体系无法正常发挥评价作用[②]。因而,在构建评价指标体系时,所选取的指标一定要具有可操作性。指标的可操作性主要是指指标数据具有可获得性,即指标数据易于搜集[③]。通常而言,所选取的指标应能够通过官方渠道搜集到相关数据,以保证数据的客观性、真实性和权威性。理工类一流学科国际水平评价指标繁杂,其中不乏一些指标尽管能衡量理工类一流学科的国际水平,但难以搜集到相关的数据。因此,在构建评价指标体系时要严格遵循指标的可操作性原则,选取能够从官方渠道获取相关数据的指标。

5. 典型性原则

在构建评价指标体系时应尽可能地选取具有典型性的指标,每个指标都包含尽可能多的内容,且具有一定的独立性,尽量避免使用意义重叠、相关性强的指标。在确保全面反映理工类一流学科国际水平的前提下,评价指标体系应尽量简洁。事实上,指标过多反而容易使一些难以衡量理工类一流学科国际水平的指标被纳入评价指标体系中,降低了评价指标体系的有效性。因此,"凡非必要,无需杂陈",最后应用于评价实践的指标体系应该是典型性与简洁性综合衡量的结果[④]。

---

① 彭一然.中国生态文明建设评价指标体系构建与发展策略研究[D].对外经济贸易大学,2016:47.
② [美]艾尔·巴比著.邱泽奇译.社会研究方法[M].北京:华夏出版社,2009:116.
③ 魏红征.法制化营商环境评价指标体系研究[D].华南理工大学,2019:82.
④ 曹蕾.区域生态文明建设评价指标体系及建模研究[D].华东师范大学,2014:47-48.

三、高精尖评价指标体系构建的思路

评价指标体系的构建是评价主体在认识评价对象属性和特征的基础上,围绕具体目标或解决实际问题而呈现的抽象逻辑思维过程,需要经历一个从具体到抽象再到具体的思维过程,也是一个由粗到细直至臻于完善的系统过程[①]。针对理工类一流学科国际水平评价的特点,本书高精尖评价指标体系构建的具体步骤主要包括理论准备(包括明确高精尖评价指标体系构建的核心理念、基本原则等)、高精尖评价指标体系的初建、高精尖评价指标体系的优化、评价指标内涵界定和权重设置四大环节,见图 4 - 1。

1. 理论准备

构建理工类一流学科国际水平高精尖评价指标体系,应充分掌握评价及学科评价领域的理论与方法;全面了解当前理工类一流学科国际水平评价存在的局限性;系统梳理理工类一流学科的内涵、理工类一流学科国际水平评价的核心理念以及影响理工类一流学科国际水平的因素等内容,为构建科学、合理的高精尖评价指标体系做好充分的准备。

2. 高精尖评价指标体系的初建

基于学科评价的系统论理论和钻石模型理论,本书首先采用系统分析方法来构建高精尖评价指标体系的分析框架,将理工类一流学科国际水平作为一个系统进行分解,把理工类一流学科国际水平设为总目标层。其次,将高精尖评价指标体系进一步分解成准则层和指标层,整体构成"总指标层—准则层—指标层"三级的层次结构,其中准则层主要根据钻石模型理论进行设置(见第一章第三节有关"钻石模型理论在学科评价中的应用分析"部分的内容)。最后,结合世界一流学科的内涵、分析与借鉴相关指标及体系等,初步构建我国理工类一流学科国际水平高精尖评价指标体系。

3. 高精尖评价指标体系的优化

初步构建的高精尖评价指标体系可能存在指标相关性高、指标繁杂等问题。为此,需对之进行优化,以得到科学、合理的高精尖评价指标体系。本书高精尖评价指标体系的优化主要是发挥学科评价专家和理工类学科专家的重要作用,

---

① 朱明.我国大学学科水平评价问题研究[D].南京航空航天大学,2015:62.

通过座谈会、一对一访谈等形式收集评价意见，以对高精尖评价指标体系的结构和指标集进行优化，使得整个高精尖评价指标体系完善、合理。

4. 评价指标内涵界定和权重设置

对各评价指标的内涵进行清晰的界定，以及设置各评价指标的权重，以为高精尖评价指标体系的运用奠定基础。评价指标权重的设置有很多种方法，如专家平均意见法、层次分析法、德尔菲法等。

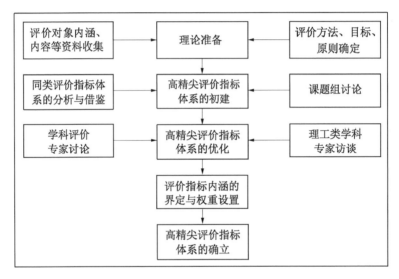

图 4-1 高精尖评价指标体系构建的思路

根据上述思路，高精尖评价指标体系采用三层递阶树状结构，将理工类一流学科国际水平设为总目标层，下设准则层和指标层，具体结构如图 4-2 所示。

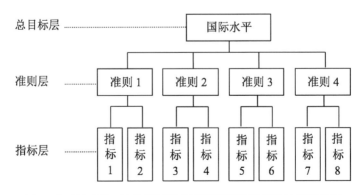

图 4-2 理工类一流学科国际水平高精尖评价指标体系结构图

第二节　评价维度与指标的分析与借鉴

目前主要有政府相关部门、第三方评价机构、学界对一流学科的评价或其科研评价指标及体系进行了探索与实践。基于前文对这些评价指标及体系的梳理，本小节对之展开进一步的分析与借鉴，以为理工类一流学科国际水平高精尖评价指标体系的构建提供借鉴。

一、政府相关部门评价维度与指标的分析与借鉴

在政府层面，主要有英国的 REF 科研评价、澳大利亚的 ERA 科研评价、中国教育部学位与研究生教育发展中心开展的学科评估。英国的 REF 科研评价指标体系主要包括科研成果、科研影响、科研环境 3 个评价维度，并规定对 3 个维度的评价均以"世界领先"为最高等级①，以引导学科走向世界一流（见表 2 - 2）。澳大利亚的 ERA 科研评价指标体系主要包括科研质量、科研活动及数量、科研成果应用 3 个评价维度，同样规定以世界标准为标杆进行评价，设置"远超过世界水平"为最高等级（见表 2 - 3）②。中国学位中心的学科评估指标体系主要包括师资队伍建设与资源、人才培养质量、科学研究水平、社会服务与学科声誉 4 个评价维度，以及优秀毕业生、学位授予数、科研产出、专利转化等评价指标（见表 2 - 4）③。

英国的 REF 科研评价高度重视科学研究及其社会贡献和影响力，未考察科研对教学所产生的影响，使得教学或人才培养被忽视。正如韦德（Wade）所指出，一方面，REF 对科研影响的狭隘定义忽略了与大学的社会影响有关的教学的历史作用；另一方面，REF 以世界顶尖标准为标杆，考察机构的科研产出、科研影响和科研环境，规定在原创性、重要性、严谨性方面的质量都以"世界领先"为最高等级，这有利于引导学科走向世界一流。

---

① The Scottish Funding Council, the Higher Education Funding Council for Wales, the Department for the Economy of Northern Ireland. Research Excellence Framework 2021[EB/OL]. [2022 - 05 - 26]. http://www.ref.ac.uk/.

② Australian Government, Australian Research Council. ERA National Report 2018 - 2019[EB/OL]. [2021 - 04 - 12]. https://dataportal.arc.gov.au/ERA/NationalReport/2018/.

③ 中国学位与研究生教育信息网.全国第四轮学科评估工作概览[EB/OL]. [2021 - 05 - 20].http://www.cdgdc.ed-u.cn/xwyyjsjyxx/xkpgjg/283494.shtml#3.

澳大利亚的ERA科研评价也高度重视科学研究,而忽视教学或者人才培养。同时,ERA也以世界顶尖标准为标杆来考察机构的科研质量、科研活动及数量、科研成果应用,规定"远远超过世界水平"为最高等级,以引导学科走向世界一流。

我国学位中心的学科评估则注重从多维度对学科进行评价,涉及人才培养、科学研究、社会服务、师资队伍建设等方面,能够对学科进行较为全面的评价,但存在所选的评价指标不够顶尖、高端等问题,在一定程度上难以引导我国的学科迈向世界一流。

总体而言,英国的REF科研评价、澳大利亚的ERA科研评价以及中国学位中心的学科评估涉及的评价维度主要包括人才培养、科学研究、社会服务、师资队伍、学科影响力,涉及的评价指标主要包括优秀毕业生、科研产出、专利转化等评价指标。

二、第三方评价机构评价维度与指标分析与借鉴

在第三方评价机构层面,第三方评价机构开展的学科或领域排名主要有QS世界大学学科排名、软科世界一流学科排名(GRAS)、US News全球最佳大学学科排名、THE世界大学学科排名、美国科学信息研究所推出的ESI数据库给出的22个学科领域排名。QS世界大学学科排名指标体系主要包括学术声誉、雇主声誉、篇均论文引用率、H指数4个评价指标(见表2-5)[①];软科世界一流学科排名(GRAS)指标体系主要包括论文总数、论文标准化影响力、国际合作论文比例、顶尖期刊论文数、教师获权威奖项数5个评价指标(见表2-6)[②];US News全球最佳大学学科排名指标体系主要包括全球学术声誉、论文数、专著、论文篇均被引、论文总被引次数等13个评价指标(表2-7)[③];THE世界大学学科排名主要包括教学、科研、论文引用、国际化、行业收入5个评价维度,以及声誉、科研生产力、论文篇均被引、行业收入等13个评价指标(见表2-8)[④]。ESI学科排名

---

① QS. QS World University Rankings By Subject:Methodology[EB/OL].[2021-11-17]. http://www.iu.qs.com/university-rankings/subject-tables/.

② 软科.排名方法——2021世界一流学科排名[EB/OL].[2021-11-17].https://www.shanghairanking.cn/methodology/gras/2021.

③ US News. Ranking Indicators[EB/OL].[2021-11-20]. https://www.usnews.com/education/best-global-universties/articles/subject-rankings-methodology.

④ THE. Methodology[EB/OL].[2021-11-22]. https://www.timeshighereducation.com/world-university-rankings/by-subject.

指标体系主要包括论文总数、论文被引总频次、篇均被引频次、高被引论文等6个评价指标。

QS世界大学学科排名侧重于对学科的科研水平展开评价,其4个评价指标中有3个评价指标与科研相关,且所占权重较高。尽管QS世界大学学科排名也涉及人才培养维度,但主要通过雇主声誉展开评价,存在主观性较强等问题。此外,QS世界大学学科排名仅有4个评价指标,指标数量较少,难以对学科进行全面的评价。

软科世界一流学科排名(GRAS)指标体系主要涉及科学研究和师资队伍2个维度,评价维度相对单一,且科学研究维度权重过高。在评价指标上,GRAS均采用量化指标,在一定程度上增加了排名的权威性;其次,GRAS所选取的部分指标具备较高的评价标准,能够衡量世界一流学科的水平,如"教师获权威奖项数""顶尖期刊论文数"等,在一定程度上,符合世界一流学科评价的理念,能够引领我国的世界一流学科建设。

US News全球最佳大学学科排名指标体系中文献计量指标权重较高,而由于文献计量数据可直接从第三方数据提供商获取,因此,客观性较强,更容易获得认可[①],但这也反映出其过于注重对科学研究的评价,而忽视对人才培养、社会服务等方面的评价。其次,US News全球最佳大学学科排名所选取的部分评价指标难以衡量世界一流学科的水平,在何种程度上能够引导学科迈向世界一流具有一定的不确定性。

THE世界大学学科排名充分衡量或评价了学科在教学、科研、科研影响力、社会服务、国际化等方面的表现,评价维度比较多元、全面。其次,THE世界大学学科排名在评价指标的选取上,既选取了量化评价指标,又选取了质性评价指标,但同样存在所选取的部分评价指标难以衡量世界一流学科水平的问题。

ESI学科排名主要对学科的科研水平进行评价,不涉及人才培养、社会服务等维度,评价维度过于单一。

总体而言,第三方评价机构开展的学科或领域排名涉的评价维度主要包括人才培养、科学研究、社会服务、师资队伍、学科影响力等评价维度,以及博士学位授予数、顶尖期刊论文数、高被引论文等评价指标。

① 　陈世银.国际学科排名对我国高校创建一流学科的启示[J].现代教育论丛,2016(03):80-84.

三、学界评价维度与指标的分析与借鉴

如前文所述,学界有少部分学者对一流学科评价指标体系展开了系统的研究,如刘瑞儒等构建了世界一流学科建设中期绩效评估表,主要包括师资队伍与科研团队、科研成果水平、人才培养、学科声誉等 9 个评价维度以及师资队伍质量、学位授予数、高被引科学家、论文质量等 38 个评价指标[①];冯用军等构建了中国特色世界一流学科评估标准,主要包括人才培养、学术研究、国际声誉 3 个评价维度以及世界级杰出校友、诺贝尔奖等世界级科学奖励、国际或跨国重大科研项目等 26 个评价指标;李燕构建了理学基础学科评价指标体系,主要包括学科声誉、学科条件、学科环境、学科产出 4 个评价维度以及师资队伍、生源质量、科研产出、社会贡献等 11 个评价指标[②]。但通过对以上学者所构建的评价指标体系进行分析发现,其所构建的评价指标体系只有少部分评价指标是能够衡量世界一流学科水平的高端、顶尖指标。此外,有部分学者尽管并未对一流学科评价指标体系展开系统的研究,但对可用于评价一流学科的指标进行了探索,主要有王战军等提出的在国内外重要学术组织中担任要职、在国内外权威期刊中担任主编或编委、在学科排名中的位次[③];史竹琴等提出的高被引论文、高被引科学家[④];李佳哲等提出的杰出校友、教师获权威奖项数[⑤];李明等提出的高被引论文、顶尖期刊论文[⑥]等。

总体而言,学者们有关一流学科评价指标及体系的研究涉及的评价维度主要包括师资队伍、人才培养、科学研究、社会服务、学科影响力、学科条件与环境,评价指标包括杰出校友、高被引论文、顶级学者、论文数量等。

基于以上对政府相关部门、第三方评价机构、学界有关一流学科评价或其科研评价指标及体系的分析发现,政府相关部门、第三方评价机构、学界主要从师

---

①　刘瑞儒,何海燕.世界一流学科建设中期绩效考核评估研究[J].研究生教育研究,2018(02):60 - 66.

②　冯用军,赵雪.中国"双一流"战略:概念框架、分类特征和评估标准[J].现代教育管理,2018(01):12 - 18.

③　王战军,杨旭婷.世界一流学科建设评价的理念变革与要素创新[J].中国高教研究,2019(03):7 - 11.

④　史竹琴,朱先奇.ESI 在世界一流大学与学科评价中的问题与对策研究[J].重庆大学学报(社会科学版),2017,23(06):84 - 91.

⑤　李佳哲,胡咏梅.世界一流经济学科建设:概念、指标与实现路径[J].清华大学教育研究,2019,40(03):21 - 32.

⑥　李明,宋爱林,贺伟.基于文献计量的高校"双一流"学科评价指标体系构建研究[J].新世纪图书馆,2018(11):94 - 97.

资队伍、人才培养、科学研究、社会服务、学科影响力等 5 个维度对学科展开评价。同时，本书根据前文所明确的高精尖评价指标体系构建的核心理念，即"遵循世界一流标准，甄选顶尖、高端指标"和"聚焦世界顶尖、一流目标，促进世界一流学科建设"，按照是否具有国际可比性、是否属于高精尖指标、是否具有可操作性等标准对政府相关部门、第三方评价机构、学界三者在师资队伍、人才培养、科学研究、社会服务、学科影响力 5 个维度上涉及的评价指标进行梳理和归纳分析，结果见表 4-1。大量的指标仅限于国内比较和评价，表 4-1 中没有具体列出。

表 4-1　政府相关部门、第三方评价机构、学界的评价指标统计分析

评价维度	具有国际可比性的高精尖指标	具有国际可比性的非高精尖指标	不具有国际可比性的指标
师资队伍	高被引科学家、获重大国际奖项的教师、在重要国际学术组织中任职的教师、在重要国际期刊中担任主编或编委的教师等	师资数量、师资结构、师资学缘、青年教师等	国家级教学名师、国家级学术大师等拥有各种国内"帽子"的教师
人才培养	培养的博士研究生、国际著名校友、毕业生的国际雇主评价	生均办学经费、国际认证的学科专业、留学生、学生的国际交流等	各种国家级、省部级的"帽子"和奖励
科学研究	可操作性较强的指标：世界顶尖学术期刊论文、国际权威学术期刊论文、高被引论文、诺贝尔奖等世界级奖项<hr>可操作性较差的指标：国际重大科研项目	国际检索论文、国际论文被引、国际发明专利授权等	各种国家级、省部级的"帽子"、奖励等
社会服务	国际专利转让、技术转化收入	横向科研经费等	各种服务国家战略或社区发展的指标
学科影响力	在全球性学科排名中的名次、在全球性媒体中的声誉		国内声誉等

注：以上指标的分类依据主要参考谢亚兰博士的《大学排名指标体系及影响研究》。

第三节　高精尖评价指标体系的初步构建

理工类一流学科国际水平高精尖评价指标的选取及评价指标体系的构建,是科学度量理工类一流学科国际水平的有力保障。本小节主要结合世界一流学科的内涵、所确定的高精尖评价指标体系构建的核心理念、基本原则等,以及政府相关部门、第三方评价机构、学界的一流学科评价或其科研评价指标及体系的分析结果,开展理工类一流学科国际水平高精尖评价指标体系的构建工作。

一、评价维度的选取

结合本书对世界一流学科内涵的界定,即世界一流学科主要围绕师资队伍、人才培养、科研水平、社会贡献、学科影响力 5 个核心要素展开,世界一流学科应拥有一流的师资队伍、一流的人才培养、一流的科研成果、一流的社会服务且在国际上有较大的影响力。同时,结合对政府相关部门、第三方评价机构、学界一流学科评价或其科研评价指标及体系的分析与借鉴,即三者主要从师资队伍、人才培养、科学研究、社会服务、学科影响力维度对学科展开评价。因此,本书也主要从师资队伍、人才培养、科学研究、社会服务、学科影响力 5 个维度来构建理工类一流学科高精尖评价指标体系。

对学科及其水平的评价理应包括对其人才培养、科学研究、社会服务三大职能的评价,而教师是学科人才培养、科学研究、社会服务三大职能的实践主体,离开了教师,学科三大职能的实现也就成了无稽之谈。同时,教师的水平决定着学科三大职能的实现程度。《"双一流"建设成效评价办法(试行)》明确指出人才培养、科学研究、社会服务、师资队伍是一流学科建设成效评价的重点[①]。为此,本书认为,"师资队伍"理应成为一流学科国际水平评价的重要维度。此外,"双一流"建设方案中明确指出要"切实提高我国高等教育的国际竞争力和话语权,树立中国大学的良好品牌和形象"[②],因此,本书认为"学科影响力"也理应成为一

---

① 教育部,财政部,国家发展改革委.关于印发《"双一流"建设成效评价办法(试行)的通知》[EB/OL].[2020 - 04 - 25].http://www.moe.gov.cn/srcsite/A22/moe_843/202103/t20210323_521951.html.
② 国务院.关于印发《统筹推进世界一流大学和一流学科建设总体方案》的通知[EB/OL].[2020 - 04 - 25].http://www.gov.cn/zhengce/content/2015-11/05/content_10269.htm.

流学科国际水平评价的重要维度。

学科文化、学科制度等维度并没有被纳入本书的评价指标体系之中,主要是因为学科文化、学科制度类指标难以量化,也缺乏权威统计数据的支撑,不具有可操作性;如果通过定性评价的方式进行,会存在主观性较强等问题。另外,文化和制度会通过客观的器物形态和一定的行为表现出来,对师资队伍、人才培养、科学研究、社会服务、学科影响力等的客观评价可以在一定程度上反映出学科文化和学科制度等方面的表现。

综上所述,本书选取了人才培养、科学研究、社会服务、师资队伍、学科影响力5个维度作为本书理工类一流学科国际水平高精尖评价指标体系的评价维度。同时,鉴于前文所明确的理工类一流学科国际水平高精尖评价指标体系构建的核心理念,本书最终确定了人才培养、原始创新、经济贡献、学术大师、学科影响力为理工类一流学科国际水平高精尖评价指标体系的5个评价维度。

二、评价指标的选取

在对政府相关部门、第三方评价机构、学界的一流学科评价或其科研评价指标及体系进行分析的基础上(见表4-1),充分考虑指标的高精尖属性、国际可比性和数据可获取性等因素,本书进一步筛选出了可用于理工类一流学科国际水平评价的12个高精尖评价指标,包括重大国际学术奖项的获奖人、国际权威学术期刊论文、国际著名校友的培养、国际专利转让比例等,并初步构建了理工类一流学科国际水平高精尖评价指标体系,见表4-2。

表4-2 初步构建的理工类一流学科国际水平高精尖评价指标体系

评 价 维 度	评 价 指 标
学术大师	重大国际学术奖项的获奖人
	国际权威学术期刊/组织的负责人
	全球高被引科学家
人才培养	国际著名校友的培养
	博士研究生的培养

续　表

评　价　维　度	评　价　指　标
原始创新	世界顶尖学术期刊论文（*Nature & Science*）
	国际权威学术期刊论文
	国际高被引论文
经济贡献	国际专利转让比例
	技术转化的收入
学科影响力	在各类媒体中的影响力
	在第三方评价中的影响力

　　第一，学术大师维度下"重大国际学术奖项的获奖人""国际权威学术期刊/组织的负责人"和"全球高被引科学家"3 个指标的选取理由如下：学术获奖是学者获得学术认可的主要形式之一[①]，通过学术奖项认可或衡量学者的学术成就具有悠久的历史传统，可追溯至 18 世纪法国科学院设立的天文与导航（astronomy and navigation）研究年度奖，而在 1911 年首次颁发的诺贝尔奖使得学术奖项的认可标准扩大至国际范畴[②]。学术奖项作为一种制度化的成果奖励形式在现代科学社会中承担着不可替代的评价职能，已成为对学者科学研究成果进行奖励的一种重要形式，目前被广泛应用于软科世界大学学术排名等全球性大学/学科排名，且得到学界与社会的普遍认可。

　　学术期刊和学术组织是传播本学科领域科学研究成果和话语权的重要平台。以国际权威学术期刊负责人为例，发表在各学科领域公认的国际权威学术期刊上的论文能够代表本学科领域的最高研究水平，而国际权威学术期刊编委作为本学科领域最高水平科研成果的"质量把关者"，拥有较高的学术水平。相关研究指出，学术期刊编委被喻为科研产出的"守门人"，无论是论文产出数量，还是论文被引频

---

① Frey B S, Neckermann S. Awards：A view from psychological economics[J]. The Economics of Ethics，2009，73 - 88.

② Zuckerman H. The proliferation of prizes：Nobel complements and Nobel surrogates in the reward and system of science[J]. Theoretical Medicine and Bioethics. 1992，13(02)：217 - 231.

次,均是"守门人"这一先前决定机制的作用结果①,国际权威学术期刊编委在某种意义上比单纯的科研产出指标更能代表大师级学者的实力②。曾有学者就呼吁以创建世界一流学科为目标的高校应重视国际学术期刊编委的战略地位,鼓励支持本校学者担任国际著名学术期刊的编委,并建立相应的编委人才奖励体系③。

相关研究表明学者获得的学术认可与其论文产出的数量相关性较低,相反与其论文质量高度相关④,而论文引用量是衡量论文质量的重要标准。科学计量学界对学术精英的评价往往也基于发表论文的他引次数⑤。科睿唯安公布的"全球高被引科学家"名单通过对 22 个学科领域被 SCI 收录的自然和社会科学领域论文进行分析评估,并将所属领域同一年度他引频次在前 1% 的论文进行排名统计后得出,入选该名单意味着学者在其学科领域具有世界级影响力,其科研成果为该学科领域的发展作出了较大的学术贡献。目前"全球高被引科学家"被广泛应用于软科世界大学学术排名等全球性大学/学科排名以及世界顶尖科学家的学术评价中,得到了学者们的高度重视和认可。

第二,人才培养维度下"国际著名校友的培养"和"博士研究生的培养"2 个指标的选取理由如下:国际著名校友是学科人才培养质量的重要体现,而人才培养结果观指出大学/学科的资源和声誉并不能告诉我们大学/学科的人才培养质量究竟如何,相反,毕业生是大学/学科人才培养的最终"产品",根据校友取得的成就推断大学/学科的人才培养质量更为可靠。因此,可以通过考察一流大学和一流学科所培养的著名校友进而对其人才培养的质量进行评价。此外,世界一流大学和一流学科不仅要培养出众多理论研究型精英人才,还应培养出众多国家领袖、商界精英等各领域应用实践型精英人才⑥。相关研究通过对诺贝尔奖获得者、全球百强企业高管等顶尖人才的学历背景进行分析,来考察英、法、

① Braun T, Diospatony I. The counting of core journal gatekeepers as science indicators really counts, the scientific scope of action and strength of nations[J]. Scientometrics, 2005, 62(62): 297-319.
② 陈丽媛,杨建华,高磊.一流大学学术大师的指标表现及其引育机制研究:基于国际比较的视野[J].上海交通大学学报(哲学社会科学版),2019,27(03):70-79.
③ 王兴.国际学术话语权视角下的大学学科评价研究——以化学学科世界 1 387 所大学为例[J].清华大学教育研究,2015,36(03):64-75.
④ Cole S. Cole J R. Visibility and the Structural Bases of Awareness of Scientific Research[J]. American Sociological Review, 1968, 33(03): 397-413.
⑤ 姜春林,张立伟,刘学.牛顿抑或奥尔特加?——一项来自高被引文献和获奖者视角的实证研究[J].自然辩证法研究,2014,30(11):79-85.
⑥ 冯倬琳,王琪,刘念才.世界一流大学建设之路与启示[J].中国高等教育,2014(10):61-63.

美、德等国的一流大学在社会各界顶尖人才培养方面所发挥的作用,结果表明社会各界的顶尖人才大多具备在一流大学学习的背景,同时这些顶尖毕业生成就了一流大学的国际声望和教育地位①。为此,本书将国际学术领域、商业领域的著名校友作为衡量一流学科人才培养的重要指标之一。

博士研究生是最具创造潜力、创新能力的青年才俊,在经济发展、科技创新和社会进步中发挥重要作用②。随着知识经济时代的到来,处于国家教育体系顶端、肩负拔尖创新人才培养的博士生教育日益成为国家知识生产与创新的重要动力和源泉,成为众多国家提升国际竞争力和寻求国际领先地位的战略举措。世界一流大学和一流学科汇聚了一批高水平师资、占据了大量的资源,这些资源在博士生的培养中都至关重要,关乎着博士生培养质量的高低,因此,相较于其他大学和学科而言,世界一流大学和一流学科更具责任和能力为国家培养出更多高水平的博士生。相关数据显示,相比较英、美等发达国家,我国每年的博士学位授予数仍较低,仅7万人次,占学士、硕士和博士三级学位授予总数的1%,硕博比为11:1,而同期美国每年的博士学位授予数约18万人次,占三级学位授予总数的6.3%,硕博比为4.25:1;英国每年的博士学位授予数约2.5万人次,占三级学位授予总数的3.94%,硕博比为7.25:1③。可以看出,我国与英美等发达国家相比仍存在较大的差距,因此,将博士生培养的数量纳入世界一流学科评价指标体系具有重要的战略意义。

第三,原始创新维度下"世界顶尖学术期刊论文(Nature & Science)""国际权威学术期刊论文"和"高被引论文"3个指标的选取理由如下:《自然》(Nature)和《科学》(Science)是当今世界最权威的两大科技学术期刊,发表于这两本期刊上的学术论文无论是科学意义还是科学突破性,抑或是学术水平及影响力都是十分重大且极具世界水平的④。《自然》作为全世界最有影响力的科学期刊之一,自创刊以来始终坚持以报道科学世界中的重大发现为使命,其刊载论文几乎覆盖了所有的自然科学领域⑤。《科学》由美国科学促进会(American Association for

---

① 史秋衡,陈志伟.发达国家顶尖人才培养体系特征研究[J].教育研究,2016,37(06):131-141.
② 王顶明.为什么需要适度扩大博士生培养规模[J].中国研究生,2019(06):60-61.
③ 王顶明.为什么需要适度扩大博士生培养规模[J].中国研究生,2019(06):60-61.
④ 张明,钱欣平.中国高校 Nature、Science 论文解析[J].中国科技期刊研究,2005,16(03):307-309.
⑤ 马丽娜.科技论文合著现象发展趋势研究——以英国《自然》杂志为例[J].情报探索,2010(10):10-12.

the Advancement of Science,简称 AAAS)主办和出版,主要发表重大原创性研究成果①。因此,《自然》和《科学》所刊载的学术论文可视为突破性研究成果的代表②。此外,各学科领域均有其公认度高、权威性强的国际权威学术期刊,发表在各学科领域国际权威学术期刊上的学术论文能够代表或体现本学科领域的最高研究水平,能够考察学科科学研究的原始创新能力③。

除了从发表在《自然》等世界顶尖权威学术期刊和各学科领域的国际权威学术期刊上的学术论文来考察学科科研的原始创新能力,学术论文的影响力或被引频次同样是衡量学科科研原始创新能力的重要标准。论文被引用是科研成果被同行认知和认可的主要体现方式,论文的被引频次可以粗略地反映出该论文被认同的程度。"高被引论文"是指本学科基础科学指标(ESI)前 1% 的论文,即一段时间内引用排名前 1% 的论文,因此,高被引论文是衡量学科科研原始创新能力的有力指标。

第四,经济贡献维度下"技术转化收入"和"国际专利转让比例"2 个指标的选取理由如下：服务社会是大学和学科的三大职能之一,一流大学和一流学科服务社会的根本或关键在于要发挥一流大学和学科的创新能力,对社会和国家的创新和科技进步发挥引领和示范作用。而根据新增长理论的观点,一流大学和一流学科在创新和科技进步中所扮演的引领和示范作用主要体现两大方面,一是通过高水平的学术研究实现技术转化从而推动创新发展和科技的进步;二是通过培养拔尖创新人才,推动国家和社会经济的发展④。因此,在经济贡献维度,主要围绕一流学科的学术研究所实现的技术转化来选取指标,考察一流学科在促进国家和社会创新发展和科技进步方面所作出的贡献,而技术转让收入和国际专利转让比例能够反映一流学科技术转化的水平和效率⑤。为此,本书选取了"技术转让收入"和"国际专利转让比例"用以评价学科对经济发展的贡献。

最后,学科影响力维度下"在各类媒体中的影响力"和"在第三方评价中的影响力"2 个指标的选取理由如下：在新媒体时代,网络在大学和学科影响力塑造

---

① 　Science. Information for authors[EB/OL]. [2021 - 05 - 10]. http://www.sciencemag.org/authors/science-information-authors.

② 　冯倬琳,刘念才.世界一流大学评价与建设[M].上海：上海交通大学出版社,2019：6.

③ 　刘莉,董彦邦,岳卫平,等.一流大学原创研究的评价与比较[J].上海交通大学学报(哲学社会科学版),2019,27(03)：38 - 50.

④ 　冯倬琳,刘念才.世界一流大学评价与建设[M].上海：上海交通大学出版社,2019：39 - 40.

⑤ 　冯倬琳,刘念才.世界一流大学评价与建设[M].上海：上海交通大学出版社,2019：39 - 40.

中发挥着积极作用,受到了学者的高度关注。目前学界主要通过大学和学科的官方网站和社交媒体两类媒体来探讨其对大学和学科影响力塑造中的重要作用。大学和学科官网是公众感知其形象的重要媒介,能够让公众了解其实力、文化、发展情况等内容,实现双方的沟通交流;而社交媒体能够直接将大学和学科的发展情况等内容推向公众,实现公众与大学和学科间的互动①。世界上几乎所有以市场为导向的高等教育机构都积极参与某种类型的社交媒体营销活动②。此外,第三方评价机构所开展的大学、学科排名对大学和学科影响力的塑造和传播已经产生广泛的作用,如 QS 世界大学学科排名、软科世界一流学科排名等让国内外政府、全球社会公众对各大学的学科都有了深入的了解和认知。为此,选取了"在各类媒体中的影响力"和"在第三方评价中的影响力"用以评价学科的影响力。

第四节　高精尖评价指标体系的实证筛选

一、学科评价专家讨论

为了验证以上初步构建的理工类一流学科国际水平高精尖评价指标体系的科学性和合理性,本书先后两次与 10 名学科评价专家采用座谈和专题研讨的形式,就初步构建的理工类一流学科国际水平高精尖评价指标体系进行深入讨论。综合学科评价专家讨论意见,对初步构建的理工类一流学科国际水平高精尖评价指标体系进行筛选,并据此进行修改。

学科评价专家的主要意见如下:首先,在评价维度方面,学术大师、人才培养、原始创新、经济贡献、学科影响力 5 个评价维度获得了学科评价专家的高度认同。其次,在评价指标方面,重大国际学术奖项的获奖人、国际权威学术期刊/组织的负责人、全球高被引科学家、国际著名校友的培养、博士研究生的培养、国际专利转让比例、在第三方评价中的影响力 7 个评价指标获得了学科评价专家的高度认同。但学科评价专家建议:删除"技术转化的收入""在各类媒体中的影响力"

① 冯倬琳,刘念才.世界一流大学评价与建设[M].上海:上海交通大学出版社,2019:77-80.
② Asderaki F, Maragos D. The internationalization of higher education: The added value of the European portals and social media pages for the national and the institutional internationalization strategies[J]. International Conference on Information Communication Technologies in Education, 2013(13): 498-510.

2 个可操作性、国际可比性较差的指标；将"世界顶尖学术期刊论文（*Nature & Science*）"和"国际权威学术期刊论文"2 个评价指标合并为"国际权威学术期刊论文"；将"高被引论文"替换为"高被引论文被世界一流学科引用的比例"。

对于学科评价专家提出的修改意见，本书全部予以采纳。修改后的理工类一流学科国际水平高精尖评价指标体系包括学术大师、人才培养、原始创新、经济贡献、学科影响力 5 个维度，以及重大国际学术奖项的获奖人、国际权威学术期刊/组织的负责人、国际著名校友的培养、国际权威学术期刊论文、高被引论文被世界一流学科引用的比例等 9 个指标，见表 4 - 3。

表 4 - 3　学科评价专家讨论后所构建的高精尖评价指标体系

评 价 维 度	评 价 指 标
学术大师	重大国际学术奖项的获奖人
	国际权威学术期刊/组织的负责人
	全球高被引科学家
人才培养	国际著名校友的培养
	博士研究生的培养
原始创新	国际权威学术期刊论文
	高被引论文被世界一流学科引用的比例
经济贡献	国际专利转让比例
学科影响力	在第三方评价中的影响力

二、理工类学科专家评价

为了进一步验证所构建的理工类一流学科国际水平高精尖评价指标体系是否适合对理工类一流学科的国际水平进行评价，本书邀请了理工类学科专家对学科评价专家讨论后所构建的理工类一流学科国际水平高精尖评价指标体系进行了评价。

本书共邀请了 133 位理工类学科专家（受访学科专家信息见表 3 - 3）对学科

评价专家讨论后所构建的理工类一流学科国际水平高精尖评价指标体系进行评价，主要以面对面、一对一访谈的形式进行。本书认为，尽管问卷调查的方式可以让专家对每一个指标赋值，并运用一些诸如加权法、因子分析法等方法对指标进行筛选，具有一定的客观性和数理统计依据，但往往为我们所忽视的是专家对每一个指标的赋值在一定程度上也具有"主观性"。本书通过面对面、一对一访谈的形式能够充分听取每一位专家对高精尖评价指标体系及每一个评价指标的意见与建议，能够与每一位专家深度探讨每一个评价指标的内涵及其在评价指标体系中的重要性，有利于构建出科学、合理的理工类一流学科国际水平高精尖评价指标体系。

本书主要采用百分比统计法对所构建的高精尖评价指标体系进行筛选，即对 133 位理工类学科专家访谈结果中与高精尖评价指标体系部分相关的内容进行梳理与统计。如前文所述，任何一个评价指标体系都会因评价目标、评价理念的不同以及对评价对象内涵理解的不同而受到不同的评价，即任何一个学科专家都会因自身对理工类一流学科国际水平评价指标体系的评价目标、评价理念的理解以及对理工类一流学科国际水平内涵的理解，对本书构建的高精尖评价指标体系持有不同的立场与观点。因此，本书认为只要某一评价维度或评价指标获得了 50% 及以上学科专家的认同，则保留该评价维度或评价指标；若某一评价维度或评价指标未得到 50% 学科专家的认同，则根据学科专家的意见，进行进一步的综合衡量。通过对 133 位理工类学科专家调研结果进行梳理与统计，得到各评价维度和评价指标所获得的专家认可度，见表 4-4。

由表 4-4 可知，在评价维度方面，学术大师、人才培养、原始创新、经济贡献、学科影响力 5 个维度获得了 133 位理工类学科专家的高度认可。在评价指标方面，国际权威学术期刊/组织的负责人、全球高被引科学家、国际权威学术期刊论文、高被引论文被世界一流学科引用的比例、国际著名校友的培养、国际专利转让比例、第三方评价中的影响力 7 个评价指标获得了 50% 以上学科专家的认可。"重大国际学术奖项的获奖人"和"博士研究生的培养"未获得 50% 以上专家的认可。就"重大国际学术奖项的获奖人"而言，部分学科专家认为，目前理工类学科领域的学者获得重大国际学术奖项的人数较少，如果将之纳入评价指标体系，同一学科之间的区分度未能体现；而部分学科专家则认为，该指标能够用以衡量学术大师的水平，是衡量学术大师水平的重要指标。就"博士研究生的培养"而言,部分学科专家认为博士研究生培养的质量比数量重要,而另一部分学科专家认为必须具有一定的基数,才能培养出高质量的博士研究生。

表4-4　理工类学科专家对评价维度和评价指标的认可度

评价维度	认同人数	认同比例	评价指标	认同人数	认同比例
学术大师	133	100%	重大国际学术奖项的获奖人	64	48.12%
			国际权威学术期刊/组织的负责人	74	55.64%
			全球高被引科学家	69	51.88%
人才培养	133	100%	国际著名校友的培养	90	67.67%
			博士研究生的培养	49	36.84%
原始创新	133	100%	国际权威学术期刊论文	75	56.39%
			高被引论文被世界一流学科引用的比例	72	54.14%
经济贡献	133	100%	国际专利转让比例	70	52.63%
学科影响力	98	73.68%	在第三方评价中的影响力	68	51.13%

本书认为,就"重大国际学术奖项的获奖人"而言,该指标不仅能够代表和衡量国际学术大师的水平,而且能够引导国内高校追求更高质量的发展,对衡量和评价未来中国的世界一流学科极具价值,因此本书倾向于部分理工类学科专家提出的"重大国际学术奖项的获奖人能够用以衡量学术大师的水平,是衡量学术大师水平的重要指标"这一观点。就"博士研究生的培养"而言,正如王任模等人研究所示,从人才培养的一般规律来看,没有数量也很难有质量,一定数量的人才培养可以提升科学研究的水平、积累人才培养的经验、提高博士生的培养质量[1]。因此,本书倾向于部分理工类学科专家提出的"必须具有一定的基数,才能培养出高质量的博士研究生"这一观点。为此,本书完成了理工类一流学科国际水平高精尖评价指标体系的构建,见表4-5,各评价指标内涵见第三章第四节相关内容。

———————————

[1]　王任模,屠中华,刘惠琴,等.博士生培养质量与规模研究[J].研究生教育研究,2017(03):8-12.

表 4 - 5　理工类一流学科国际水平高精尖评价指标体系

评 价 维 度	评 价 指 标
学术大师	重大国际学术奖项的获奖人
	国际权威学术期刊/组织的负责人
	全球高被引科学家
人才培养	国际著名校友的培养
	博士研究生的培养
原始创新	国际权威学术期刊论文
	高被引论文被世界一流学科引用的比例
经济贡献	国际专利转让比例
学科影响力	在第三方评价中的影响力

第五节　本 章 小 结

本章结合世界一流学科的内涵、"双一流"建设相关政策文件等,明确了理工类一流学科国际水平高精尖评价指标体系构建的核心理念——"遵循世界一流标准,甄选顶尖、高端指标"和"聚焦世界一流目标,促进世界一流学科建设"。同时,结合学科评价系统论等理论,明确了理工类一流学科国际水平高精尖评价指标体系构建的基本原则和思路。

结合世界一流学科的内涵、对政府相关部门、第三方评价机构、学界一流学科评价或其科研评价指标及体系的分析与借鉴以及所确定的高精尖评价指标体系构建的核心理念,本书首先确定了从学术大师、人才培养、原始创新、经济贡献、学科影响力等 5 个维度来构建理工类一流学科国际水平高精尖评价指标体系。其次,围绕所确定的 5 个评价维度,按照是否具有国际可比性、是否属于高精尖指标、是否具有可操作性等标准对政府相关部门、第三方评价机构、学界三者在以上 5 个评价维度上涉及的评价指标进行梳理和归纳分析,并从中进一步筛选出了可用于理工类一流学科国际水平评价的 12 个高精尖评价指标，以此初步构建了理工类一流学科国际水平高精尖评价指标体系。

　　本书邀请了 10 名学科评价专家进行座谈和专题研讨，对初步构建的理工类一流学科国际水平高精尖评价指标体系的科学性和合理性进行评价，并结合学科评价专家的意见，对初步构建的高精尖评价指标体系进行了完善。在此基础上，邀请了 133 位理工类学科专家对完善后的高精尖评价指标的科学性和合理性进行评价，使得最终构建的理工类一流学科国际水平高精尖评价指标体系能够适用于对理工类一流学科国际水平的评价。结合 133 位理工类学科专家的意见，本书最终完成了理工类一流学科国际水平高精尖评价指标体系的构建，包括学术大师、人才培养、原始创新、经济贡献、学科影响力 5 个评价维度以及重大国际学术奖项的获奖人、国际权威学术期刊/组织的负责人、全球高被引科学家、国际著名校友的培养、博士研究生的培养、国际权威学术期刊论文、高被引论文被世界一流学科引用的比例、国际专利转让比例、在第三方评价中的影响力 9 个评价指标。

第五章
我国理工类一流学科国际水平的评价结果及分析

本章主要运用第四章所构建的高精尖评价指标体系,对我国理工类一流学科和理工类世界一流学科的国际水平展开定量比较,以明晰我国理工类一流学科的国际水平及其与理工类世界一流学科的主要差距,并结合理工类学科专家的调研结果和相关文献对定量比较的结果进行分析。本章第一节探讨了理学类一流学科国际水平的评价结果;第二节探讨了工学类一流学科国际水平的评价结果;第三节节结合理工类学科专家的调研结果和相关文献对定量比较结果进行了分析。

第一节 理学类一流学科国际水平的评价结果

一、理学类一流学科国际水平具体指标的评价结果

以世界一流顶尖学科组的得分均值1分为参照值,理科及其2个学科群在国际水平具体指标上的得分均值,见5-1至5-3。

表5-1 理科在国际水平具体指标上的表现

评价指标	世界顶尖学科组	世界一流学科组	国内顶尖学科组	国内一流学科组
在第三方评价中的影响力	1.00	0.53	0.67	0.23
高被引论文被世界一流学科引用的比例	1.00	0.57	0.66	0.35

评 价 指 标	世界顶尖 学科组	世界一流 学科组	国内顶尖 学科组	国内一流 学科组
国际权威学术期刊论文	1.00	0.24	0.46	0.12
全球高被引科学家	1.00	0.26	0.45	0.31
国际著名校友的培养	1.00	0.14	0.32	0.05
国际权威学术期刊编委	1.00	0.21	0.25	0.02
重大国际学术奖项的获奖人	1.00	0.02	0.00	0.00

注：表格中各指标的排列顺序依据其在国内顶尖学科组上的得分由高到低依次排序。

1. 学科门类

由表5-1可知，理科国内顶尖学科组在大多数指标（除"重大国际学术奖项的获奖人"外）上的得分均值均超过或与世界一流学科组持平，但均低于世界顶尖学科组，总体来说与世界顶尖学科组存在明显的差距，特别是在"重大国际学术奖项的获奖人""国际权威学术期刊编委""国际著名校友的培养"等方面；理科国内一流学科组在大多数指标上的得分均值均低于世界一流学科组，总体来说与世界一流学科组存在明显的差距，特别是在"重大国际学术奖项的获奖人""国际权威学术期刊编委"和"国际著名校友的培养"等方面。

2. 学科群

由表5-1至表5-3可知，传统理科、特色理科国内顶尖学科组和国内一流学科组的表现分别与理科国内顶尖学科和国内一流学科组的表现基本一致，即传统理科、特色理科国内顶尖学科组在大多数指标上的得分均值均超过或与世界一流学科组持平，但与世界顶尖学科组存在明显的差距；传统理科、特色理科国内一流学科组在大多数指标上的得分均值低于世界一流学科组，与世界一流学科组存在明显的差距。

总体而言，理科及其学科群的国内顶尖学科组和国内一流学科组在大多数指标上的表现分别与世界顶尖学科组和世界一流学科组存在明显的差距，特别是在"重大国际学术奖项的获奖人""国际权威学术期刊编委"和"国际著名校友的培养"等方面。

首先，在"重大国际学术奖项的获奖人"方面，理科及其2个学科群的国内顶尖学科组和国内一流学科组在重大国际学术奖项的获奖人上表现较弱，处于"零"

表 5 - 2　传统理科在国际水平具体指标上的表现

评 价 指 标	世界顶尖学科组	世界一流学科组	国内顶尖学科组	国内一流学科组
在第三方评价中的影响力	1.00	0.53	0.72	0.28
高被引论文被世界一流学科引用的比例	1.00	0.72	0.71	0.38
全球高被引科学家	1.00	0.08	0.55	0.33
国际权威学术期刊论文	1.00	0.19	0.41	0.13
国际著名校友的培养	1.00	0.07	0.30	0.07
国际权威学术期刊编委	1.00	0.14	0.04	0.00
重大国际学术奖项的获奖人	1.00	0.02	0.00	0.00

注：表格中各指标的排列顺序依据其在国内顶尖学科组上的得分均值由高到低依次排序。

表 5 - 3　特色理科在国际水平具体指标上的表现

评 价 指 标	世界顶尖学科组	世界一流学科组	国内顶尖学科组	国内一流学科组
在第三方评价中的影响力	1.00	0.53	0.63	0.20
高被引论文被世界一流学科引用的比例	1.00	0.45	0.62	0.33
国际权威学术期刊论文	1.00	0.28	0.50	0.11
国际权威学术期刊编委	1.00	0.26	0.41	0.04
全球高被引科学家	1.00	0.41	0.37	0.30
国际著名校友的培养	1.00	0.19	0.34	0.04
重大国际学术奖项的获奖人	1.00	0.03	0.00	0.00

注：表格中各指标的排列顺序依据其在国内顶尖学科组上的得分均值由高到低依次排序。

突破阶段，远低于世界顶尖学科组和世界一流学科组的水平。事实上，在重大国际学术奖项的获奖者中不乏一些华人，但遗憾的是他们中大多数人是拥有外国国籍的华人科学家；同时，也有部分获奖者是中国籍学者，但他们的工作单位隶属于我国的科研院所或者是港澳台地区的高校，如中国科学院的王贻芳院士获得了 2016 年"基础物理学奖"。由于本书所选取的国内样本高校均为中国大陆地区的高校（不含港澳台地区的高校），因此，在重大国际学术奖项的获奖人指标上，国内样本组高校仍未实现"零"突破。总体而言，在重大国际学术奖项的获奖人方面，世界顶尖学科组有着绝对的优势，占据着绝对的"统治"地位，世界一流学科组、国内顶尖学科组、国内一流学科组未来很长时间内都将处于"追赶"阶段，且"赶超"的可能性微乎其微。

相关研究也表明，我国理科等学科领域的学者获得国际权威学术奖项的人数较少。正如《2018 年全球创新指数报告》所指出，我国在研究人员和科技出版物数量方面已位居世界第一[①]，然而众所周知，我国本土科学家摘取诺贝尔奖桂冠的人数仍屈指可数。诺贝尔奖等重大国际学术奖项是举世公认的、最具原始创新的科技奖项，是衡量一个科研组织原始创新能力的重要标尺[②]，诺贝尔奖等重大国际学术奖项的获奖人数，是一所大学达到世界一流水平的重要象征[③]，同样也是学科是否达到世界一流水平的重要象征。我国理学类一流学科在该指标上的表现表明，我国理学类一流学科在学术大师、原始创新方面与理学类世界一流学科还存在明显的差距。

其次，在"国际权威学术期刊编委"方面，理科及其 2 个学科群的国内顶尖学科组和国内一流学科组在国际权威学术期刊编委上表现较弱。相关研究也表明，我国理科领域的学者在国际高影响力学术期刊中担任编委的人数较少，如焦一丹等以 ESI 数据库收录的 82 本期刊为例，对国际高影响力学术期刊中我国学者担任编委的情况进行分析后指出，我国学者在国际高影响力学术期刊中担任编委的人数较少，且存在一定的学科差异，工程技术学科领域的学者在国际高影响力学术期刊中担任编委的比例最高（14.47%），化学学科为 9.7%，生物学学科为 2.52%，物理学学科为 1.8%[④]。王兴指出，我国化学领域的名牌大学所拥有的国际学术期刊编委数量与国外一流大学存在一定的差距[⑤]。

最后，在"国际著名校友的培养"方面，理科及其 2 个学科群的国内顶尖学科组和国内一流学科组在国际著名校友的培养上表现较弱。著名物理学家钱学森

① 潘旭涛.2018 年全球创新指数报告：中国首次跻身全球创新 20 强[N].人民日报海外版,2018 - 07 - 12.
② 王章豹,王立超.我国高校原始创新能力不足的成因分析及其建设路径[J].现代教育科学,2007(05)：1 - 5.
③ 陈其荣.诺贝尔自然科学奖与世界一流大学[J].上海大学学报（社会科学版）,2010,17(06)：17 - 38.
④ 焦一丹,俞征鹿.国际高影响力期刊中我国编委表现度分析——以自然指数数据库收录期刊为例[J].科技与出版,2020(09)：130 - 136.
⑤ 王兴.国际学术话语权视角下的大学学科评价研究——以化学学科世界 1 387 所大学为例[J].清华大学教育研究,2015,36(03)：64 - 75.

曾发问：“为什么我们的学校总是培养不出杰出人才？”从拔尖创新人才的培养数量和冒尖的程度上来看，我国高等教育和世界高教强国还存在很大的距离①。同时，从我国颁布实施的《基础学科拔尖学生培养试验计划》《关于实施基础学科拔尖学生培养计划 2.0 的意见》《关于在部分高校开展基础学科招生改革试点工作的意见》等基础学科拔尖学生培养政策也能窥探出，我国理学类一流学科在拔尖创新人才培养方面确存不足。

二、理学类一流学科国际水平各个维度的评价结果

以世界顶尖学科组得分均值 1 分为参照值，理科及其 2 个学科群在国际水平四个维度上的得分均值，见表 5-4 至表 5-6。

表 5-4　理科在国际水平四个维度上的表现

评价维度	世界顶尖学科组	世界一流学科组	国内顶尖学科组	国内一流学科组
学科影响力	1.00	0.53	0.67	0.23
原始创新	1.00	0.41	0.56	0.24
人才培养	1.00	0.14	0.32	0.05
学术大师	1.00	0.22	0.29	0.14

注：表格中各维度的排列顺序依据其在国内顶尖学科组上的得分均值由高到低依次排序。

1. 学科门类

由表 5-4 可知，理科国内顶尖学科组在四个维度的得分均值均超过或与世界一流学科组持平，已达到世界一流学科组的水平，但大多数维度的得分均值均明显低于世界顶尖学科组，与世界顶尖学科组存在明显的差距，如人才培养维度、学术大师维度；理科国内一流学科组在四个维度上的得分均值均低于世界一流学科组，甚至大多数维度的得分均值明显低于世界一流学科组，与世界一流学科组存在明显的差距，如人才培养维度、学科影响力维度。

2. 学科群

由表 5-4 至表 5-6 可知，特色理科国内顶尖学科组和国内一流学科组分

①　卢铁城.为建设创新型国家培养造就拔尖创新人才[J].中国高教研究，2006(10)：10-13.

别与理科国内顶尖学科组和国内一流学科组的表现基本一致,即特色理科国内
顶尖学科组在四个维度的得分均值均超过或与世界一流学科组持平,但在大多数
维度上与世界顶尖学科组存在明显的差距;特色理科国内一流学科组在四个维度
上的得分均值均低于世界一流学科组,在大多数维度上与世界一流学科组存在明
显的差距。传统理科国内顶尖学科组的表现与理科国内顶尖学科组的表现基本一
致,但传统理科国内一流学科组的表现与理科国内一流学科组的表现略存差异,主
要为传统理科国内一流学科组在人才培养维度和学术大师维度上的表现略好。

表5-5 传统理科在国际水平四个维度上的表现

评价维度	世界顶尖学科组	世界一流学科组	国内顶尖学科组	国内一流学科组
学科影响力	1.00	0.53	0.72	0.28
原始创新	1.00	0.45	0.56	0.26
人才培养	1.00	0.07	0.30	0.07
学术大师	1.00	0.08	0.20	0.11

注:表格中各维度的排列顺序依据其在国内顶尖学科组上的得分均值由高到低依次排序。

表5-6 特色理科在国际水平四个维度上的表现

评价维度	世界顶尖学科组	世界一流学科组	国内顶尖学科组	国内一流学科组
学科影响力	1.00	0.53	0.63	0.20
原始创新	1.00	0.37	0.56	0.22
学术大师	1.00	0.32	0.36	0.16
人才培养	1.00	0.19	0.34	0.04

注:表格中各维度的排列顺序依据其在国内顶尖学科组上的得分均值由高到低依次排序。

总体而言,理科及其学科群的国内顶尖学科组在人才培养维度和学术大师
维度上表现较弱,与世界顶尖学科组存在明显的差距,相对而言,在原始创新维
度和学科影响力维度上表现略好;理科及其学科群的国内一流学科组在四个维
度上的表现均相对较弱(除传统理科国内一流学科组的人才培养和学术大师维
度外),与世界一流学科组存在明显的差距。

首先,相对于人才培养维度和学术大师维度,理科及其学科群的国内顶尖学科组在原始创新维度上表现略好,但这并不代表理科国内顶尖学科组在重大原创性成果方面已取得较好的成绩。事实上,这主要是由本书在原始创新维度所选取的 2 个评价指标均为论文相关指标所造成的。在原始创新维度,本书在遵循所选指标应是能衡量世界一流学科水平的顶尖、高端指标的理念,以及遵循所选指标应具有可操作性、可定量、可国际比较等原则,选取了"国际权威学术期刊论文"和"高被引论文被世界一流学科引用的比例"2 个指标。通过论文相关指标对学科的原始创新能力进行衡量或评价是必要的,但论文相关指标绝不是评价学科原始创新的唯一指标,换句话说,对学科原始创新能力的评价理应包含论文相关指标,但同时也理应包含除论文之外的指标。这在一定程度上也反映出,探索原始创新维度可定量、可操作性的、非论文评价指标仍然任重而道远。相反,由我国理科国内顶尖学科在"重大国际学术奖项的获奖人"指标上的表现可知,我国理学类一流学科的原始创新能力和重大原创性成果仍然不足。正如 2021 年李克强总理考察国家自然科学基金委员会并主持召开座谈会上所指出的,我国的基础研究不厚,原创性还不高,基础研究和原始创新应该摆在关键地位[1]。

其次,相对于人才培养维度和学术大师维度,理科国内顶尖学科组在学科影响力维度表现略好,这可能与我国一流学科的遴选标准与第三方评价"挂钩"有着密切的关系。教育部、财政部和国家发改委公布的《统筹推进世界一流大学和一流学科建设实施办法(暂行)》明确提到:一流学科建设高校应具有居于国内前列或国际前沿的高水平学科,学科水平在有影响力的第三方评价中进入前列,或者国家急需、具有重大的行业或区域影响、学科优势突出、具有不可替代性[2]。当然,这仅是对"双一流"学科建设标准的一种宏观的模糊性的描述,但也隐含地指出了一流学科的遴选标准,即在第三方评价中的表现成为能否入选一流学科建设名单的重要依据[3]。这导致了我国一流学科在建设的过程中十分注重其在学科排名中的表现,正如部分学者所言:我国的一流学科建设在实践上偏离了

① 李克强.我们到了要大声疾呼加强基础研究的关键时刻[EB/OL].[2021-12-01].http://www.gov.cn/xinwen/2021-07/20/content_5626166.htm.
② 教育部,财政部,国家发展改革委.关于印发《统筹推进世界一流大学和一流学科建设实施办法(试行)的通知》[EB/OL].[2021-12-02].http://www.moe.gov.cn/srcsite/A22/moe_843/201701/t20170125_295701.html.
③ 陈仕吉,邱均平.一流学科与学科排名的对比研究——基于教育部学科评估、ESI 和 QS 学科排名的一流学科对比分析[J].评价与管理,2019,17(04):27-32.

学科建设的本真,走入了诸多误区,一流学科建设本来是为了提高学科水平,但是在实践中却功利地陷入了追求排名的"漩涡",这是因为政府强调要根据各类第三方学科评价的结果来衡量学科的建设成效,并对一流学科进行动态管理。在这样的导向下,学科建设并非旨在提高学科的真实水平,而是"异化"为提高其在各类学科排行榜中的名次①。

三、理学类一流学科国际水平的评价结果

以世界顶尖学科组得分均值1分为参照值,理科及其2个学科群和样本学科在国际水平上的得分均值,见表5-7。此外,本书具体展示了化学、数学等样本学科的我国一流学科国际水平表现,见附录6中的附表1-3。

表5-7 理科及其部分学科的国际水平表现

学科门类/群	世界顶尖学科组	世界一流学科组	国内顶尖学科组	国内一流学科组
理科	1.00	0.30	0.43	0.17
传统理科	1.00	0.25	0.39	0.17
化学	1.00	0.29	0.53	0.26
物理学	1.00	0.27	0.32	0.09
数学	1.00	0.18	0.31	0.16
特色理科	1.00	0.35	0.46	0.17
大气科学	1.00	0.42	0.83	0.24
地球科学	1.00	0.26	0.41	0.13
地理学	1.00	0.22	0.34	0.20
海洋科学	1.00	0.48	0.27	0.08

注:表格中传统理科和特色理科中的各学科的排列顺序依据其国际水平在国内顶尖学科组上的得分均值由高到低依次排序。

1. 学科门类

由表5-7可知,在国际水平上,世界顶尖学科组的得分均值处于绝对优势

---

① 刘小强,聂翠云.走出一流学科建设的误区——国家学科制度下一流学科建设的功利化及其反思[J].学位与研究生教育,2019(12):18-24.

地位；国内顶尖学科组的得分均值超过了世界一流学科组，但远低于世界顶尖学科组；国内一流学科组的得分均值低于世界一流学科组，这表明国内顶尖学科组已基本达到世界一流学科组的水平，但与世界顶尖学科组存在明显的差距，国内一流学科组与世界一流学科组存在明显的差距。

2. 学科群

由表5-7可知，传统理科、特色理科国内顶尖学科组和国内一流学科组的表现分别与理科国内顶尖学科组和国内一流学科组的表现基本一致，即传统理科、特色理科国内顶尖学科组已达到世界一流学科组的水平，但与世界顶尖学科组存在明显的差距；传统理科、特色理科国内一流学科组与世界一流学科组存在明显的差距。从具体学科来看，大多数学科的国内顶尖学科组和国内一流学科组的表现与理科及其2个学科群国内顶尖学科组和国内一流学科组的表现基本一致。

总体而言，在国际水平上，不论是从学科门类来看，还是从学科群或具体学科来看，理科国内顶尖学科组和世界一流学科组分别与世界顶尖学科组和世界一流学科组存在明显的差距。

第二节　工学类一流学科国际水平的评价结果

一、工学类一流学科国际水平具体指标的评价结果

以世界顶尖学科组的得分均值1分为参照值，工科及其3个学科群在国际水平具体指标上的得分均值，见表5-8至表5-11。

表5-8　工科在国际水平具体指标上的表现

评 价 指 标	世界顶尖学科组	世界一流学科组	国内顶尖学科组	国内一流学科组
国际权威学术期刊论文	1.00	0.32	0.94	0.73
在第三方评价中的影响力	1.00	0.51	0.86	0.54
高被引论文被世界一流学科引用的比例	1.00	0.64	0.84	0.67
全球高被引科学家	1.00	0.18	0.55	0.41

续　表

评 价 指 标	世界顶尖学科组	世界一流学科组	国内顶尖学科组	国内一流学科组
国际著名校友的培养	1.00	0.27	0.53	0.22
国际权威学术期刊编委	1.00	0.21	0.47	0.15
重大国际学术奖项的获奖人	1.00	0.11	0.08	0.00

注：表格中各指标的排列顺序依据其在国内顶尖学科组上的得分均值由高到低依次排序。

1. 学科门类

由表 5-8 可知，工科国内顶尖学科组在大多数指标上的得分均值均超过世界一流学科组，甚至在部分指标上的得分均值较高，接近世界顶尖学科组的得分均值，与世界顶尖学科组的差距不大，如在"国际权威学术期刊论文""在第三方评价中的影响力"等方面，但在"重大国际学术奖项的获奖人""国际权威学术期刊的编委"等方面与世界顶尖学科组存在明显的差距；国内一流学科组在大多数指标上的得分均值超过或与世界一流学科组持平，已达到世界一流学科组的水平。

2. 学科群

由表 5-8 至表 5-11 可知，传统工科、新兴交叉工科、特色工科国内顶尖学科组和国内一流学科组的表现分别与工科国内顶尖学科组和国内一流学科组的表现基本一致，即传统工科、新兴交叉工科、特色工科的国内顶尖学科组在大多数指标上的得分均值超过世界一流学科组，且在部分指标上与世界顶尖学科组的差距不大，但在"重大国际学术奖项的获奖人""国际权威学术期刊编委"等方面与世界顶尖学科组存在明显的差距；国内一流学科组在大多数指标上的得分均值超过或与世界一流学科组持平，已达到世界一流学科组的水平。

表 5-9　传统工科在国际水平具体指标上的表现

评 价 指 标	世界顶尖学科组	世界一流学科组	国内顶尖学科组	国内一流学科组
国际权威学术期刊论文	1.00	0.39	1.00	0.78
高被引论文被世界一流学科引用的比例	1.00	0.54	0.84	0.58

续　表

评 价 指 标	世界顶尖学科组	世界一流学科组	国内顶尖学科组	国内一流学科组
在第三方评价中的影响力	1.00	0.51	0.76	0.45
国际权威学术期刊编委	1.00	0.23	0.52	0.07
全球高被引科学家	1.00	0.16	0.51	0.47
国际著名校友的培养	1.00	0.14	0.41	0.17
重大国际学术奖项的获奖人	1.00	0.03	0.06	0.00

注：表格中各指标的排列顺序依据其在国内顶尖学科组上的得分均值由高到低依次排序。

表 5‑10　新兴交叉工科在国际水平具体指标上的表现

评 价 指 标	世界顶尖学科组	世界一流学科组	国内顶尖学科组	国内一流学科组
全球高被引科学家	1.00	0.34	0.95	0.75
在第三方评价中的影响力	1.00	0.54	0.86	0.53
高被引论文被世界一流学科引用的比例	1.00	0.71	0.83	0.71
国际权威学术期刊论文	1.00	0.30	0.82	0.67
国际著名校友的培养	1.00	0.39	0.60	0.35
国际权威学术期刊编委	1.00	0.19	0.42	0.20
重大国际学术奖项的获奖人	1.00	0.19	0.13	0.00

注：表格中各指标的排列顺序依据其在国内顶尖学科组上的得分均值由高到低依次排序。

表 5‑11　特色工科在国际水平具体指标上的表现

评 价 指 标	世界顶尖学科组	世界一流学科组	国内顶尖学科组	国内一流学科组
国际权威学术期刊论文	1.00	0.28	0.98	0.73
在第三方评价中的影响力	1.00	0.49	0.93	0.65
高被引论文被世界一流学科引用的比例	1.00	0.73	0.89	0.85
国际著名校友的培养	1.00	0.28	0.57	0.14

评价指标	世界顶尖 学科组	世界一流 学科组	国内顶尖 学科组	国内一流 学科组
国际权威学术期刊编委	1.00	0.20	0.46	0.18
全球高被引科学家	1.00	0.04	0.31	0.00
重大国际学术奖项的获奖人	1.00	0.06	0.00	0.00

注：表格中各指标的排列顺序依据其在国内顶尖学科组上的得分均值由高到低依次排序。

总体而言，工科及其学科群的国内顶尖学科组在大多数指标上已达到世界一流学科组的水平，且在"国际权威学术期刊论文""在第三方评价中的影响力"等方面与世界顶尖学科组的差距不大，但在"重大国际学术奖项的获奖人""国际权威学术期刊的编委"等方面仍与世界顶尖学科组存在明显的差距；工科及其学科群的国内一流学科组在大多数指标上已达到世界一流学科组的水平，但在"重大国际学术奖项的获奖人"等方面与世界一流学科组存在明显的差距。

第一，工科及其学科群的国内顶尖学科组和国内一流学科组在"国际权威学术期刊论文""在第三方评价中的影响力"等方面表现较好，特别是在"国际权威学术期刊论文"方面。相关研究也表明，我国工科在以上几个方面取得了不错的发展，如张瑞红等指出，被收录在 WOS 中的文章总数显示，中国论文数量高居世界第二，仅次于美国，但我国在工程学、材料科学学科领域的 WOS 论文数量高于美国[1]。若以我国一流工科在 2021 年软科世界一流学科排名和 2021 年 QS 世界大学学科排名中的表现来看，并将以上两大主要全球性学科排名中前 25 名的学科视为世界顶尖学科，前 100 名的学科视为世界一流学科，则我国的世界顶尖工科和世界一流工科的数量已接近或达到"双一流"建设的目标数量，我国目前已拥有一批世界顶尖工科和世界一流工科[2][3]。

第二，工科及其学科群的国内顶尖学科组和国内一流学科组在"重大国

---

① 张瑞红,任晓亚,谢黎等.ESI 高被引科学家的分布研究[J].世界科技研究与发展,2019,41(03)：307－316.
② 软科.2021 世界一流学科排名[EB/OL].[2022－01－02].https：//www.shanghairanking.cn/rankings/gras/2021.
③ QS. 2021 世界大学学科排名[EB/OL]. [2022－01－02]. https：//www.qschina.cn/subject-rankings/2021.

际学术奖项的获奖人""国际权威学术期刊编委"等方面表现较弱。这在一定程度上反映出我国工学类一流学科拥有的国际学术大师、取得的重大原创性成果、培养的拔尖创新人才培养仍不够多。相关研究也表明,国际学术大师缺乏、重大原创性成果不足、拔尖创新人才培养不足是我国所有高校或学科的"通病",如王成军等指出,尽管在国际公认的较为权威的世界大学排名中中国的清华大学和北京大学皆上榜前 100 强,但重大原创性成果的缺失是中国大学远不及国际顶尖研究型大学的重要表现①。何晋秋指出,很多一流大学在人才培养过程中存在对本科生教育要求不严格、博士生培养水平不高等问题,我国高校离一流大学应该成为高水平人才培养的基地的要求尚有较大的差距②。

二、工学类一流学科国际水平各个维度的评价结果

以世界顶尖学科组得分均值 1 分为参照值,工科及其 3 个学科群在国际水平四个维度上的得分均值,见表 5 - 12 至表 5 - 15。

表 5 - 12　工科在国际水平四个维度上的表现

评价维度	世界顶尖学科组	世界一流学科组	国内顶尖学科组	国内一流学科组
原始创新	1.00	0.44	0.92	0.71
学科影响力	1.00	0.51	0.86	0.54
人才培养	1.00	0.27	0.53	0.22
学术大师	1.00	0.17	0.40	0.20

注:表格中各维度的排列顺序依据其在国内顶尖学科组上的得分均值由高到低依次排序。

1. 学科门类

由表 5 - 12 可知,工科国内顶尖学科组在四个维度上的得分均值均超过世界一流学科组,已达到世界一流学科组的水平,甚至个别维度得分均值较高,接

---

① 王成军,方明,秦素.基于诺贝尔科学奖的研究型大学原始性创新能力提升研究[J].演化与创新经济学评论,2020(01):83-94.
② 何晋秋.建设和发展研究型大学,统筹推进我国世界一流大学和一流学科建设[J].清华大学教育研究,2016,37(04):17-23,45.

近世界顶尖学科组的得分均值,如学科影响力维度、原始创新维度;工科国内一流学科组在四个维度上的得分均值均超过或与世界一流学科组持平,已达到世界一流学科组的水平。

2. 学科群

由表 5 - 12 至表 5 - 15 可知,传统工科、新兴交叉工科国内顶尖学科组和国内一流学科组的表现分别与工科国内顶尖学科组和国内一流学科的表现基本一致,即传统工科、新兴交叉工科国内顶尖学科组在四个维度上已达到世界一流学科组的水平,部分维度的得分均值接近世界顶尖学科组;国内一流学科组在四个维度上已达到世界一流学科组的水平。特色工科国内顶尖学科组的表现与工科国内顶尖学科组的表现基本一致,但国内一流学科组的表现与工科国内一流学科组的表现略存差异,主要为特色工科国内一流学科组在人才培养维度表现较弱,与世界一流学科组存在明显的差距。

表 5 - 13　传统工科在国际水平四个维度上的表现

评价维度	世界顶尖学科组	世界一流学科组	国内顶尖学科组	国内一流学科组
原始创新	1.00	0.46	0.92	0.68
学科影响力	1.00	0.51	0.76	0.45
人才培养	1.00	0.14	0.41	0.17
学术大师	1.00	0.14	0.36	0.18

注:表格中各维度的排列顺序依据其在国内顶尖学科组上的得分均值由高到低依次排序。

表 5 - 14　新兴交叉工科在国际水平四个维度上的表现

评价维度	世界顶尖学科组	世界一流学科组	国内顶尖学科组	国内一流学科组
学科影响力	1.00	0.54	0.86	0.53
原始创新	1.00	0.51	0.82	0.69
人才培养	1.00	0.39	0.60	0.35
学术大师	1.00	0.24	0.50	0.32

注:表格中各维度的排列顺序依据其在国内顶尖学科组上的得分均值由高到低依次排序。

表 5 - 15 特色工科在国际水平四个维度上的表现

评价维度	世界顶尖学科组	世界一流学科组	国内顶尖学科组	国内一流学科组
原始创新	1.00	0.34	0.98	0.76
学科影响力	1.00	0.49	0.93	0.65
人才培养	1.00	0.28	0.57	0.14
学术大师	1.00	0.12	0.36	0.09

注：表格中各维度的排列顺序依据其在国内顶尖学科组上的得分均值由高到低依次排序。

总体而言，工科及其学科群的国内顶尖学科组在原始创新维度和学科影响力维度上表现相对较好，得分均值接近世界顶尖学科组，而在人才培养维度和学术大师维度上表现相对较弱；工科及其学科群的国内一流学科组在四个维度上表现均较好（除特色工科国内一流学科组在人才培养维度表现较弱外），已达到世界一流学科组的水平。

第一，工科国内顶尖学科组和国内一流学科组在原始创新维度上表现较好，但这并不代表我国工学类一流学科在重大原创性成果方面已取得较好的成绩。事实上，这主要是由本书在原始创新维度所选取的 2 个评价指标均为论文相关指标所造成的。为何我国工学类一流学科在论文相关指标上表现较好？这主要是因为受绩效考核主义和各类排名的影响，我国高校对论文相关指标给予了高度重视，可谓是将之位于高校一切工作之首。曾有学者指出，在我国，教师的招聘、考核、职称评审，以及研究生毕业均与论文密切相关，甚至演变成了"唯论文"论。不少高校和院系为了追求论文绩效，一方面将学术论文作为教师考核、晋升以及研究生毕业的主要标准，如明确规定了教师聘期考核、晋升职称等所需的论文数；另一方面，制定奖励制度来鼓励教师和研究生发表学术论文，通常奖励力度与期刊的级别、影响因子高度"挂钩"。在以上两方面的作用下，我国高校在论文相关指标上有着不错的表现[1]。尽管国家宏观层面已经连续发布了多项规定，旨在破解我国高校的"唯论文"论，如 2018 年教育部办公厅发布《关于开展清理"唯论文、唯帽子、唯学历、唯奖项"专项行动的通知》，要求各有关高校开展"五

---

[1] 张应强.人文社会科学学术评价及其治理——基于对"唯论文"及其治理的思考[J].西北工业大学学报(社会科学版),2019(04):24 - 34.

唯"清理工作①;2020 年教育部、科技部印发《关于规范高等学校 SCI 论文相关指标使用 树立正确评价导向的若干意见》②,科技部印发《关于破除科技评价中"唯论文"不良导向的若干措施(试行)》③,但在绩效考核主义和各类排名的影响下,高校及其教师对论文的"热爱"程度丝毫不减。据统计,2009—2018 年,我国 SCI论文数量从 12.75 万篇增加到了近 50 万篇④,位居世界第二,仅次于美国⑤。事实上,由我国工学类一流学科在"重大国际学术奖项的获奖人"上的表现可知,我国工学类一流学科的原始创新能力和重大原创性成果仍然不足。因此,总体而言,尽管我国工学类一流学科在论文相关指标上已经取得较好的表现,但结合我国工学类一流学科在"重大国际学术奖项的获奖人"指标上的表现可知,未来我国工学类一流学科应将重心转向于重大原创性成果的突破和服务国家重大战略需求能力的提升。

第二,工科及其学科群的国内顶尖学科组和国内一流学科在学科影响力维度上表现较好,这可能与我国工科多年来取得的长足发展以及我国一流学科的遴选标准与第三方评价"挂钩"相关。一方面,经过多年的发展,我国的工学类一流学科已经取得了长足的发展,学科的国际水平得到了较大幅度的提升,培养和集聚了一批杰出人才,产生了一批有影响力的科学成果⑥,提高了其在学科排名中的名次。另一方面,教育部、财政部和国家发改委发布的《统筹推进世界一流大学和一流学科建设实施办法(暂行)》中明确提到:一流学科建设高校应具有居于国内前列或国际前沿的高水平学科,学科水平在有影响力的第三方评价中进入前列,或者国家急需、具有重大的行业或区域影响、学科优势突出、具有不可替代性⑦。

---

① 教育部办公厅.关于开展清理"唯论文、唯帽子、唯职称、唯学历、唯奖项"专项行动的通知[EB/OL].[2022 - 01 - 09].http://www.moe.gov.cn/srcsite/A16/s7062/201811/t20181113_354444.html.

② 教育部,科技部.印发《关于规范高等学校 SCI 论文相关指标使用 树立正确评价导向的若干意见》的通知[EB/OL].[2022 - 01 - 09].http://www.moe.gov.cn/srcsite/A16/moe_784/202002/t20200223_423334.html.

③ 科技部.印发《关于破除科技评价中"唯论文"不良导向的若干措施(试行)》的通知[EB/OL].[2022 - 01 - 09].https://www.most.gov.cn/xxgk/xinxifenlei/fdzdgknr/fgzc/gfxwj/gfxwj2020/202002/t20200223_151781.html.

④ 王顶明,黄葱.新时代高校科研评价改革的思考[J].高校教育管理,2021,14(02):24 - 36.

⑤ 张瑞红,任晓亚,谢黎等.ESI 高被引科学家的分布研究[J].世界科技研究与发展,2019,41(03):307 - 316.

⑥ 宣勇.建设世界一流学科要实现"三个转变"[J].中国高教研究,2016,(05):1 - 6,13.

⑦ 教育部,财政部,国家发展改革委.关于印发《统筹推进世界一流大学和一流学科建设实施办法(试行)的通知》[EB/OL].[2022 - 01 - 14].http://www.moe.gov.cn/srcsite/A22/moe_843/201701/t20170125_295701.html.

由此可见,在第三方评价中的表现成为能否入选一流学科建设名单的重要依据①,因此,在当前"双一流"建设的背景下,我国高校均非常注重其在第三方评价机构所开展的学科排名中的表现。

三、工学类一流学科国际水平的评价结果

以世界顶尖学科组得分均值 1 分为参照值,工科及其 3 个学科群和样本学科在国际水平上的得分均值,见表 5 - 16。此外,本书具体展示了电子电气工程、机械工程、材料科学与工程、计算机科学与技术等样本学科的我国一流学科国际水平表现,见附录 6 中的附表 4 - 11。

表 5 - 16   工科及其部分学科的国际水平表现

学科门类/群	世界顶尖学科组	世界一流学科组	国内顶尖学科组	国内一流学科组
工科	1.00	0.32	0.61	0.39
传统工科	1.00	0.28	0.59	0.36
机械工程	1.00	0.35	0.71	0.48
化学工程与技术	1.00	0.39	0.59	0.37
土木工程	1.00	0.20	0.58	0.29
电子电气工程	1.00	0.20	0.46	0.30
新兴交叉工科	1.00	0.38	0.66	0.46
信息与通信工程	1.00	0.54	0.93	0.76
材料科学与工程	1.00	0.36	0.62	0.39
环境科学与工程	1.00	0.40	0.61	0.37
计算机科学与技术	1.00	0.23	0.47	0.32
特色工科	1.00	0.29	0.59	0.36
矿业工程	1.00	0.24	0.73	0.39
食品科学与工程	1.00	0.31	0.70	0.43
航空宇航科学与技术	1.00	/	0.64	/

① 陈仕吉,邱均平.一流学科与学科排名的对比研究——基于教育部学科评估、ESI 和 QS 学科排名的一流学科对比分析[J].评价与管理,2019,17(04):27 - 32.

学科门类/群	世界顶尖学科组	世界一流学科组	国内顶尖学科组	国内一流学科组
船舶与海洋工程	1.00	/	0.62	/
交通运输工程	1.00	0.22	0.59	0.24
能源科学与工程	1.00	0.29	0.56	0.33

注：表格中各学科的排列顺序依据其国际水平在国内顶尖学科组上的得分均值由高到低依次排序。

1. 学科门类

由表 5-16 可知，在国际水平上，世界顶尖学科组的得分均值处于首位；国内顶尖学科组的得分均值超过了世界一流学科组，且与世界顶尖学科组的差距不大；国内一流学科组的得分均值与世界一流学科组持平，已达到世界一流学科组的水平。

2. 学科群

由表 5-16 可知，传统工科、新兴交叉工科、特色工科 3 个学科群国内顶尖学科组和国内一流学科组的表现分别与工科国内顶尖学科组和国内一流学科组的表现基本一致，即传统工科、新兴交叉工科、特色工科的国内顶尖学科组已达到世界一流学科组的水平，且与世界顶尖学科组的差距不大；国内一流学科组已达到世界一流学科组的水平。从具体学科来看，大多数学科的国内顶尖学科组和国内一流学科组的表现分别与工科及其 3 个学科群国内顶尖学科组和国内一流学科组的表现基本一致。

总体而言，在国际水平上，不论是从学科门类来看，还是从学科群或具体学科来看，工科国内顶尖学科组已达到世界一流学科组的水平，且与世界顶尖学科组的差距不大；国内一流学科组已达到世界一流学科组的水平。

第三节　理工类一流学科国际水平的
评价结果分析

根据以上定量比较结果，总体而言，我国理工类一流学科在国际学术大师、重大原创性成果等方面与理工类世界一流学科还存在明显的差距。本书结合理工类学科专家的调研结果和相关文献的梳理与分析结果,进一步探析了我国理工类一流学科在国际学术大师、重大原创性成果、拔尖创新人才培养方面是否与理工类世界一流学科存在差距,以及若存在差距,其主要原因是什么。

通过对 133 位理工类学科专家的调研结果进行梳理与分析发现,大多数理工类学科专家都指出,我国理工类一流学科在国际学术大师、重大原创性成果、拔尖创新人才培养方面,与理工类世界一流学科仍存在明显的差距。本书进一步结合 133 位理工类学科专家的调研结果和相关文献对造成差距的主要原因进行了探析。

一、国际学术大师不够多及其原因探析

学科专家们指出,当前我国理工类一流学科的国际学术大师仍然较少,这在一定程度上拉大了我国理工类一流学科与理工类世界一流学科间的差距,我国理工类一流学科在建设世界一流学科的过程中要加大对国际学术大师的引进和培育,如专家 GW33 指出,"为何哈佛大学或者常春藤联盟高校如此厉害,是因为他们拥有一批学术大师,他们教师中好教师的比例比我们高很多,比如他们十个教师中有八个都比较厉害,另外两个比较一般,但我们的十个教师中可能只有两个比较厉害,其他的八个都比较一般。"专家 YGY31 指出,"美国的一流大学拥有诸多顶尖学者,这些顶尖学者是其能够成为世界一流大学和一流学科的重要'基石',然而我国高校中获得国际认可的教师仍然较少。"

在造成我国理工类一流学科国际学术大师不够多的原因方面,学科专家们指出了如下原因:

1. 以论文、项目为导向的"短平快"式的人才评价体系和人才项目影响了本土高层次人才的成长

以论文、项目为导向的短、平、快式的人才评价体系,可能使学者们难以潜心开展深层次、原创性的研究,而追求一些短、平、快的研究,影响了其原创性成果的产出和学术成就。此外,当前的各类人才项目也可能使学者们难以潜心开展原创性的研究,容易挫伤未评上"帽子"教师的积极性等,这些在一定程度上都影响了我国理工类一流学科学术大师的产生。如专家 CXP50 指出,"当前的评价体系从根本上来说是不利于科研人员潜心开展原创性研究的,其以论文、项目为主的评价标准,容易诱使大多数学者开展一些浅层次、易出成果的研究,毕竟原

创性研究风险较高、难度较大、周期较长。"专家 DB108 指出,"由于每类'帽子'都有明确的年龄限制,且论文仍然是能否拿到'帽子'的主要依据,为此,大多数学者为了能够在规定的时间内拿到'帽子',进而争夺到更多的资源,一直处于'赶赶赶'的状态,以及'潜心'追求论文的数量及期刊的影响因子,已无心追求深层次、原创性的研究了。"专家 XMY124 指出,"我对'帽子'的看法是比较负面的,因为现在有'帽子'的人获得了太多的学术资源,一定程度上使得学术资源分配不均。另外,'帽子'过早地将学者们分成三六九等,这容易使得真正有能力或者有潜力开展原创性研究的学者遭受打压。"

相关研究也表明,长期以来我国高校教师的考核、职称评定、职务晋升等均与论文[①]、"帽子"密切相关,甚至一度异化为"唯论文""唯帽子"的人才评价标准,这些都严重背离了科学的人才评价方向,影响了人才的发展,以及恶化了学术环境[②]。此外,我国高校人才评价体系在评价方式上也过于频繁,使得教师们为了应付各类考核,开展一些浅层次、跟随性、易出成果的研究,而避开一些深层次、原创性的研究[③],这在一定程度上影响了我国学者的成长和高层次人才的形成。

2. 差异化的制度导向抑制了本土人才的积极性与创造性

当前我国大多数高校在薪资待遇、工作条件、重视程度等方面,在一定程度上都存在区别对待海外人才和本土人才,人才引进与培育不够平衡的现象。而这一差异化的制度导向,容易挫伤本土人才的积极性和创造性。如专家 HTY58 指出,"针对海外引进的人才和本土人才,现在的'游戏'规则是不公平的,海外引进人才的待遇比本土人才高很多。我的学生毕业后去了国外深造,现在被引进回来,待遇明显比我高,我干了二三十年还不如他。他海外留学,我也海外留学,他国外博士,我也国外博士,我的能力、水平都比他高,但我的待遇却比他差很多。"专家 CZR100 指出,"以高薪或者高职位来吸引海外高层次人才是可以理解的,问题的关键在于,我国的高校为海外引进的人才提供了多种'绿色通道',而这些'绿色通道'大多数未向本校的人才倾斜,在薪资待遇、重视程度等方面仍存在一定的差别对待现象,影响了本校教师的积极性。"

① 张应强.人文社会科学学术评价及其治理——基于对"唯论文"及其治理的思考[J].西北工业大学学报(社会科学版),2019(04):24 - 34.
② 王鉴,王子君.新时代教师评价改革:从破"五唯"到立"四有"[J].中国教育学刊,2021(06):88 - 94.
③ 李言荣."从 0 到 1"高校的机遇何在[N].中国科学报,2019 - 04 - 08(01).

相关研究也表明,由于学术大师的培养周期相对较长,需要少则十年、长则数十年的学术积累与沉淀[1],而受绩效考核主义和各类排名的影响,我国高校热衷于从海外直接引进高层次人才,以加快学科的建设,进而忽视了自身对本土高层次人才的培养。正如全国政协委员、清华大学早期从海外引进的高层次人才邢新会所指出的,"我们对自身培养本土高层次人才的重视程度远远不够,未能高度重视本土高层次人才的培养,未能把它放到和从国外引进高层次人才同等重要的位置"。[2] 为了大力引进海外高层次人才,国家、地方有关部门、高校均研制了专门的人才引进政策,为海外人才提供了丰厚的研究资金、优越的工作条件和其他待遇,而这一系列的优惠政策引发了本土人才的失衡和不满,压制了本土人才的积极性和创造性,造成了人力资源的浪费[3]。

3. 不够"自由、公平"的学术环境影响了海外高层次人才的引进与留住

相较于国外相对"自由"的学术环境,我国当前的学术环境仍然不利于学者自由地开展深层次、原创性的研究,容易使学者感受到学术不公平等。如专家LJJ18指出,"我感觉我很难适应国内的学术环境,回国后我的压力很大,比国外累多了,学校会'逼'着我们出成果,回国后我出了一些成果,但似乎也没有令自己满意的成果。在国外我可以静下心来做一些高质量的科研,但在国内有很多事情都需要做,做科研的时间被一再压缩。比如说,学校今年让我争取下国家重点研发项目(主持),然而这些项目没有一个是与我的专业对口的,但我还是得去申请。另外,频繁的考核也让我不得不从事一些易于出成果的研究。"专家ZD02指出,"相比较前些年,近几年科研项目的申请已经公平了很多,科研申请书的质量逐渐成为能否成功申请到科研项目的重要标准,但科研项目申请中的'人情关系'仍然存在,每年一到评审项目的时候,还是会接到一些打招呼的电话。"

相关研究也表明,尽管我国高校非常重视从海外直接引进高层次人才,但目前为止我国顶尖大学仍未有足够的吸引力成为来自世界各国顶尖学者和优秀人才的聚集地[4],这主要是因为海外高层次人才的引进是受到政府、大学以及高层

---

[1] 陈丽媛,杨建华,高磊.一流大学学术大师的指标表现及其引育机制研究:基于国际比较的视野[J].上海交通大学学报(哲学社会科学版),2019,27(03):70-79.

[2] 邢新会.培养本土人才与引进海外人才同等重要[N].中国组织人事报,2011-03-09.

[3] 司江伟,孟晓娟.海外人才与本土人才的协调共生机制构建探索[J].当代经济管理,2012,34(08):76-80.

[4] 俞菓.中国顶尖大学外籍学者集聚现状及其制约因素探析——基于30所"双一流"建设高校的数据调查与分析[J].中国高教研究,2019(08):62-69.

次人才自身等多方面的因素所影响的①。尽管海外高层次人才的引进受到以上多方面因素的影响，但在基本生活待遇等"硬性"条件得到保障的前提下，学术大师去哪儿则主要取决于那里的环境是否有利于他们创造新的知识、创造新的事物、培养创新型人才。是否具有有利于发展学术和完成使命的学术环境和文化对教授们具有巨大的吸引力，甚至可谓是决定性因素②。阎光才也指出，国内学术体制与环境的不尽如人意是导致人才回流率低的主要原因③。

二、重大原创性成果不够多及其原因探析

学科专家们指出，在科研成果数量方面，我国理工类一流学科与理工类世界一流学科的差距已经不大，甚至已经超过理工类世界一流学科；但从科研成果的质量来看，我国理工类一流学科与理工类世界一流学科还存在明显的差距，特别是重大原创性成果仍然很少。专家DB108指出，"与世界一流学科相比，我们最大的短板还是原创性的技术、关键性的技术，或者是革命性的技术和理念，我们的科研主要还是追着别人所提出来的理念或技术所展开的，主要还是对别人的东西进行一定程度上的本土化。"专家CFE32指出，"我们的学术大环境仍需要优化，我们要认同并建立起宽容失败的科研探索文化，这一点是非常重要的。在当前的学术大环境下，大多数人在聘期考核、职称晋升等压力下是不太敢于创新的，但原创性的成果才正是我们当前所缺少的。"

在造成我国理工类一流学科重大原创性成果不够多的原因方面，学科专家们指出了如下原因：

1. 以论文、项目为导向的"短平快"式评价体系，以及不太宽容失败和只认第一作者的评价机制影响了重大原创性成果的产出

当前的评价在标准上过于重视论文、项目，未能侧重于重大原创性成果和实际贡献；在方式上过于频繁，是一种"短平快"式的评价。同时，原创性的研究具有较高的风险性，是需要不断"试错"的，而当前的评价体系不太宽容失败。这些都容易导致学者们避重就轻，开展一些浅层次、易出成果的研究，而避开一些深

① Bowen H R, Schuster J H. American professors: a national resource imperiled[M]. New York: Oxford university Press, 1986: 268 - 287.
② 杰弗里·雷蒙.吸引国际顶尖人才，除了"硬指标"还有什么？[J].国际人才交流,2019,(05): 38 - 41.
③ 阎光才.海外高层次学术人才引进的方略与对策[J].复旦教育论坛,2011,9(05): 49 - 56.

层次、原创性的研究。此外，只注重第一作者和第一单位的评价或考核体系，对学者间的合作产生了明显的不利影响，也影响着重大原创性成果的产出。如专家LYZ03指出，"我回国后最大的感受就是，我们的研究做得还是比较浅的，不够深入，这与我们当前的评价体系密切相关。当前我们的评价体系只认可第一作者和第一单位，这影响了学者间合作的积极性。学科发展到现在，已经不能仅靠单打独斗了，而是要集中力量办大事，很多课题组组合在一起才能完成'漂亮'的工作。"专家LST36指出，"当前学科评估应进一步降低投入性指标的权重，譬如科研项目、人才头衔。就学科而言，应该重点考核其对社会所作的贡献以及在推动科技进步中所发挥的作用，学科评价的标准应该在这些方面做一些调整。"

相关研究也表明，尽管重大原创性成果的产出是多种因素相互作用的结果，但当前我国追求急功近利的科研评价机制已成为高校重大原创性成果产出少的瓶颈因素①。重大原创性成果并非一朝一夕就能取得，它是长时间持续、专注的科技创新活动和厚积薄发的结果，具有周期长、风险大、难度高等特征，需要科研人员具有脚踏实地、淡泊名利、勇于创新和持之以恒的治学态度，但目前我国高校大都采用量化打分的方式对科研人员的科研业绩进行考核，并将考核的结果与科研人员的收入、职称评定、职位晋升等直接利益挂钩。在这样的评价机制下，大多数科研人员变得急功近利，倾向于追逐热点或者"保险"的研究，避开原创性的研究；而从事基础研究和高技术前沿探索的科研人员也更易遭受职称晋升、利益分配等方面的不公平②③，这些都对我国高校重大原创性成果的产出造成了明显的不利影响。

2. 学科交叉融合的不足影响了重大原创性成果的产出

学科发展到一定阶段就需要通过学科间的交叉融合来取得突破，但当前我们学科间的交叉与融合仍不足，促进学科交叉的机制仍不够完善。如专家WYP05指出，"我们的学科本身就是一个综合性的学科，需要与其他学科相互交叉。我们和传统的物理学、化学一样，发展到一定阶段的时候会出现瓶颈，只能通过与其他

---

① 刘莉，董彦邦，朱莉，等.科研评价：中国一流大学重大原创性成果产出少的瓶颈因素——基于国内外精英科学家的调查结果[J].高等教育研究，2018，39(08)：23-31.
② 杨梦婷，潘启亮.我国原创性科研成果产出的影响因素和激励机制研究[J].科技管理研究，2021，41(09)：15-20.
③ 王章豹，汪立超.我国高校原始创新能力不足的成因分析及其建设路径[J].现代教育科学，2007(05)：1-5.

学科的交叉来取得突破。如果让不同学科领域的科学家都进入到我们的学科领域来，我相信会产生很多重要的原创性成果。"专家 CB01 指出，"我们的学科面太窄了，我希望我们的学科能够多一点，这样学科之间能够互相支撑，在校内才能实现学科间的交叉融合。将来我们学科的发展肯定是需要新学科的介入的。"

相关研究指出，科学发展的历史表明，科学上的重大创新和重大成果的突破大多是在不同学科相互作用的过程中形成的。如今，单一学科已无法解决现实和科学中的重大问题，现实和科学中重大问题的解决需要多学科的交叉、融合，这是不以人的意志为转移的客观事实和规律[①]。学科广泛交叉、深度融合已成为现代科学和工程技术发展的重要趋势，成为解决现实中重大问题的关键方式[②]。然而我国的学术机构仍然被制度化的学科所主宰，系科仍然保持着强大的威力，学科间的界限依然稳固。受学术组织形式、管理体制和运行机制的约束，学科交叉仍然举步维艰，尚处于局部偶发状态[③]。同时受跨学科研究周期长、风险大等因素的影响，学者们开展跨学科研究的积极性较差[④]，存在貌似交叉多、真正融合少，"物理现象"多、"化学反应"少等问题，学科交叉融合仍然流于表面[⑤]。

3. 一流科研平台的不足影响了重大原创性成果的产出

一流科研平台是重大原创性成果产生的重要基础，然而，相较于理工类世界一流学科，我国理工类一流学科拥有的一流科研平台仍然不足，这对我国理工类一流学科重大原创性成果的产出产生了不利影响。如专家 TH54 指出，"我们的学科要想成为世界一流，离不开大型科研平台或者实验室的建设。目前我们领域的一些顶尖学校都拥有了自己的大型实验室，他们可以在实验室里制造仪器，并把这些仪器放置于空间探测的卫星上，以收集到相关研究数据。然而，当前国内的高校很少有这样的大型实验室，相关仪器的制造水平仍不够高。就目前国内高校在本学科领域学术期刊上发表的论文来看，95%的论文都是根据国外实验室所收集到的数据而撰写的"。专家 LGC45 指出，"如果能与国外高校共建国际合作联合实验室就太好了，我们就能够实现实验室共建、人员共建、科研经费

---

① 刘献君.学科交叉是建设世界一流学科的重要途径[J].高校教育管理,2020,14(01)：1-7,28.
② 原帅,黄宗英,贺飞.交叉与融合下学科建设的思考——以北京大学为例[J].中国高校科技,2019，(12)：4-7.
③ 袁广林.学科交叉、研究领域与原始创新——世界一流学科生成机理与建设路径分析[J].学位与研究生教育,2022(01)：13-20.
④ 王靖元.基于学科交叉的大学组织机构建设策略研究[J].中国高新科技,2021(23)：159-160.
⑤ 李言荣."从0到1",高校的机遇何在[N].中国科学报,2019-04-08(01).

共建,也能够开展广泛的国际学术交流和合作,这对学科水平的提升具有重要意义。但由于我们国家对经费和科研人员的管理等都较为严格,与国外高校共建国际合作联合实验室的难度仍然较大。"

4. 基础理论研究的不足和学科发展基础的薄弱影响了重大原创性成果的产出

重大原创性成果高度依赖于基础研究和学科的原有基础,然而,我国理工类一流学科的发展基础还相对薄弱,加上基础理论研究的不足,明显影响了我国理工类一流学科重大原创性成果的产出。如专家 XN64 指出,"我觉得真正的世界一流学科必须要拥有重大原创性成果,但我们现在太缺了,这使得我们与世界一流学科还存在明显的差距。但我们也不能操之过急,重大原创性成果并非说今天要,明天就能出来的。现在总有舆论在批评原创性成果少,原创性成果少是事实,但我们也要看到进步。在 90 年代之前,我们高校里真正从事科研工作的教师并不多,学科的基础十分薄弱,但仅仅用了三十多年的时间,我们的学科就取得了较快的发展。"专家 LGC45 指出,"我们的技术手段创新是比较多的,但我们的基础研究仍然相对薄弱,就目前来说,我们的学科取得重大原创性成果的难度仍然较大。"

相关研究也表明,基础理论研究在国家发展、科技进步中具有举足轻重的作用,基础理论研究可以促进新知识的产生,基础理论研究的积累越深厚、水平越高,原始创新的水平就越高,原创性成果就越先进[1]。科学知识的积累对于基础研究至关重要,基础研究的原创性必须站在巨人的肩膀上寻求前所未有的重大发现[2]。牛顿曾说过:"如果说我看得比别人更远些,那是因为我站在巨人的肩膀上。"然而,受封建社会性质等因素的影响,直至 20 世纪 20 年代我国才开始真正现代意义上的科学研究,我国真正重视基础研究的工作也仅仅只有二三十年的时间,这使得我国原创性底子相对薄弱[3]。

三、拔尖创新人才不够多及其原因探析

学科专家们指出,当前我国理工类一流学科拔尖创新人才的培养质量仍不够理想,培养的拔尖创新人才仍不够多,与理工类世界一流学科相比,仍存在明

---

① 陈佳洱.基础研究:自主创新的源头[J].科学咨询,2005(12):11-14.
② 陈劲.原始创新力:从学科交叉到学科会聚[J].中国高校科技与产业化(学术版),2006(01):10-12.
③ 杨梦婷,潘启亮.我国原创性科研成果产出的影响因素和激励机制研究[J].科技管理研究,2021,41(09):15-20.

显的差距。如专家 GW33 指出，"从科学研究的角度来看，国内有部分学科能进入世界前 100，但若加上人才培养的话，我认为暂时还没有一所高校能够进入前 100，国内研究生教育的培养质量仍亟须提升，我们在博士生以及年轻学者的培养上还有很长的路要走。"专家 LAM119 指出，"培养出一流的人才是世界一流学科的重要标志。然而，与世界一流学科相比，我国一流学科所培养的拔尖创新人才仍然较少，在建设世界一流学科的过程中，我国一流学科仍需加大拔尖创新人才的培养力度，提高人才培养质量。"

学科专家们指出了造成我国理工类一流学科拔尖创新人才不够多的原因：

1. 以论文、项目为主的学科、教师等评价体系影响了拔尖创新人才的培养

当前的学科评价、教师评价仍以论文、科研项目为主要标准，这容易使高校和教师都过度追求论文、科研项目，而未能高度重视对人才的培养。专家 WW111 指出，"在论文和基金的双重压力下，大多数教师都将主要精力，甚至全部精力用于论文的撰写和发表，很少有时间和精力再去承接一些行业咨询类项目了，这使得教师们培养人才的能力有所下降。因为我们工科中的大多数学科都是以实践为主的，若教师们没有时间开展实践类工作，那么在教学的过程中，他们就没有丰富的素材，上课的生动性和质量就会下降，从而无法高质量地完成人才培养的工作。"专家 CJ21 指出，"现在大多数的高校和教师都是跟着论文、项目等指标走，造成的结果就是重科研轻教学、重短期轻长期。人才培养是一个长期的过程，需要高校和教师持之以恒的付出。"

相关研究也表明，研究与教学冲突的本质是教师工作中时间和精力分配的冲突，因此，在面临多项任务时，教师们会权衡利弊以获得最大收益，而这又与教师的评价制度密切相关。教师评价制度是"指挥棒"，若高校的奖励重科研轻教学，教师就会将更多的时间和精力投入到研究之中，天平就会向科研倾斜；若高校的奖励重教学轻科研，教师就会将更多的时间和精力投入到教学之中，天平就会向教学倾斜[1]。然而，当前我国高校的教师评价制度是以奖励研究为主的，这使得教师们在实践工作中，明显感受到了教学与科研的对立与冲突，造成了科研弱化教学等问题[2]，影响了人才培养的地位和质量。

---

[1]　赵炬明.失衡的天平：大学教师评价中"重研究轻教学"问题的制度研究——美国"以学生为中心"本科教学改革研究之八[J].高等工程教育研究，2020(06)：6-26,44.

[2]　黄明东，陈越.协调与统一：高校教学与科研关系的再思考[J].中国高校科技，2016(10)：4-8.

2. 本科生科研训练的不足影响了拔尖创新人才的培养

在本科生科研训练方面,目前仍存在未能高度重视科研训练在拔尖创新人才培养中的重要作用,本科生科研训练的覆盖率、深度参与率仍不高等问题,这些都在一定程度上影响了我国理工类一流学科拔尖创新人才的培养。如专家WH93指出,"我会尽全力指导我的研究生,但我发现他们的科研知识和科研能力还相对薄弱,在本科阶段应接受的基本科研训练仍未到位,很多基础性的东西都还未掌握。如果我仍以原来的标准来要求他们,他们的压力则会很大,因此,我必须适当降低一点标准,但我一旦降低标准,人才的培养质量也会随之降低。"专家PY49指出:"美国、英国等国外的顶尖大学都十分注重本科生的科研训练,他们会为本科生提供丰富的研究性课程、讲座和研究项目,会指导学生撰写学术论文等,通过研究性学习培养本科生的创新思维和创新能力。尽管我国的顶尖大学也为本科生提供了科研训练,但整体而言,本科生科研训练的覆盖率仍不高,科研训练在拔尖创新人才培养中的作用未能充分有效发挥。"

相关研究也表明,科研训练在促进本科生成长为创新型人才方面具有重要意义[1]。本科生科研训练已被国内外高校普遍认为是培养拔尖创新人才的一种有效途径[2],其能够激发本科生研究性学习的积极性;能够培养和提高本科生的创新思维和创新能力[3],但与国外一流大学相比,我国一流大学本科生科研训练的总体水平和质量仍然不高。我国高校本科生科研训练仍存在科研训练项目覆盖面狭窄、形式单一、经费不足;科研训练运行机制、管理机制不完善[4];指导教师的热情和积极性不高;学术交流互动性不强;教学体系不健全导致基本科研理论知识不足[5]等问题。

3. 研究生导师招生、资格认定、评价以及研究生联合培养等制度的不完善影响了研究生的学习体验和培养质量

当前我国研究生的培养主要为单一的导师负责制,导师在研究生的培养过

---

① 李师群.科研训练是大学本科人才培养的重要环节——近20年清华物理系学生的seminar[J].物理与工程,2020,30(01):19-22,28.
② 俞林伟,施露静,周恩红.我国高校本科生科研训练的发展历程、困境与未来方向[J].高等工程教育研究,2015(02):89-93.
③ 骆亚华.本科生科研训练的现状分析与对策研究——以浙江大学数学与科学学院为例[J].教育教学论坛,2016(30):218-219.
④ 俞林伟,施露静,周恩红.我国高校本科生科研训练的发展历程、困境与未来方向[J].高等工程教育研究,2015(02):89-93.
⑤ 魏占祥,郭淑媛.研究型大学创新本科生科研训练模式探讨[J].中国农业教育,2016(04):78-83.

程中发挥着至关重要的作用。首先,导师的精力是有限的,如果培养的研究生人数较多(即招生人数较多),则容易影响导师的指导质量,进而影响研究生的学习体验和培养质量,但目前导师招生人数较多的现象仍然存在。其次,单一的导师负责制主要是指一名研究生主要由一名导师负责,这在一定程度上会增加研究生培养的风险,而如果研究生联合培养制度较为完善,研究生就可以同时接受2名及以上导师的指导,这对研究生的学习体验和培养质量具有积极意义。此外,研究生的培养需有相应的科研项目和配套的科研经费作支持,无科研项目、经费、成果的导师可能无法给予学生良好的科研支持,影响学生的学习体验和培养质量,因而应暂缓招生;但目前由于导师资格认定和评价等制度的不完善,多年内无科研项目、经费、成果的导师仍能招生。如专家HCY114指出,"我们的博士生培养质量仍然不高,当然这与博士生本身有着很大的关系,但从博士生培养相关的制度角度而言,其仍然有很多亟须完善的地方,如现在的博导招收的硕士生、博士生人数太多了,博导们本来就很忙,忙着科研、忙着行政等,自然没有充足的时间和精力来指导博士生开展原创性研究了。"

相关研究也表明,有效的导师指导在研究生教育中具有积极作用。以博士研究生培养为例,博士生导师作为博士生培养的第一责任人[1],是博士研究生教育的重要组成部分[2],决定着博士研究生的教育质量[3],有效的导师指导对博士生的学习经历和学术成果的质量发挥着重要的作用[4],是促进博士生成长和发展的关键因素;相反,无效的导师指导则对博士研究生的学习体验、学术成长等产生负面影响。导师的指导质量与导师的招生数量、导师的水平等密切相关。如宁昕指出,博士生对导师指导的满意度与导师为其提供的科研项目、导师指导

---

[1] Kemp M W, Lazareus B M, Perron G G, et al. Biomedical Ph.D. Students Enrolled in Two Elite Universities in the United Kingdom and the United States Report Adopting Multiple Learning Relationships[J]. PLoS One, 2014, 9(07). https://doi.org/10.1371/journal.pone.0103075.

[2] Friedrich-Nel H, Kinnon J C. The quality culture in doctoral education: Establishing the critical role of the doctoral supervisor[J]. Innovations in Education and Teaching International, 2019, 56(02): 140 - 149.

[3] Pyhalto K, Vekkaila J, Keskinen J. Fit matters in the supervisory relationship: doctoral students and supervisors perceptions about the supervisory activities[J]. Innovations in Education and Teaching International, 2015, 51(02): 4 - 16.

[4] Mcculloch A, Kumar V, Schalkwyk S V, et al. Excellence in doctoral supervision: an examination of authoritative sources across four countries in search of performance higher than competence[J]. Quality in Higher Education, 2016, 22(01): 64 - 77.

的频次存在正向关系①；杨烨军等指出，研究生对导师指导质量的满意度与交流次数间的相关性十分明显②。

第四节　本 章 小 结

本章运用第四章所构建的理工类一流学科国际水平高精尖评价指标体系，定量比较了我国理工类一流学科和理工类世界一流学科的国际水平，明晰了我国理工类一流学科的国际水平以及与理工类世界一流学科的主要差距，并基于理工类学科专家的调研结果和相关文献对定量比较的结果进行了分析。

定量比较结果表明，我国理学类一流学科国际水平的总体表现与理学类世界一流学科存在明显的差距；我国工学类一流学科国际水平的总体表现与工学类世界一流学科差距不大，但两者在国际学术大师、重大原创性成果、拔尖创新人才方面与理工类世界一流学科均存在明显的差距。同时，对理工类学科专家的调研结果和相关文献进行梳理与分析也发现，我国理工类一流学科在国际学术大师、重大原创性成果、拔尖创新人才方面与理工类世界一流学科的确存在明显的差距。

对理工类学科专家的调研结果和相关文献的梳理与分析发现，以论文、项目为导向的"短平快"式的学科、人才、项目等评价体系，学术环境不够"自由、公平"、一流科研平台和学科交叉融合不足、拔尖创新人才培养制度不完善等因素影响着我国理工类一流学科国际学术大师的引育、重大原创性成果的产出、拔尖创新人才的培养。

---

① 宁昕.导师指导对博士生教育经历满意度的影响研究[J].学位与研究生教育,2020(08)：37-42.
② 杨烨军,李娜,王徐凯.研究生导师指导质量满意度影响因素分析[J].牡丹江师范学院学报(自然科学版),2021(04)：71-76.

第六章
理工类世界一流学科国际水平提升的案例分析

第四章、第五章重点讨论了理工类一流学科国际水平高精尖评价指标体系的构建,运用所构建的高精尖评价指标体系定量比较了我国理工类一流学科和理工类世界一流学科的国际水平,并结合理工类学科专家的调研结果和相关文献对定量比较的结果进行了分析。本章主要结合定量比较及其分析结果,选取5个理工类世界一流学科进行案例分析,以探讨案例学科在国际学术大师引育、重大原创性研究开展、拔尖创新人才培养等方面的可借经验,以促进我国理工类一流学科国际水平的提升。第一节阐释了加州大学伯克利分校化学学科、南洋理工大学电子电气工程学科等案例的基本情况;第二节探讨了案例学科在引进和培育国际学术大师方面的经验;第三节探讨了案例学科在开展重大原创性研究方面的经验;第四节节探讨了案例学科在培养拔尖创新人才方面的经验。

第一节　案例学科的选取及简介

一、加州大学伯克利分校化学学科

自 1868 年加州大学伯克利分校(简称伯克利)建校以来,化学学科就一直是伯克利的一部分。1872 年,伯克利化学学院正式成立,成立之际该院仅有化学系[①],可以看出,伯克利化学学科具有悠久的学科历史。当前,伯克利化学学科

---

① College of Chemistry. College History[EB/OL]. [2022 - 02 - 08]. https://chemistry.berkeley.edu/berkeley-chemistry-1868-to-present.

已发展成为世界顶尖学科,在全球享有盛誉,在 2022 年软科世界一流学科排名中位居全球第一,2022 年 QS 世界大学学科排名中位居全球第五。一百五十多年以来,伯克利化学学科一直以通过教育和研究推动社会进步为使命[1],一批化学领域国际权威学术奖项的获得者在该校任职,如 5 名诺贝尔化学奖(Nobel Prizes in Chemistry)获得者、6 名韦尔奇化学奖(Welch Award in Chemistry)获得者等;培养了大量的优秀人才,如培养了 10 名诺贝尔化学奖获得者[2];产生了诸多有影响力的研究,如在催化(Catalysis)、生物化学(Chemical Biology)、大气化学(Atmospheric Chemistry)等领域取得了一系列创新性成果;推动了知识的进步和美国乃至全球经济和社会的发展。

二、南洋理工大学电子电气工程学科

南洋理工大学电子电气工程学科可追溯至 1981 年南洋理工大学建校之初。当前,该校电子电气工程学科已成为世界上规模最大、排名最高的学科之一[3],是世界领先的研究密集型工程学科,在 2022 年 QS 世界大学学科排名中位居全球第四,在 2022 年软科世界一流学科排名中位居全球第八。电子电气工程学科拥有一支高水平、高度国际化的师资队伍;拥有 3 000 多名本科生和 1 000 多名研究生,并培养了 30 000 多名电气工程师,是世界上工程师和研究人员培养最大的工程学科之一;产生了诸多创新性成果,如作为衍生公司之一的纳膜科技国际有限公司(Nanofilm Technologies International)于 1999 年由电子电气工程学科的教师创立,现已成为市值达 10 亿美元的高科技独角兽[4]。电子电气工程学科也为新加坡和世界的经济都作出了积极贡献。

三、麻省理工学院材料科学与工程学科

麻省理工学院材料科学与工程学科可追溯至 1865 年麻省理工学院成立之初,至今已有一百五十多年的学科历史。当前,该校材料科学与工程学科已成为

---

[1] College of Chemistry. Academics[EB/OL]. [2022 - 02 - 08]. https://chemistry.berkeley.edu/academics.

[2] College of Chemistry. Major Awards & Honors[EB/OL]. [2022 - 02 - 08]. https://chemistry.berkeley.edu/awards-honors.

[3] School of Electrical and Electronic Engineering. About Us[EB/OL]. [2022 - 02 - 16]. https://www.ntu.edu.sg/eee.

[4] School of Electrical and Electronic Engineering. Research[EB/OL]. [2022 - 02 - 16]. https://www.ntu.edu.sg/eee/research.

美国同类学科中规模最大的学科,在教育和科研等方面均处于领先地位①,在2022年QS世界大学学科排名中位居全球第一,2022年软科世界一流学科排名中位居全球第二。该校材料科学与工程学科拥有一批世界上最具成就的材料科学与工程学者,这些学者在能源储存(Energy Storage)、癌症治疗(Cancer Treatment)等领域均处于世界领先地位②,如有3名本杰明·富兰克林奖章(Benjamin Franklin Medal)获奖者、2名冯·希佩尔奖(Von Hippel Award)获奖者、1名材料研究学会奖章(Mrs Medal Award)获得者、20名美国国家工程院(National Academy of Engineering,简称NAE)成员、4名美国国家科学院(National Academy of Sciences,简称NAS)成员等③。材料科学与工程学科还吸引了来自50个州和118个国家的学生④,这些学生在本学科及相关领域的基础研究方面发挥着不可或缺的作用⑤。此外,材料科学与工程学科产生了诸多有影响力的研究和创新成果,为美国和世界的经济作出了积极贡献。

四、南京大学大气科学学科

南京大学大气科学学科是南京大学的优势学科,可追溯至1921年国立东南大学的地学系。如今,在南京大学和赫尔辛基大学共建的大气与地球系统科学国际合作联合实验室(简称国际合作联合实验室)的支撑下,大气科学学科在人才培养、科学研究等方面取得了较大的发展,建立了区域大气和地球系统过程综合观测平台;为学界和行业培养了一批优秀的人才;积聚了一批战略科学家、领军人才和青年拔尖人才、建立起了一只国际化的学术队伍,包括1名中国科学院院士,1名"国家千人计划"科学家,3名国家杰出青年基金获得者等;多项成果产生了重要的国际影响,如被美国《科学新闻》杂志专文报道、被《自然》等杂志论文引用和报道、多篇文章被列为ESI高被引论文。此外,南京大学大气科学学科与

① Department of Materials Science and Engineering. MIT Open Courseware[EB/OL]. [2022-03-02]. http://www2.myoops.org/cocw/mit/Materials-Science-and-Engineering/index.htm.

② Department of Materials Science and Engineering. Research[EB/OL]. [2022-03-02]. https://dmse.mit.edu/research.

③ Department of Materials Science and Engineering. Faculty Awards[EB/OL]. [2022-03-02]. https://dmse.mit.edu/about/award.

④ Department of Materials Science and Engineering. Admissions+Aid[EB/OL]. [2022-03-02]. https://web.mit.edu/admissions-aid/.

⑤ Department of Materials Science and Engineering. Research[EB/OL]. [2022-03-02]. https://dmse.mit.edu/research.

兰州大学、南京信息工程大学的大气科学学科共同入选"双一流"大气科学学科建设名单;在2022年软科世界一流学科排名中位居全球第三十。

五、中南大学矿业工程学科

中南大学矿业工程学科是中南大学特色支柱学科之一,其历史可追溯至1952年原中南矿冶学院(由湖南大学、武汉大学、广西大学、南昌大学、中山大学、北京工业学院等6所高校的矿冶系/学科合并而成)最早设置的采矿系、选矿系和1956年创立的国内第一个团矿专业,至今已有七十多年的学科历史。如今,中南大学矿业工程学科在国内乃至国际上都具有较高的地位,在全国第四轮学科评估获评A+,在软科世界一流学科排名中连续四年位列全球第一;矿业工程学科拥有引领世界矿产资源开发利用的学科团队、一批杰出的学科带头人和诸多优秀卓越人才,包括中国科学院院士1人、中国工程院院士4人、长江学者、国家杰青等国家高层次人才10人等,聚焦国家重大战略需求和关键科学问题,立足学科特色,开展原创性研究,产生了诸多有影响力的成果,为行业、社会、国家的发展贡献出了"中南力量"。

第二节　理工类世界一流学科引育国际
学术大师的案例分析及讨论

一、理工类世界一流学科引育国际学术大师的案例分析

1. 伯克利化学学科:支持学术环境的优化,促进已引学术大师磁石效应和培育顶尖学者作用的发挥

伯克利化学学科教师队伍中共有5名诺贝尔化学奖获得者,8名沃尔夫化学奖(Wolf Prize in Chemistry)获得者,8名普里斯特利奖章(Priestley Medal)获得者,6名韦尔奇化学奖获得者,37名美国科学院化学奖(NAS Award in Chemical Science)获得者,其教师跻身于全球最杰出的行列[1]。伯克利化学系为何能拥有如此多的学术大师?通过对相关文献的梳理与分析发现,早期,伯克利

---

[1]　College of Chemistry. Major Awards & Honors[EB/OL]. [2022-02-09]. https://chemistry.berkeley.edu/awards-honors.

化学学科引进了吉尔·刘易斯(Gill Lewis)这一学术大师,且积极满足和兑现其所提出的与学术环境相关的各项条件,促进了化学学科学术环境的优化,提高了刘易斯的满意度,使得其磁石效应以及培育顶尖学者的作用得以发挥,推动了化学学科学术大师的引进和培育。

1911年,时为麻省理工学院教授的刘易斯访问了伯克利,并阐述了他担任伯克利化学学院院长的条件,这些条件主要与学术环境密切相关,如扩大化学学院的预算、增加化学系的教职员工和科研基础设施等。1912年,刘易斯就职于伯克利后就致力于增加化学系的教职工、加强科研基础设施等,且受到了校方、院方的大力支持。如化学学院于1917年正式建成了专门用于物理和技术化学研究和教学的吉尔曼大厅(Gilman Hall),旨在为化学学院的师生提供研究和教学设施。在这里开展的工作推进了化学热力学和分子结构的研究,并产生了多个诺贝尔化学奖,如吉奥克(Giauque)于1949年因对物质在极低温度下行为的研究获得了诺贝尔奖;西博格(Seaborg)于1951年因在超铀元素化学方面的发现获得了诺贝尔奖,另外4个在吉尔曼大厅从事研究的教师随后也获得了诺贝尔化学奖[①]。

在伯克利任教期间,刘易斯一直潜心培育和引进学术大师,发挥了磁石效应和培育顶尖学者的作用。磁石效应即吸引同领域学科专家的效应。卡尔文(Calvin)是1961年诺贝尔化学奖的获得者。1935年,卡尔文获得明尼苏达大学(University of Minnesota Twin Cities)化学专业博士学位;1935—1937年,卡尔文在曼彻斯特大学(The University of Manchester)进行博士后研究;1937年,受刘易斯的邀请,卡尔文来到伯克利化学系任职,并在刘易斯的引导下将研究方向转向于有机分子结构和行为的一般理论,在这一期间,卡尔文完成了2本主要著作,其中一本正是与刘易斯合著的 *The Color of Organic Substances*[②]。吉奥克是1949年诺贝尔化学奖的获得者,是伯克利化学系1920届本科毕业生以及1922届博士毕业生,也是刘易斯的学生。尽管吉奥克在本科阶段的学习是以"工程学"为理念而展开的,但是在刘易斯及其团队成员对基础研究高度重视的

① American Chemical Society. Gilman Hall at the University of California, Berkeley[EB/OL]. [2022 - 02 - 10]. https://www.acs.org/content/acs/en/education/whatischemistry/landmarks/gilman.html # gilbert-newton-lewis.

② The Nobel Prize. Melvin Calvin Biographical[EB/OL]. [2022 - 02 - 10]. https://www.nobelprize.org/prizes/chemistry/1961/calvin/biographical/.

影响下,吉奥克喜欢上了基础研究。吉奥克对热力学第三定律这一领域的兴趣是由其在吉布森(Gibson)教授团队中开展的实验研究所生发的,而这项工作正是起源于刘易斯和吉布森的讨论[①]。西博格(Seaborg)是 1951 年诺贝尔化学奖的获得者,是伯克利分校化学系 1937 届博士毕业生,也是刘易斯的学生。1937年博士毕业后,西博格继续在化学系担任刘易斯的实验室助理,并于 1946 年晋升为教授;1951 年,其因成功地发现了一种原子序数为 94 的元素(钚)以及确定了其他重元素及其同位素被授予诺贝尔化学奖[②]。可以看出,正是由于刘易斯潜心引进和培育青年教师和学生,伯克利化学学科产生了如此多的学术大师。

2. 南洋理工大学电子电气工程学科:重视国际学术交流与合作,营造充满活力的组织文化

南洋理工大学电子电气工程学科拥有 5 名新加坡工程院院士(Fellow of the Academy of Engineering Singapore)、18 名美国电气和电子工程师协会会士(Fellow of the Institute of Electrical and Electronics Engineers)、3 名英国工程与技术学会会士(Fellow of the Institution of Engineering and Technology)、4 名新加坡工程师学会会士(Fellow of the Institution of Engineers Singapore)等,若干名教师在国际学术期刊中担任主编、副主编及编委,其中包括美国电气与电子工程师协会(Institute of Electrical and Electronics Engineers,简称 IEEE)期刊[③]。总体而言,新加坡南洋理工大学电子电气工程学科聚集了一批国际公认的权威学者和一批极具天赋和竞争力的年轻教员。

南洋理工大学电子电气工程学科高水平的师资队伍与其注重教师来源的国际化、多样化,并积极寻求全球合作、加强学术交流,进而营造出充满活力的组织文化密切相关。在招聘教师时,电子电气工程学科十分注重教师来源的多元化和教师的质量,即致力于招聘不同国籍的高水平或极具发展潜力的教师,其师资队伍由来自 21 个国家的 130 多名全职教师组成,且这些教师大多在麻省理工学院、斯坦福大学(Stanford University)、剑桥大学和帝国理工学院(Imperial College

---

① The Nobel Prize. William F. Giauque Biographical[EB/OL]. [2022 - 02 - 10]. https://www.nobelprize.org/prizes/chestry/1949/giauque/biographical/.

② Britannica. Glenn T. Seaborg[EB/OL]. [2022 - 02 - 11]. https://www.britannica.com/biography/Glenn-T-Seaborg.

③ School of Electrical and Electronic Engineering. About Us[EB/OL]. [2022 - 02 - 17]. https://www.ntu.edu.sg/eee.

London)等世界顶尖或一流大学接受过广泛的教学和研究方面的专业培训。这些来自不同国家的高水平或极具发展潜力的教师彼此间不断进行着学术间的交流与合作，使得电子电气工程学科的发展极具活力，推动了教师水平的提升。

此外，该校电子电气工程学科在建设过程中积极与海外知名大学、科研院所和跨国公司开展广泛的学术交流和合作，如与密歇根大学(University of Michigan)、普渡大学(Purdue university)、浙江大学等世界一流大学[1]，信息通信研究所(Institute for Information Research)、微电子研究所(Institute of Microelectronics)、国家科学研究中心(Centre National de la Recherche Scientifique)等研究机构[2]，以及劳斯莱斯(Rolls-Royce)、台达电子(Delta Electronics)、新加坡电力(Singapore Power)等企业建立了强大的合作伙伴关系，在学术交流和合作的过程中，形成了一种充满活力的组织文化，而正是这一文化，为电子电气工程学科教师的发展提供着强有力的支撑，提升了教师的科研水平[3]。在过去的 5 年里，电子电气工程学科的教师已经申请了 500 多项专利，其中 100 多项专利获得授权；2021 年共有 5 名教师入选科睿唯安的"全球高被引科学家"名单[4]。

3. 中南大学矿业工程学科：立足学科优势，鼓励教师开展原创研究和追求学科特色[5]

中南大学矿业工程学科拥有引领世界矿产资源开发利用的学科团队，同行公认和学术优势明显的创新研究群体，以及一批在国际上有一定影响、国内知名的中青年学者，如拥有中国科学院院士 1 人、中国工程院院士 4 人、长江学者、国家杰青等国家高层次人才 10 人、国家"四青人才"12 人，其他国家和省级优秀青年学者 30 余人等。国际矿物加工(International Mineral Processing Congress，简称IMPC)理事会主席、美国工程院院士奥康纳(Connor)在《矿业工程》(*Minerals Engineering*)上撰文回顾 IMPC 的 70 年历史时评价道："中南大学王淀佐、胡岳

---

① School of Electrical and Electronic Engineering. Centre for Integrated Circuits and Systems[EB/OL]. [2022 - 02 - 17]. https://www.ntu.edu.sg/cics/home.

② School of Electrical and Electronic Engineering. Industry Collaborations[EB/OL]. [2022 - 02 - 18]. http://www. ntu.edu.sg/eee/research/industry-collaborations#Content_C007_Col00.

③ School of Electrical and Electronic Engineering. About Us[EB/OL]. [2022 - 02 - 20]. https://www. ntu.edu.sg/eee.

④ School of Electrical and Electronic Engineering. About Us[EB/OL]. [2022 - 02 - 20]. https://www. ntu.edu.sg/eee.

⑤ 注：该案例该部分所有资料均来源于中南大学矿业学科内部资料，并得到授权使用，资料搜集截止日期为 2023 年 5 月。

华、孙伟教授等带领的科研团队是在国际浮选化学领域作出突出贡献的科研团队之一。"①

中南大学矿业工程学科之所以能够拥有卓越的研究群体和一批在国际上有一定影响、国内知名的中青年学者，与其始终立足自身优势、践行自主培育和海外引进相结合的人才管理理念密切相关。自成立以来，中南大学矿业工程学科始终立足自身优势，围绕着国家自然科学基金、科技支撑计划等重大研究项目，鼓励教师潜心开展原创性研究，并加强与国外著名教学科研机构、高层次人才间的学术交流和合作等，由此自主培育了一批学科领军人物和学术骨干，也为其吸引和引进海外高层次人才提供了重要的基础。具体而言，如"八五"至"九五"期间，矿业工程学科围绕着一系列国家自然科学基金、中国有色金属工业总公司重大科技计划等项目，在保持连续采矿和浮选药剂设计理论研究优势的同时，不断发挥自身优势，结合行业、国家需求，逐渐明确和形成了硫化矿浮选电化学、溶浸采矿、岩石冲击动力学、矿物资源生物提取等新型交叉学科方向，形成了以王淀佐院士、古德生院士、邱冠周院士为学术带头人，胡岳华、姜涛、李夕兵、冯其明等教授为学术骨干的研究群体。"十五"至"十一五"期间，矿业工程学科通过承担国家973计划、863计划、科技支撑计划等重大研究项目，形成了充填采矿、深部开采、数字矿山、矿山安全、铝土矿浮选脱硅、生物冶金等关键技术，在此基础上，吸引了一批优秀年轻教师的相继加入，并逐渐形成了以邱冠周院士和长江学者、国家杰青胡岳华教授为领军人物的研究群体，并获批国家自然科学基金创新研究群体。"十二五"以来，针对我国矿产综合利用率低、环境污染等问题，中南大学矿业工程学科结合自身积淀，发挥自身优势，明确和形成了绿色矿业、矿物加工界面组装化学、黑色金属资源加工与短流程冶金、硬岩矿山开采与灾害防控、智慧矿山等优势研究方向，并通过引进和培养一批高层次青年人才，使得团队迅速发展壮大。

此外，矿业工程学科依托生物冶金科学与技术和复杂矿产资源高效清洁利用两个国家创新引智基地，与新南威尔士大学(University of New South Wales)、昆士兰大学(University of Queensland)、开普敦大学(University of Cape Town)、南澳大学(University of south Australia)等国外著名教学科研机构强强联合，签

---

① O'Connor，C. Review of Important Developments since the 1st IMPC in 1952 in the Understanding of the Effects of Chemical Factors on Flotation[J]. Minerals Engineering，2021(170)：106960.

订了战略合作协议,加快顶尖学者的培养,如与加拿大皇家工程院(Canadian Academy of Engineering,简称 CAE)院士、阿尔伯塔大学(University of Alberta)教授曾宏波合作培养的两名博士被聘为中南大学特聘教授。此外,学科还先后聘任美国国家工程院院士、澳大利亚科学院(Australian Academy of Sciences,简称 AAS)院士等 20 多名专家学者为中南大学荣誉(客座)教授;邀请了 90 余名国外知名专家进行了 200 余次学术交流;发起并举办了连续五届中国国际矿物加工青年学者论坛,这些对矿业工程学科教师水平的提升都发挥了积极的作用。

二、理工类世界一流学科引育学术大师的讨论

1. 优化学术环境有利于促进学术大师磁石效应和顶尖人才作用的发挥,推动学术大师的引育

伯克利化学学科的案例表明,学术环境的优化,能够提高学术大师的满意度,进而促进学术大师磁石效应和培育顶尖人才作用的发挥。相关研究也表明,学术大师具有强大的磁石效应,他们能够吸引更多同领域的杰出专家,在一定程度上提高顶尖人才引进的效果和效率,而学术大师在培育下一代学术大师方面同样具有强大的作用[①]。如北京大学国际法学院在创建时,北京大学的校长就邀请了学术大师雷蒙(Lehman)参与国际法学院的建设。任职期间,雷蒙最重要的任务就是在全球范围内招聘和组建世界一流的教师团队,最终为北京大学国际法学院招募到欧洲大学学院(European University Institute)法学院前院长、宾州州立大学(The Pennsylvania State University)法学院前院长、耶鲁大学(Yale University)法学院前副院长和两名美国最高法院(Supreme Court of the United States)前法官助理担任长聘教授。在国际法学院全职授课的访问教授中还有另外三位世界一流法学院前院长,两位美国律师协会(American Bar Association)前主席,以及来自哈佛大学(Harvard University)、弗吉尼亚大学(University of Virginia)等大学的资深法学特聘教授[②]。20 世纪上半叶,留学欧洲的仁科芳雄(Nishina Yoshio)把先进的量子力学带到了日本,创建了仁科研究室(Y. Nishina research office),随后,汤川秀树(Hideki Yukawa)、朝永振一郎

---

① 陈丽媛,杨建华,高磊.一流大学学术大师的指标表现及其引育机制研究:基于国际比较的视野[J].上海交通大学(哲学社会科学版),2019,27(03):70-79.
② 杰弗里·雷蒙.吸引国际顶尖人才,除了"硬指标"还有什么?[J].国际人才交流,2019(05):38-41.

(Shinichiro Tomonaga)、坂田昌一(Sakata Shyoichi)均在这里成长成才,成为日本的介子论和基本粒子论的开拓者①,其中汤川秀树、朝永振一郎分别于 1949 年和 1965 年获得诺贝尔物理学奖。朝永振一郎在东京大学任教期间又培养了 2002 年的诺贝尔物理学奖获得者小柴昌俊(Masatoshi Koshiba)和 2008 年的诺贝尔物理学奖获得者南部阳一郎(Yoichiro Nambu),而小柴昌俊又培养了 2015 年的诺贝尔物理学奖获得者梶田隆章(Takaaki Kajita),坂田昌一在名古屋大学任教期间培养了 2008 年的诺贝尔物理学奖获得者益川敏英(Toshihide Maskawa)和小林诚(Makoto Kobayashi)②。

如何充分发挥已引学术大师的磁石效应和培养下一代学术大师的强大作用? 问题的关键在于要提高已引学术大师的"满意度",只有对自身引进过程感到满意,他们才会主动去吸引更多同领域的杰出专家并潜心培育下一代学术大师。然而,如前文所述,尽管影响学术大师满意度的因素是综合的,但有利于其学术发展和使命完成的学术环境对学术大师具有较大的吸引力,甚至可谓是决定性因素③。莱格特(Leggett)曾说过,"对于吸引海外人才来说,科研启动费、住房、医疗等实际的考虑的确重要,但我认为,如果中国想吸引的不仅是像我这样的短期访问外国专家,更是全职成为大学的固定教授,那么就必须提供一个能够给予他们实际支持的学术环境。"④

2. 通过加强国际学术交流与合作营造充满活力的组织文化有利于学术大师的引育

南洋理工大学电子电气工程学科的案例表明,多元化的教师队伍和广泛的学术交流与合作共同促使电子电气工程学科形成了充满活力的组织文化,提升了教师的水平,培育和吸引了一批学术大师。相关研究也表明,国际学术交流与合作对学者的成长具有重要意义,如诺贝尔科学奖获得者中有 91.6% 的科学家在三个职业阶段辗转多个机构,仅有 8.4% 的科学家在三个职业阶段任职于同一所机构,并且这些人不乏在外科研兼职的经历,具有极高的流动性。⑤ 学者们的

① [日] 杉木勋.日本科学史[M].北京:商务印书馆,1999:416-417.
② 陈丽媛、杨建华,高磊.一流大学学术大师的指标表现及其引育机制研究:基于国际比较的视野[J].上海交通大学学报(哲学社会科学版),2019,27(03):70-79.
③ 杰弗里·雷蒙.吸引国际顶尖人才,除了"硬指标"还有什么? [J].国际人才交流,2019(05):38-41.
④ 托尼·莱格特.创新要培育自由、宽松的学术环境[J].国际人才交流,2014(06):2.
⑤ 王成军,方明,秦素.基于诺贝尔科学奖的研究型大学原始创新能力提升研究[J].演化与创新经济学评论,2021(01):83-94.

健康流动可以使其能与不同的学者进行学术交流、接触到多元的研究风格和学术环境，进而能够极大地提高科学家的自由精神和创新能力。①

3. 立足学科优势，鼓励教师开展原创研究和追求学科特色有利于学术大师的引育

中南大学矿业工程学科的案例表明，立足学科优势，围绕着一系列国家重大科研项目，结合行业、国家等需求，鼓励教师潜心开展原创性研究和形成了一系列关键技术、新的研究领域和优势学科方向，能够促进学术大师的引进和培育。相关研究也表明，原创研究与学科特色能够促进学术大师的引进和培养。高深的学术水平和创造性的学术贡献是学术大师认定的根本标准②，而开展高层次、原创性的研究是学者们取得标志性学术成就或重大原创性成果的重要途径。学科特色是构成学科核心竞争力的重要组成部分，诸多大学的一流学科都是在优势、特色学科的基础上发展起来的③，当学科形成核心竞争力或成为一流学科后，其在培育和汇聚人才方面将呈现出较大的优势。如以诺贝尔自然科学奖为例，获奖者获奖前所接受的高等教育，以及从事获奖工作时所任教的大学，均高度集中于世界一流大学，世界一流大学是培养诺贝尔奖获得者的苗圃，也是成就诺贝尔奖获得者的摇篮。④

第三节　理工类世界一流学科开展重大原创性研究的案例分析及讨论

一、理工类世界一流学科开展重大原创性研究的案例分析

1. 南洋理工大学电子电气工程学科：加强多方合作，成立联合科研平台

南洋理工大学电子电气工程学科积极加强与政府、企业、高校等机构的合作，共建了 8 个联合研究中心，这些联合研究中心主要以服务国家战略需求、解决实际问题、瞄准未来科创前沿为宗旨，如由南洋理工大学和新加坡经济发展局（Singapore Economic Development Board，简称 EDB）共同资助的集成电路与系

---

①　杨庆茂.美国研究型大学的教师流动研究[D].重庆：西南大学,2011.
②　姜凡,刘莉.我国一流学科学术大师指数设计及其表现分析——以理工科为例[J].教育发展研究,2023,43(21)：14-22.
③　夏铭远,李萍,郑旭.以学科特色构建高校办学特色探析[J].高等农业教育,2009(05)：39-41.
④　陈其荣.诺贝尔自然科学奖与世界一流大学[J].上海大学学报(社会科学版),2010,17(06)：17-38.

统中心(Centre for Integrated Circuits and Systems,简称 CICS),自成立以来,与新加坡领先的集成电路(integratedcircuit,简称 IC)设计公司和世界各地的大学密切合作,且得到了业界的大力支持。CICS 的目标是在领先的研究和教育环境中为高效集成电路和系统的设计提供良好的基础,以支持新加坡电子行业日益增长的需求,同时培养新加坡工程师的创新、创业精神,最终对新加坡未来经济的增长作出重大贡献①。电磁效应研究实验室(Electromagnetic Effects Research Laboratory,简称 EMERL)是由南洋理工大学与新加坡国防科学组织(Defense Science Organization,简称 DSO)国际实验室于 2007 年联合成立的,EMERL 以为电磁兼容性(Electromagnetic Compatibility,简称 EMC)的研究和教育提供支持为使命,以开发和培养当今和未来解决 EMC 问题所需的知识和人才为目标。EMC 技术有助于改善自动驾驶汽车、智能城市等新技术的硬件设计,以此对社会产生深远的影响,保障国家安全②。

同时,该校电子电气工程学科运营着 5 个企业联合实验室,以进行合作研究,且这些研究主要以推动创新前沿为宗旨。这些合作研究中的成功案例之一是电子电气工程学科通过卫星计划不断推动着空间创新能力的提升,自 2011 年以来,已经发射了 9 颗本地设计和制造的卫星。这 5 个企业联合实验室还开发了一系列极具价值的知识产权,产生了显著的经济和其他效益③。目前这些联合研究中心和实验室中的 10 个研究中心或实验室已成为电子电气工程学科的十大核心优势,并以此形成了一系列富有竞争力的研究领域,极大地提高了电子电气工程学科的竞争力,以及服务国家战略需求、解决实际问题、科技创新的能力④。

2. 南京大学大气科学学科:基于深度合作基础,共建国际合作联合实验室⑤

南京大学大气科学学科通过立足学科优势,秉承"强强联合"的理念,在长期开展实质性合作的基础上,与赫尔辛基大学共建"南京大学—赫尔辛基大学大气

---

① School of Electrical and Electronic Engineering. Centre for Integrated Circuits and Systems[EB/OL]. [2022 - 02 - 20]. https://www.ntu.edu.sg/cics/home.
② School of Electrical and Electronic Engineering. Electromagnetic Effects Research Laboratory[EB/OL]. [2022 - 02 - 20]. https://wcms-prod-admin.ntu.edu.sg/emerl/home.
③ School of Electrical and Electronic Engineering. Research[EB/OL]. [2022 - 02 - 21]. https://www.ntu.edu.sg/eee.
④ School of Electrical and Electronic Engineering. Research-areas[EB/OL].[2022 - 02 - 22]. https://www.ntu.edu.sg/eee/research/research-areas/core-strengths-and-strong-competitive-research-areas.
⑤ 该案例该部分所有资料均来源于南京大学大气科学学科内部资料,并得到授权使用。

与地球系统科学国际合作联合实验室",并开展原创研究。尽管该国际合作联合实验室正式成立于 2015 年,但其培育初期可追溯至 2010 年。2010 年初,南京大学校长助理和大气科学学院院长带领相关学科主要学术骨干组成代表团前往赫尔辛基大学访问,双方就合作建设超级站达成详细合作意向并签订合作备忘录;2010—2015 年期间,双方以合作共建地球系统观测基地为契机,切实开展了实质性的合作,在人才培养、科学研究等方面取得了一系列的成果;基于长达 5 年的实质性合作基础,2015 年双方决定深化现有合作,共建国际合作联合实验室。

在国际合作联合实验室建设期间,南京大学大气科学学科积极推动人才引进与内部培养、数据与成果共享、学术交流等制度的建设。通过完善人才引进与内部培养等制度,国际合作联合实验室汇聚了一批战略科学家、领军人才和青年拔尖人才,建立起了一支国际化的学术队伍,为国际合作联合实验室开展前沿、交叉性研究提供了重要的队伍保障。国际合作联合实验室还建立了良好的访问学者制度,吸引了超过 100 人次的本领域国际知名专家前来大气科学学科访问,并开展合作研究,这为大气科学学科原始科研能力的提升提供了重要支撑。同时,大气科学学科不断探索国际合作联合实验室的运行模式,在充分调研和借鉴国际一流研究机构的管理经验和运行模式的基础上,建立起面向创新主体和核心要素的长效运行机制;同时积极汇集各方资源,切实利用各种资源为实现国际合作联合实验室的既定科学目标服务。

此外,在国际合作联合实验室建设期间,南京大学大气科学学科不断加强科研平台建设,如与赫尔辛基大学共建了地球系统区域过程综合观测试验基地 SORPES(Station for Observation Regional Processes of the Earth System),且不断对该基地进行升级,使之由常规空气污染及气象观测站点发展为享誉国际的地球系统综合观测站,并进一步打造了 SORPES 移动观测平台。该学科与国内外十几家单位联合,在 SORPES 的基础上在我国东部沿海地区整合建立了一套三维观测平台,包括高山观测平台、超级移动观测平台(SORPES 移动观测平台)、大载荷飞艇观测平台等,改进了大载荷飞艇监测平台,在我国首次实现了气溶胶精细化学组分和低挥发性超痕量气体的垂直观测,为我国东部复合大气污染的治理提供了一定的科学支撑。

总体而言,在国际合作联合实验室建设期间,南京大学大气科学学科的科研和协同创新能力有了较大的提升：在国家级重大科研项目方面，承担了40余项国家级重大/重要科研项目；在科学计划组织方面，国际合作联合实验室在国际上两个具有重要影响的科学计划组织中发挥着重要作用；在自然指数（Nature Index）发布的地球环境领域科研实力排名中，位列国内高校第一，甚至超过一些国际顶尖研究机构的排名。此外，在国际合作联合实验室的支持下，大气科学学科在传统天气和气候动力学优势的基础上进一步拓展了学科交叉的深度和广度，形成了天气气候与空气污染相互作用以及气候和全球变化影响和应对等交叉和新兴学科，有力拓宽了大气科学学科的内涵，增强了大气学科的科研创新能力。

3. 麻省理工学院材料科学与工程学科：扩充研究领域，推动跨学科研究

工程学科侧重于通过构建工具和形成解决方案来解决现实中的问题，麻省理工学院材料科学与工程学科以通过研究、理解、设计和生产这些工具和方案解决所需的各种材料，并创造出满足人类需求的新材料为宗旨[1]。在研究中，材料科学与工程学科的教师都会率先了解和明确社会的需求，并通过开发新的材料来满足社会的需求[2]。

为了支持和鼓励教师和学生开展原创性研究，以产出更多符合社会需求的新产品，材料科学与工程学科采取了包括重视跨学科研究、给予创新不急于求成（Go Long）的支持态度、开设创新活动和设立创新基金等措施。

重视跨学科研究。麻省理工学院材料科学与工程学科目前已成为世界上材料科学与工程研究最重要的所在地，其认为材料科学与工程的研究既可侧重于一个学科，还可侧重于特定材料或材料类别（如钢或磁性材料），也可侧重于一个主题、一种方法（如计算科学）、一个过程（如焊接），或者是多种材料的共同属性（如腐蚀）。因此，材料科学与工程学科目前正在进行包括生物、计算材料科学、凝聚态物理学等26个领域的研究[3]，广泛的研究领域决定了其具有跨学科的本质属性[4]。的确，材料科学与工程学科的教师主要从事材料项目的跨学科研究，

① Department of Materials Science and Engineering. What Is MSE[EB/OL]. [2022 - 03 - 04]. https://dmse.mit.edu/about/what-is-mse.

② Department of Materials Science and Engineering. Innovation and Entrepreneurship[EB/OL]. [2022 - 03 - 04]. https://dmse.mit.edu/about/entrepreneurship.

③ Department of Materials Science and Engineering. Disciplines[EB/OL]. [2022 - 03 - 05]. https://dmse.mit.edu/research/disciplines.

④ Department of Materials Science and Engineering. Graduate Program[EB/OL]. [2022 - 03 - 05]. https://dmse.mit.edu/graduate.

且这些研究主要是运用基础科学来寻求有益的工程解决方案。在实验室和教室,教师们通过结合不同学科的实验和项目,扩充和完善知识,取得了几乎对社会各个方面都产生了积极影响的发现和创新①。

给予创新"Go Long"的支持态度。材料科学与工程学科采用"Go Long"的态度来鼓励和支持创新。材料科学与工程学科清晰地认识到,与数字公司相比,与材料科学与工程相关的初创公司通常需要更多的资本投资和更长的开发周期。世界上的重大创新不仅会在几年内产生价值,而且会在几十年内产生价值,因此,多年来,材料科学与工程学科一直通过"Go Long"的态度来接受这一客观事实。在"Go Long"的创新支持态度下,材料科学与工程学科产生的影响正在日益增长,其教师的专利授予数和毕业生的企业盈利记录则能够很好地反映出其在创新方面所取得的成就②。

开设创新活动和设立创新基金。为了鼓励和支持创新,材料科学与工程学科为其教师、学生和工作人员提供了大量的创新活动、创新基金和创新计划,如疯狂工程师(MADMEC)、沙盒(Sandbox)等创新计划和创新基金③。材料科学与工程学科的教师、学生、工作人员均具有参加创新竞赛活动和获得创新基金资助的机会。在各种创新活动和创新基金的支持下,材料科学与工程学科的学生会被邀请参加系里和整个研究所的设计和创新竞赛,也可以申请创新奖学金和其他资金,以便把他们的想法变成现实;材料科学与工程学科的教师已成为麻省理工学院所有院系中教师人均专利和创业公司最多的系④。

二、理工类世界一流学科开展重大原创性研究的讨论

1. 加强科研平台建设有利于推动重大原创性研究的开展

南洋理工大学电子电气工程学科、南京大学大气科学学科的案例表明,与政府、企业、世界一流大学等共建联合科研平台能够推动重大原创性研究的开

---

① Department of Materials Science and Engineering. About DMSE[EB/OL]. [2022 - 03 - 06]. https://dmse.mit.edu/about.

② Department of Materials Science and Engineering. Innovation and Entrepreneurship[EB/OL]. [2022 - 03 - 06]. https://dmse.mit.edu/about/entrepreneurship.

③ Department of Materials Science and Engineering. Innovation and Entrepreneurship[EB/OL]. [2022 - 03 - 06]. https://dmse.mit.edu/about/entrepreneurship.

④ Department of Materials Science and Engineering. Innovation and Entrepreneurship[EB/OL]. [2022 - 03 - 07]. https://dmse.mit.edu/about/entrepreneurship.

展。相关研究也表明,科研平台是高校进行高水平科学研究的重要支撑[1],是高校科研创新的重要组成部分和重要源头[2],是实现原创研究、重大技术突破的物质条件之一[3][4]。在一定程度上,重大原创性研究的开展和重大原创性成果的突破离不开卓越的科研平台。以美国劳伦斯伯克利国家实验室(Lawrence Berkeley National Laboratory,简称 LBNL)为例,该实验室拥有享誉全球的先进光源、国家电子显微中心等科研平台。正是这些平台为实验室原创研究的开展奠定了强大的基础,使之前不可能进行的研究成为可能,进而产生了一系列重大原创性成果[5],如先进光源(Advanced Light Source)是世界上最亮的紫外线和软 x 射线光源之一,可供化学学科研究人员用以破译生物分子的折叠[6]。同时,这些平台也为实验室培育和汇聚了一批世界级科学家,进一步促进了原创研究的开展和原创性成果的突破。卓越的科学研究、无与伦比的成就、世界级科学家一直是该实验室的标志,自 1931 年成立以来,14 个诺贝尔化学奖与该实验室有关,实验室的 15 名科学家获得了国家科学奖章、80 名科学家成为国家科学院成员[7]。

2. 加强学科交叉融合,推动跨学科研究有利于原创性成果的突破

麻省理工学院材料科学与工程学科、南京大学大气科学学科的案例表明,加强学科间的交叉融合和跨学科研究,能够提升学科开展重大原创性研究和取得重大原创性成果的能力。如南京大学大气科学学科在国际合作联合实验室的支持下,在传统天气和气候动力学优势的基础上进一步拓展了学科交叉的深度和广度,形成了天气气候与空气污染相互作用以及气候和全球变化影响和应对等交叉和新兴学科,有力拓宽了大气科学学科的内涵,增强了大气学科的科研创新能力。相关研究也表明,原始创新与科学研究的跨学科性有着密切的关系[8],当

① 金立波,黄海,尹海燕,等.高等院校科研平台承载作用的研究[J].科技管理研究,2014,34(08):112-116.
② 沈满,张一凡.加强高校科研平台建设的探索与实践[J].中国电力教育,2014(08):8-9.
③ 赵林萍.科技创新平台建设现状、存在的问题及发展规划[J].农业科研经济管理,2010(02):2-6.
④ 陈彪,严嘉,胡波.科研平台在学科建设中的作用——基于某高校全国一级学科评估的数据[J].中国高校科技,2017(12):4-7.
⑤ 周勇义,凌辉,张黎伟.劳伦斯伯克利实验室科研平台的启示[J].实验室研究与探索,2013,32(07):139-143.
⑥ College of Chemistry. The College[EB/OL]. [2022-02-15]. https://chemistry.berkeley.edu/about.
⑦ College of Chemistry. Lawrence Berkeley National Laboratory[EB/OL]. [2022-02-15]. https://www.lbl.gov/about/.
⑧ 黄淑芳.基于跨学科合作的团队异质性与高校原始性创新绩效的关系研究[D].浙江大学,2016:162.

代许多重大科学成就的取得往往来自交叉和边缘学科[①],学科交叉融合越来越成为科学研究取得新突破的主要途径[②]。曾有学者指出,20世纪获奖者中,有知识交叉背景的大约占总人数的1/3～1/2,有知识交叉背景的获奖者比例在20世纪最后一个25年(49.07％)较第一个25年(29.73％)提高了近两成[③]。

第四节 理工类世界一流学科培养拔尖创新人才的案例分析及讨论

一、理工类世界一流学科拔尖创新人才培养的案例分析

1. 麻省理工学院材料科学与工程学科:重视科研训练,关注学习体验

在本科教育中,麻省理工学院材料科学与工程学科始终坚持将深造作为本科生的主要培养目标。为此,材料科学与工程学科一直采用厚基础、宽专业的大类人才培养模式对本科生进行培养,让本科生主修材料科学与工程学科的基础知识课程,而较少地学习材料科学与工程学科的专业课程,把专业课程的学习"延后"至研究生阶段。这种在本科生阶段加强基础知识课程教育,专业方向基础知识教育"延后"至研究生阶段的培养方式,可能是材料科学与工程学科能够长期在美国名列前茅的原因之一[④]。同时,以深造为主的本科生培养目标,使得材料科学与工程学科十分注重本科生的科研训练,致力于为本科生提供一系列研究性讲座和研究机会项目(The Undergraduate Research Opportunities Program,简称UROP)。具体而言,材料科学与工程学科每年都会邀请全球顶尖学者为学生们开设研究性讲座或学术报告会,如为本科生开设了沃尔夫讲座(The Wulff Lecture),该讲座旨在教育、启发、鼓舞本科生从事一些与材料科学与工程领域及其相关领域的研究[⑤]。此外,麻省理工学院本科生指导和学术规

---

① 陈敬.原始创新力:从学科交叉到学科会聚[J].中国高校科技与产业化(学术版).2006,(S1):10-12.
② Li J H. Exploring the logic and landscape of the knowledge system: Multilevel structures, each multiscaled with complexity at the mesoscale[J]. Engineering, 2016, 2(03): 276-285.
③ 郝凤霞,张春美.原创性思维的源泉——百年诺贝尔奖获奖者知识交叉背景研究[J].自然辩证法研究,2001,17(09): 55-59.
④ 钟世云.麻省理工学院材料科学与工程专业本科培养计划的分析[J].中国大学教学,2013(03): 89-95.
⑤ Department of Materials Science and Engineering. Opportunities[EB/OL]. [2022-03-07]. https://dmse.mit.edu/undergraduate/prospective/opportunities.

划办公室(the Office of Undergraduate Advising and Academic Programming)专门下设UROP办公室,具体负责各个院系本科生的UROP相关事务。在UROP办公室的鼓励和支持下,材料科学与工程学科的本科生与教师开展了广泛的合作研究,每一位本科生都被欢迎参与到研究活动的每一个阶段,包括研究计划、研究协议的撰写、研究项目的执行、研究数据的分析以及研究结果的展示。若本科生需要资金支持,UROP办公室将会给予资助①。

在研究生教育中,材料科学与工程学科十分关注研究生的学习体验、情感和心理健康。在谈论当代研究生教育所面临的挑战时,麻省理工学院清晰地认识到当代研究生教育所面临的挑战正在发生着变化,研究生的学习体验、情感和心理健康已成为当代研究生教育所面临的重要问题。因此,学院开展了一系列旨在关注研究生的学习体验、情感和心理健康的计划,如脑手心(Mind—Hand—Heart)、致力关怀(Committed to Caring,简称C2C)等计划。以C2C计划为例,该计划指出,导师及其指导质量直接影响着研究生的学习体验,积极有效的导师指导能够给予学生良好的研究支持和健康的心理。C2C计划旨在对在实验室或教室中建立起包容性文化、重视学生的心理和情感健康、积极支持学生学术追求的教授进行奖励和表彰。材料科学与工程学科的图勒(Tuller)、卡茨(Katz)等教授曾为C2C计划奖项的获奖者②③。总体而言,材料科学与工程学科作为麻省理工学院的优势学科,积极执行麻省理工学院所颁布的有关优化研究生教育的各类学习体验、情感和心理健康计划。

此外,材料科学与工程学科非常重视"基础、交叉、实践"课程在研究生教育中的积极作用。材料科学与工程学科为研究生设置了多门基础理论课程,这些课程具有较强的理论性和深度,有助于研究生在本科阶段学习的基础上,进一步了解和掌握材料科学与工程学科的基础知识,为后续的科学研究奠定良好的基础。其次,材料科学与工程学科为研究生设置了大量具有学科交叉

---

① Department of Materials Science and Engineering. Undergraduate Research Opportunities(UROP) in Materials science and Engineering[EB/OL]. [2022 - 03 - 07]. https://dmse.mit.edu/undergraduate/research.

② Department of Materials Science and Engineering. Celebrating great mentorship for graduate students [EB/OL].[2022 - 03 - 11]. https://news.mit.edu/2018/celebrating-great-mentorship-for-graduate-students - 0424.

③ Department of Materials Science and Engineering. Committed to Caring[EB/OL]. [2022 - 03 - 11]. https://oge.mit.edu/community/committed-to-caring-c2c/.

性质的课程,以促使研究生通过交叉课程的学习,培养自身跨学科学习和研究的能力。此外,材料科学与工程学科十分重视实践教学,为研究生开设了多门实验、实践性课程,并尽可能地为学生提供各种实践机会,以此提升研究生的创新实践能力①。

2. 伯克利化学学科:重视基础知识教育,注重科研训练

在本科教育中,伯克利化学学科十分注重培养本科生的基础知识、专业技能和研究能力。伯克利化学学科要求每一位本科生都必须完成化学学科基础课程、化学学科专业课程或者是化学相关领域的专业课程的学习。事实上,伯克利化学学科一直以来都非常重视学生的基础知识学习,早在刘易斯担任化学学院院长时,就要求化学学科的所有教师都要参加化学基础课程的教学和建设,以帮助本科生打好基础。另外,由于美国化学学会(American Chemical Society,简称 ACS)学位认证十分重视学生的实验经历和专业技能,因此,在传统课程之外,伯克利化学学科为本科生提供了一系列研究性课程或活动,为他们开展或参与研究性项目提供了基础。同时,化学学科还规定每学期必须为所有本科生提供至少 1 次的学术指导,学术指导老师需与学生讨论他们的学术兴趣、指导研究项目的开展等。因此,化学学科的本科生在毕业之际都会掌握和拥有化学学科相关基础知识、专业技能、研究技能和专业认同感②。

在研究生教育中,伯克利化学学科以培养研究生独立开展创新性科学研究的能力为主要培养目标。为了培养学生独立开展创新性科学研究的能力以及营造独立开展创新性研究的氛围,化学学科采取了一系列的措施,如定期开展研讨会、开展学术资格考试、降低对正式课程的要求、根据学生的研究领域为其制定专门的课程等。具体而言,由于化学学科的教师人数较多且研究领域极具多样化,化学学科每周都会定期举办几个不同主题的研讨会,这些多样化且高频次的研讨能够使研究生接触和了解到化学领域的研究前沿。除了定期开展丰富的研讨会外,化学学科也为研究生提供了学术报告会,以提高学生独立开展创新性研究的能力。此外,化学学科要求每一位研究生都必须参加学术资格考试,学术资格考试主要围绕研究生的研究兴趣和具体的研究项目展开,考核通过后,研究生

---

① 李宇杰、刘双科,王珲等."双一流"建设背景下科学构建研究生课程体系的思考——基于麻省理工学院材料学科的对比研究[J].高等教育研究学报,2018,41(04): 62 - 70.
② College of Chemistry. Chemistry & Chemical Biology Undergraduate Student Learning Goals[EB/OI]. [2022 - 02 - 17]. https://chemistry.berkeley.edu/ugrad/usli/chem.

需要完成一篇具有原创性的、学术贡献的学术论文①。

3. 南京大学大气科学学科：加强科研训练，完善联合培养制度②

在本科教育中，南京大学大气科学学科坚持"拓宽基础、强化实践、注重创新、开阔视野"的人才培养理念。为了培养本科生的科研素养和创新能力，大气科学学科为本科生提供了一系列科研训练计划。同时，大气科学学科充分利用与赫尔辛基大学共建的国际合作联合实验在聚集国际高端人才方面的优势，积极邀请国际知名学者为学生们开展讲习班和学术讲座，如举办 10 余次暑期和秋季学校以及专题讲习班、举办了 150 余次学术讲座。同时，大气科学学科对本科生实施了大类培养，本科一年级时，学生在"数理科学类"和"地球科学与资源环境类"两个学科大类中接受通识教育；本科二年级开始，学生通过分流进入大气科学学科学习，以此拓宽学生的基础。此外，大气科学学科高度重视本科生的实践教学，建设了以"实验课程、野外科考实习、校内教研基地实习和校外产学研基地实习"为核心的实践教学体系，以及多个实践教学支撑平台。总之，在本科教育中，大学科学学科在本科生培养中始终坚持"拓宽基础、强化实践、注重创新、开阔视野"的理念。

在研究生教育中，在国际合作联合实验室的支持下，南京大学大气科学学科建立了研究生培养中外联合导师制度。中外导师围绕国际合作联合实验室的主要研究方向，选取双方共同感兴趣的科学问题，招收研究生，并通过定期的电话会议和中外双方研讨会等机会，共同指导研究生。同时，通过科研项目、国家留学基金委和江苏省气候变化协同中心资助等方式支持研究生到外方导师处进行几个月到两年不等的交流访问。此外，大气科学学科积极与国外高校建立了长期的研究生联合培养项目，包括双学位项目等，完善了研究生联合培养机制，如与英国利兹大学签订了博士生培养的双学位项目协议，在大气科学、环境、地质等领域设立博士生双学位项目。总体而言，多渠道的研究生联合培养措施的实施，促进了研究生学习体验的提升，进而提高了研究生的培养质量，如多位博士研究生的博士论文获得校级或者省部级优秀论文称号，多位学生在国际学术会议上获得了学术界的认可等。

---

① College of Chemistry. About the Chemistry Ph. D. Program［EB/OL］. ［2022 - 02 - 17］. https://chemistry.berkeley.edu/grad/chem/about.

② 该案例该部分所有资料均来源于南京大学大气科学学科内部资料，并得到授权使用。

二、理工类世界一流学科培养拔尖创新人才的讨论

1. 加强本科生科研训练有利于拔尖创新人才的培养

伯克利化学学科、麻省理工学院材料科学与工程学科、南京大学大气学科的案例表明,加强本科生的科研训练,能够培养本科生的创新思维和创新能力,促进拔尖创新人才的培养。相关研究也表明,加强本科生科研训练有利于拔尖创新人才的培养。自 1990 年以来,美国研究型大学支持本科生参与科学研究的项目越来越多①,几乎所有的研究型大学都为本科生提供了参加科研和创新活动的机会。据统计,有 21% 的研究型大学建立了"强有力"的本科生科研计划指导中心,有 38% 的研究型大学建立了"松散的指导中心",还有 33% 的研究型大学在院系层次建立了指导中心②。如加州大学伯克利分校于 1997 年专门成立办公室,以组织本科生开展科学研究并为之提供服务,其为本科生设立了"本科生科研学徒计划"(The Undergraduate Research Apprentice Program,简称 URAP)、"赫斯学者计划"(Hearst Scholars Program,简称 HSP)、"校长本科生研究奖学金"(President's Undergraduate Fellowship,简称 PUF)等科研计划③。

2. 重视研究生的学习体验有利于拔尖创新人才的培养

麻省理工学院材料科学与工程学科的案例表明,提升学生的学习体验能够提升人才培养质量,促进拔尖创新人才的培养。麻省理工学院材料科学与工程学科敏锐地认识到研究生的学习体验、情感和心理健康已成为当代研究生教育所面临的重要问题,因此,在研究生教育中十分注重研究生的学习体验,实施了一系列旨在关注学生学习体验、情感和心理健康的计划。同时,材料科学与工程学科指出,导师及其指导质量直接影响着研究生的学习体验,积极有效的导师指导能够为学生提供良好的研究指导和健康的心理,并以此开展了一系列旨在提高导师指导质量的计划。相关研究也表明,研究生导师的有效指导,能够提升研究生的学习体验进而提升研究生的培养质量。众所周知,不论在国外还是在国内,导师在研究生教育中都发挥着至关重要的作用,在我国,导师更是研究生培

①　刘凡丰.美国研究型大学本科教育改革透视[J].高等教育研究,2003(01):100-104.
②　庄丽君,刘少雪.中美两国研究型大学本科教育改革之比较[J].高等教育研究,2008(06):70-76.
③　刘宝存.美国大学的创新人才培养与本科生科研[J].外国教育研究,2005(12):39-43.

养的第一责任人，肩负着培养高层次创新人才的重要使命[1]。有效的导师指导不仅能够使研究生顺利获取学位，而且对促进其专业发展、增加其就业机会帮助其获得未来职业生涯的成功都具有深远意义[2]。反之，无效的、不良的指导对研究生的发展和研究生的培养质量将会产生巨大的消极意义。

第五节　本章小结

本章主要结合第五章的研究结果，即我国理工类一流学科与理工类世界一流学科国际水平的差距主要表现在国际学术大师不够多、重大原创性成果不足、拔尖创新人才不够多，并选取了加州大学伯克利分校化学学科等 5 个理工类世界一流学科作为案例，对其国际学术大师的引育、重大原创性研究的开展、拔尖创新人才的培养经验进行了分析与讨论，得到如下结果：

优化学术环境和组织文化，以及鼓励教师开展原创研究和追求学科特色对国际学术大师的引进和培育具有重要意义。在国际学术大师引育方面，本书重点对伯克利化学学科、南洋理工大学电子电气工程学科、中南大学矿业工程学科的经验进行了探析并发现，组织文化和学术环境对国际学术大师的引进和培养具有重要意义。如伯克利化学学科主要通过积极满足和兑现刘易斯所提出的与学术环境相关的各项条件，促进了化学学科学术环境的优化，提高了刘易斯的满意度，使得其磁石效应以及培育顶尖学者的作用得以发挥，以此推动了化学学科学术大师的引进和培育。南洋理工大学电子电气工程学科十分注重教师来源的多样化，招聘了来自 21 个国家的全职教师，以及积极寻求全球合作、加强学术交流和合作，进而营造出充满活力的组织文化，提升了教师水平，培育和吸引了一批学术大师。中南大学矿业工程学科立足学科优势，围绕着一系列国家重大科研项目，结合行业、国家等需求，鼓励教师潜心开展原创性研究，形成了一系列关键技术、新的研究领域和优势学科方向，以此培育和吸引了一批高层次人才。

加强科研平台建设和学科交叉融合对原创性研究的开展和重大原创性成果的突破具有重要意义。在重大原创性研究开展方面，本书重点对南洋理工大学

---

[1]　教育部关于加强博士生导师岗位管理的若干意见[EB/OL].[2022 - 03 - 28].http：//www.moe.gov.cn/jyb_xwfb/s271/202009/t20200928_492187.html.

[2]　徐岚.导师指导风格与博士生培养质量之关系研究[J].高等教育研究，2019，40(06)：58 - 66.

电子电气工程学科、麻省理工学院材料科学与工程学科、南京大学大气科学学科的经验进行了探析并发现,加强科研平台建设和学科交叉融合对原创性研究的开展和重大原创性成果的突破具有重要意义。如南洋理工大学电子电气工程学科主要通过与政府、企业、高校等机构的合作,共建了联合研究中心和联合实验室,形成了一系列富有竞争力的研究领域,推动了重大原创性研究的开展和重大原创性成果的突破。麻省理工学院材料科学与工程学科主要通过鼓励教师在不同研究领域开展研究,扩充研究领域,使得材料科学与工程学科具备跨学科的本质属性,推动了重大原创性研究的开展和重大原创性成果的突破。

重视学生科研训练和学习体验对拔尖创新人才的培养具有重要意义。在拔尖创新人才培养方面,本书重点对伯克利化学学科、麻省理工学院材料科学与工程学科、南京大学大气科学学科的经验进行了探析并发现,加强科研训练和重视学习体验对拔尖创新人才的培养具有重要意义。如伯克利化学学科为本科生提供了一系列研究性讲座和研究项目、成立专门负责本科生科研训练的办公室等,以加强本科生的科研训练,促进拔尖创新人才的培养。麻省理工学院材料科学与工程学科十分重视研究生的学习体验,并认识到研究生的学习体验与导师的指导质量密切相关,积极实施了一系列旨在提高教师指导质量的计划,以提高研究生的学习体验和培养质量。

第七章
我国理工类一流学科国际水平提升的对策建议

本章主要结合第五章和第六章的研究结果,针对性地提出我国理工类一流学科国际水平提升的对策,以促进我国理工类一流学科国际水平的提升和世界一流学科的建设。第一节主要从优化学术环境和强化引育并重理念等方面,探讨了国际学术大师引进和培育的对策;第二节主要从加强科研平台建设和学科交叉融合等方面,探讨了重大原创性成果突破的对策;第三节主要从重视学生科研训练和学习体验方面,探讨了拔尖创新人才培养的对策;第四节主要从构建高精尖评价指标体系方面,探讨了世界一流学科建设的对策。

第一节 优化学术环境,强化引育并重

一、加快营造一流的学术环境

在基本生活待遇等硬性条件得到保障的前提下,学术环境在学术大师的引进过程中发挥着至关重要的作用。伯克利化学学科案例分析的结果显示,学科所拥有的"硬环境"和"软环境"影响着学术大师的满意度。"硬环境"即教职工数量和质量、教学设施和研究设备等,与"硬环境"相比,"软环境"可谓是学科学术环境的"内核"。一流的"软环境"应当能够使学者自由地开展学术研究(即学术自由),使学者感受到学术公平。具体而言,在学术自由方面,要保障学术大师免受经济、制度(如科研经费、科研评价)等约束,能够真正潜心开展其所感兴趣的科学研究。2006年诺贝尔化学奖得主拿科恩伯格曾说,在终身聘用制的保护

下,"他可以 10 年潜心在自己的领域内钻研,没有任何压力迫使他出成果"①。在学术公平方面,要加快完善人才和科研项目评审回避、学术资源分配、评价主体责任追究和奖惩等制度,以保障学术资源不为少数人或机构所主导。如科研项目的评审应有明确、严格的利益回避和冲突细则,要尽可能地保证决策过程的透明化,强化落实评审者的"连带"责任。

二、强化引育并重的基本理念

当前我国大多数高校在薪资待遇、工作条件、对人才的重视程度等方面,对海外人才和本土人才都有所区分,这种差异化制度导向抑制了本土人才的积极性和创造性。首先,在人才引进过程中要同等对待本土人才,使其得到应有的待遇和回报,激发其积极性和创造性。其次,要避免一味地以外部引进方式作为满足人才需求的唯一手段,在重视人才引进的同时要高度重视对本土人才的培养,尤其是青年本土人才的培养。这主要是因为青年时期是科研人员出成果的关键时期。相关研究表明,日本诺贝尔奖获得者取得获奖成果的平均年龄为 40 岁左右,这与日本对青年科技人才的大力支持有着重要的联系。② 因此,在本土人才及青年人才培养的过程中,要遵循人才的成长规律,系统实施人才培育计划;要建设和完善适合人才成长和发展的制度环境,如人才评价、职称评审制度、非升即走的人事制度;要加快综合型国家科学中心建设,构建创新型人才的承载地,帮助本土人才的成长和发展,激发和提升其创新潜力和能力。最后,要鼓励教师立足学科优势,围绕国家自然科学基金、科技支撑计划等重大研究项目,结合行业、国家等需求,潜心开展深层次、原创性的研究,提高自身学术水平和国际影响力,以及促进关键技术、新的研究领域和优势学科方向的形成,以此促进学术大师的培育和吸引一批海内外高层次人才。

三、加快推进实质性国际学术交流与合作

广泛的国际学术交流与合作有利于学者突破思维定势,激发学者的原始创新能力。在学术交流与合作的过程中,知识、资源得以整合,学者们因此更容易

---

① 张镇强.为什么美国盛产诺贝尔奖得主?［J］.科学决策月刊,2006(12):60.
② 苏帆,龙云凤,陈杰.日本诺贝尔科学奖多产原因及对中国高层次科技人才队伍建设的启示［J］.特区经济,2021(11):55-58.

接触到所在领域的前沿理论,掌握最新前沿动态,进而有可能取得重大原创性成果的突破。首先,在教师招聘时,要注重教师队伍来源的国际化、多元化,积极拓宽招聘渠道,努力从世界顶尖、一流大学或学科招聘极具发展潜力的教师,以建立起一支国际化、多元化、高水平的师资队伍;其次,与世界一流大学/学科、学术机构、企业等签订战略合作协议,开展实质性交流与合作,将国外优质教育资源与本土教学科研实践有效融合,开展高水平人才联合培养和科学联合攻关。再次,积极加强国际协同创新,牵头或参与组织国际和区域性重大科学计划和科学工程。最后,积极聘任国外著名专家学者担任学科的荣誉/客座教授,并积极发起并举办学术会议,鼓励教师积极参与国际学术会议或在国际学术期刊/组织中任职。以上的措施有助于营造出良好的国际化科研环境和充满活力的组织文化,增强对外籍优秀教师的吸引力,并促进本土优秀人才的成长。

第二节 加强科研平台建设,推动学科交叉融合

一、加快搭建一流科研平台

一流科研平台的建设对我国一流理工科重大原创性成果的产出具有重要作用。南洋理工大学电子电气工程学科、南京大学大气科学学科的发展让我们意识到,要加强多方合作,成立联合科研平台。首先,要立足学科优势,聚焦国家、社会的需求,加快与国内外政府、企业、高校、科研机构等共建联合科研平台,充分利用好国内外政府、企业、高校、科研机构等科研资源,以推动重大原创性研究的开展。事实上,2014 年教育部就印发了《国际合作联合实验室计划》的通知,旨在鼓励我国高校加强与国外高水平大学合作,建立教学科研合作平台,联合推进高水平基础研究和高技术研究,提升高校原始创新能力,加速世界一流学科和世界一流大学建设。① 其次,在联合科研平台共建期间,积极利用现有的平台资源寻求更多的科研合作"伙伴",扩充"科研合作圈",加快推进更多联合科研平台的建设;积极探索联合科研平台的运行模式,促进联合科研平台的顺利运行;积

---

① 教育部.教育部关于印发《国际合作联合实验室计划》的通知[EB/OL].(2014-1-10).http://old.moe.gov.cn/publicfiles/business/htmlfiles/moe/s3338/201401/163183.html.

极推动人才队伍建设,建立良好的访问学者制度;积极完善数据与成果共享、学术交流等制度的建设;积极扩充资源获取渠道,汇聚各方资源,利用各种资源为实现联合科研平台的既定目标服务。

二、加快推动学科交叉交融

推动学科交叉交融,首先要加强顶层设计,创建有利于学科交叉融合的体制机制。一方面,要结合自身办学特色,立足国家重大战略需求和国际学术前沿,做好学科交叉融合顶层设计和规划;另一方面,要创建或完善有利于学科交叉融合的体制机制,在完善人员管理、资源配置、绩效考核、职称晋升、成果认定、奖励激励等制度,激发和释放学科交叉研究的活力和创造力。[①] 其次,加快建设跨学科科研团队。学科交叉融合的关键在于跨学科师资队伍的建设,应打破单一的学科壁垒,加强跨学科科研团队建设,开展跨学科大团队建设。具体包括以下几个方面:第一,根据前沿研究领域组建科研团队、配置研究资源、开展跨学科研究。第二,加快引进海外高层次人才,充分发挥海外高层次人才在跨学科研究、跨学科人才培养等方面的"引导"作用。第三,提升教师跨学科研究能力。教师跨学科研究能力的培养可通过鼓励其在不同的研究方向上开展研究而形成,以扩充其所在学科的研究领域,使学科具备跨学科的属性。

三、加强基础研究

回顾科学技术史学也可以清楚地看到,导致人类社会和经济发生革命性变化的技术创新,越来越多地来自基础科学的重要突破。据统计,现代技术革命的成果约有90%源于基础研究及其他原始创新[②]。因此,加强基础研究,有助于提升原始创新能力。首先,要深化体制机制改革。在遵循基础研究及其人才成长规律的基础上,建立健全基础研究评价机制、管理机制,以及基础研究人才培养机制、人才管理体制、人才评价机制、人才激励机制等体制机制,为基础研究及人才成长营造良好的生态环境,以支持和激励基础研究人才潜心基础研究,产出一批重大原创性成果。其次,加大经费投入。日本在21世纪能获得诸多诺贝尔

---

① 袁广林.综合交叉学科发展的组织建构和制度设计——基于我国大学创建世界一流学科的思考[J].学位与研究生教育,2018(07):1-9.
② 陈敬.原始创新力:从学科交叉到学科会聚[J].中国高校科技与产业化(学术版).2006(S1):10-12.

奖,与其 R ﹠ D(Research and Development)投入重视基础研究息息相关,无论是社会还是大学都非常重视基础研究[①]。与日本相比,虽然 2010 年以来我国增加了基础研究经费投入,且基础研究经费投入总量超过了日本,但基础研究经费投入强度上还远低于日本[②],这对获得诺贝尔奖等重大原创性成果十分不利,因此,要持续加大基础研究经费投入,给予基础研究高度的经费保障。最后,提升基础研究队伍水平。基础研究队伍的水平也是影响原始创新的重要因素。要加快实施创新人才引进计划,营造一流的学术环境,加快引进海外基础研究领域的高层次人才;要加快与国外政府、企业、高校、科研机构等共建一流联合科研平台,为基础研究者开展研究提供载体;提高对基础研究领域学者的资助力度,为其开展基础研究提供持续、稳定的经费支持。

第三节　加强科研训练,重视学习体验

一、加强本科生科研训练

虽然我国本科生科研训练取得了一定的成绩,但其作用与地位还未受到应有的重视,为此,应高度重视本科生科研训练在拔尖创新人才培养和本科生教育中的重要作用和地位,重新审视和扩展本科生科研的内涵,并以本科生科研训练为契机,反思课程教学,从教育观念变革和教学改革入手,促进研究与教学融合,最终推动课程体系的创新和拔尖创新人才培养模式的变革[③]。其次,提高本科生科研训练的覆盖面。本科生科研训练还不是真正意义上的学术研究,很大程度上是一种探究性学习活动,是对课堂知识的深化学习,是本科教育的重要组成部分,应最大限度地面对全体学生,努力让全体学生成为科研训练的受益者[④]。再次,提供多样化的科研训练。可通过开设研究性课程、研讨课,积极邀请国内外著名学者开设研究性讲座和学术报告会,鼓励学生参与教师的科研项目,培养

① 王宝玺.21 世纪日本自然科学诺贝尔奖"井喷"现象成因研究——基于 1970—2005 年日本 R﹠D 投入计量分析[J].科技管理研究,2018(11):252 - 259.
② 张明国.日本学者频获诺贝尔奖的原因析论——基于基础研究的自组织理论分析[J].日本文论,2020(02):1 - 25,198.
③ 俞林伟,施露静,周恩红.我国高校本科生科研训练的发展历程、困境与未来方向[J].高等工程教育研究,2015(02):89 - 93.
④ 魏占详,郭淑媛.研究型大学创新本科生科研训练模式探讨[J].中国农业教育,2016(04):78 - 83.

和提高本科生的科学素养、创新思维和创新能力。最后，应设立专门的组织机构来负责学生科研训练的相关事宜，如为需要研究资金的学生提供资金、鼓励本科生与教师开展合作研究等，以提高学生的参与率。

二、重视学生学习体验

关注学生的学习体验，有利于拔尖创新人才的培养。首先，要开展一系列旨在关注研究生学习体验、情感和心理健康的计划。由于研究生的学习体验、情感和心理健康与导师的指导及指导质量密切相关，因此，这些计划可以以提高导师的指导质量为宗旨而展开，如设立最佳研究生导师指导奖、给予研究生培养质量较高的导师在职称评定、招生数量等方面"特权"等等。其次，要加快完善研究生导师招生、资格认定、评价以及研究生联合培养等制度，以提高研究生导师的指导质量和研究生导师队伍的质量，进而提升研究生的学习体验和培养质量。具体而言，在导师招生制度方面，要严格控制研究生导师的招生数量，可实行总量管理的办法，即从总量上控制研究生导师的招生数量。在导师资格认定制度方面，要严格明确研究生导师的认定标准，并尽量将其量化为一些关键性标准，如学位、学术经历、科研能力、科研经费、指导经历等，以选拔和聘任最优秀的教师担任研究生导师。同时，也要打破资历、职称、年龄等标准，不应限制一些已经进入学术前沿，但资历、职称不够"格"的年轻学者担任研究生导师。在导师评价制度方面，要实行在岗研究生导师阶段性评价制度，具体可从导师个人学术水平、科研支撑条件、研究生培养投入与质量等方面对导师进行阶段性考核。在研究生联合培养机制方面，要借助联合科研平台，建立研究生培养中外联合导师制度，让中方导师和外方导师共同指导研究生；要与世界一流学科签订研究生培养协议，与其建立起长期研究生培养项目，包括双学位项目等，以提高人才培养的质量。

第四节　构建高精尖评价指标体系，
促进世界一流学科建设

一、转变学科评价理念和方式

高精尖评价指标体系的构建需要将学科评价理念从"数量考核"转向"质量

考核"，将学科评价方式从"主导评价"转向"监督评价"。首先，在评价理念上，应加大对学科质量的考核力度，要淡化"数量指标"，突出"质量内涵"，注重实际贡献，要侧重学科重大原创性成果、服务国家重大战略需求、国际学术大师以及拔尖创新人才培养等方面的评价，并选取顶尖、高端指标对之进行评价。其次，在评价方式上，行政部门应充分发挥监督功能，减少直接参与评价的行为。学科是大学最基层的学术组织，本学科专业人士对学科各方面把握的准确性远大于专业外人士。因此，在涉及学科重大事务时，必须充分发挥学科专业人士的专业性。同时，要着力加强与评价配套的责任机制、奖惩机制、制约机制和信息化平台机制，充分发挥政府在评价中宏观管理的监督和保障作用①。唯有此，才能从根本上推动高精尖评价指标体系的构建，促进我国理工类一流学科迈入世界一流学科行列。

二、建立容错机制和延长评价周期

高精尖评价指标体系的构建需要离不开容错机制和延长评价周期。高精尖评价指标体系意味着该评价指标体系所选取的评价指标均为能够衡量世界一流学科水平的顶尖、高端指标，这些指标重在考察学科所获得的重大原创性成果、所培养的学术大师和拔尖创新人才等，而重大原创性成果的突破、学术大师和拔尖创新人才培养并非一朝一夕，且存在较高的风险和不确定性，因此，只有建立容错机制和延长评价周期，才能解除学者因科研失败而承担后果的担忧；才能鼓励更多的学者不畏艰险、勇攀科学高峰，潜心开展深层次、原创性研究，从而促进我国理工类一流学科产生重大原创性成果、拥有一批学术大师和拔尖创新人才。

三、持续推动高精尖评价指标的研究工作

高精尖评价指标体系的构建需要政府等积极持续推动高精尖评价指标的研究工作。高精尖评价指标体系的构建最终离不开具体的高精尖评价指标，然而目前可用于理工类一流学科国际水平评价的高精尖评价指标仍然较少，探索高精尖评价指标仍然任重而道远。尽管高精尖评价指标的探索工作应主要应由学

---

① 白强.大学科研评价旨意：悖离与回归[J].大学教育科学，2018(06)：67-73.

界完成,但政府、高校等可通过设置专门的科研项目,加大推进高精尖评价指标
体系的研究工作。此外,随着我国理工类一流学科的建设水平不断提高,所构建
的高精尖评价指标体系也要不断适应我国理工类一流学科在新阶段、新时代的
需要,引导我国理工类一流学科的不断发展。

第五节　本章小结

本章结合第五章所探讨的我国理工类一流学科国际学术大师、重大原创性
成果、拔尖创新人才不够多的原因,以及第六章所探讨的案例学科在国际学术大
师引育、重大原创性研究开展、拔尖创新人才培养方面的经验,针对性地提出了
我国理工类一流学科国际水平提升的对策。

在优化学术环境,强化引育并重方面,既要加快营造一流的学术环境,不断
完善"学术硬环境"和"学术软环境",尤其要加快营造"自由、公平"的"学术软环
境",也要高度重视对本土人才的培养,尤其是青年本土人才的培养。要同等对
待本土人才,鼓励教师潜心开展深层次、原创性的研究。此外,要加快推进实质
性国际学术交流与合作,注重教师队伍来源的国际化、多元化,加强与世界一流
大学/学科、学术机构、企业合作等。

在加强科研平台的建设、学科交叉融合方面,要加快与国内外政府、企业、
高校、科研机构等共建联合科研平台,积极探索联合科研平台的运行模式;积
极推动人才队伍建设、学术交流等制度的建设;积极扩充资源获取渠道,汇聚
各方资源;要加强顶层设计,创建有利于学科交叉融合的体制机制;要加快跨
学科科研团队的建设;要深化体制机制改革,加大经费投入,提升基础研究队
伍水平。

在加强科研训练,重视学习体验方面,要正确认识本科生科研训练的作用与
地位;提高本科生科研训练的覆盖面;提供多样化的科研训练等。此外,要开展
一系列旨在关注研究生学习体验的计划,且鉴于研究生的学习体验与导师的指
导质量密切相关,这些计划可以以提高导师的指导质量为宗旨而展开;要加快完
善研究生导师的招生、资格认定、评价以及研究生联合培养等制度,以提高研究
生导师的指导质量和研究生的培养质量。

在构建高精尖评价指标体系,促进世界一流学科的建设方面,需要政府等转

变学科管理理念,把学科管理理念从"数量考核"转向"质量考核",加大对学科质量的考核力度;转变学科管理方式,把管理方式从"主导评价"转向"监督评价";推动容错机制的建立和延长评价周期,通过设置专门的科研项目积极持续推动高精尖评价指标的研究工作。

第八章
研究结论与展望

第一节　研究的主要结论

研究我国理工类一流学科国际水平的评价及提升问题具有重要的理论价值和现实意义。本书采用访谈法、比较分析法、案例分析法等方法,构建了理工类一流学科国际水平高精尖评价指标体系,并搜集相关数据,定量比较了我国理工类一流学科和理工类世界一流学科的国际水平,而后基于一百多名理学类学科专家的调研结果和相关文献对定量比较的结果进行了分析;在结合定量比较的结果及其分析结果的基础上,针对性地选取了 5 个理工类世界一流学科进行案例分析;最后提出了我国理工科一流学科国际水平提升的对策建议。本书的主要结论如下:

第一,我国理工类一流学科国际水平的评价需要高精尖评价指标体系。结合世界一流学科的内涵、"双一流"建设相关政策文件等,本书认为,鉴于我国一流学科的建设目标是建成世界一流学科,因此,对我国理工类一流学科国际水平的评价应以"世界一流"为评价标准,甄选能够衡量世界一流学科水平的顶尖、高端指标对之进行评价,所构建的评价指标体系应能够引导我国理工类一流学科加快建成世界一流学科。

第二,我国理学类一流学科国际水平的总体表现与理学类世界一流学科存在明显的差距,我国工学类一流学科国际水平的总体表现与工学类世界一流学科的差距不大。本书运用所构建的理工类一流学科国际水平高精尖评价指标体系,并搜集相关数据,对我国理工类一流学科和理工类世界一流学科的国际水平展开了定量比较。定量比较结果显示,在国际水平整体得分上,我国理学类一流学科与理学类世界一流学科存在明显的差距；我国工学类一流学科与工学类世界一流学科的差距不大。

第三，在国际学术大师、重大原创性成果和拔尖创新人才方面，我国理工类一流学科与理工类世界一流学科存在明显的差距。定量比较结果显示，尽管从国际水平整体得分来看，我国工学类一流学科国际水平的总体表现已与工学类世界一流学科的差距不大，但从高精尖评价指标的得分来看，其在国际学术大师、重大原创性成果等方面仍与工学类世界一流学科存在明显的差距。同样，从高精尖评价指标的得分来看，我国理学类一流学科在国际学术大师、重大原创性成果等方面与理学类世界一流学科的差距更为明显。同时，基于对一百多名理工类学科专家调研结果和相关文献的梳理与分析也发现，我国理工类一流学科与理工类世界一流学科国际水平的差距主要表现在国际学术大师、重大原创性成果和拔尖创新人才等方面。

第四，在国际学术大师、重大原创性成果、拔尖创新人才方面的差距主要是由以论文、项目为导向的"短平快"式的评价体系和不够"自由、公平"的学术环境等因素造成的。基于一百多名理工类学科专家调研结果和相关文献的梳理与分析发现，以论文、项目为导向的"短平快"式的学科、人才、项目等评价体系影响了我国理工类一流学科国际学术大师的引育、重大原创性成果的产出、拔尖创新人才的培养。此外，学术环境不够"自由、公平"、一流科研平台和学科交叉融合不足、拔尖创新人才培养制度不完善等因素分别影响着我国理工类一流学科国际学术大师的引育、重大原创性成果的产出、拔尖创新人才的培养。

第五，我国理工类一流学科国际水平提升的关键在于国际学术大师的引育、重大原创性成果的突破、拔尖创新人才的培养。定量比较结果、理工类学科专家调研结果以及相关文献均表明，我国理工类一流学科拥有的国际学术大师、取得的重大原创性成果、培养的拔尖创新人才仍不够多。因此，未来应侧重鼓励和引导我国理工类一流学科在重大原创性成果、国际学术大师、拔尖创新人才方面取得突破。

第二节　研究的创新性

本书的创新性主要体现在：

第一，构建了理工类一流学科国际水平高精尖评价指标体系。众所周知，指标上的"一流"并不代表学科已成为真正意义上的世界一流学科，但警惕指标上的"一流"并非是警惕一流指标。若选取能够衡量世界一流学科水平的顶尖、高端指标对我国一流学科的国际水平进行评价，则无疑对其建成世界一流学科具有重要的积极意义。然而，当前学界对一流学科或理工类一流学科国际水平高精尖评价指标体系展开系统、全面的研究还甚少。同时，尽管第三方评价机构对世界范围内的理工类一流学科的水平进行了排名，但对其排名指标体系进行分析发现，其排名指标体系中部分指标是能够衡量世界一流学科水平的顶尖、高端指标，而部分指标是难以衡量世界一流学科水平的面上指标。显然，这样的排名指标体系是难以引领我国理工类一流学科迈向世界一流的。本书在对相关文献分析与借鉴，以及对十名学科评价专家和一百多名理工类学科专家调研的基础上，秉承"遵循世界一流标准，甄选顶尖、高端指标"和"聚焦世界一流目标，促进世界一流学科建设"的理念，构建了理工类一流学科国际水平高精尖评价指标体系。该体系所选取的评价指标均是能够衡量世界一流学科水平的顶尖、高端指标，是学界少有的理工类一流学科国际水平高精尖评价指标体系。

第二，找到了在高精尖评价指标上我国理工类一流学科国际水平与理工类世界一流学科的差距，有利于引领我国理工类一流学科加快建设世界一流学科。尽管少部分学者或第三方评价机构对我国理工类一流学科和理工类世界一流学科的国际水平展开了评价，但事实上都未能衡量出在高精尖指标上，即在能够衡量世界一流学科水平的顶尖、高端指标上，我国理工类一流学科国际水平与理工类世界一流学科的差距。因此，对我国理工类一流学科建设世界一流学科的引领性仍然不够强。本书运用所构建的理工类一流学科国际水平高精尖评价指标体系，定量比较了我国理工类一流学科和理工类世界一流学科的国际水平，找到了在高精尖评价指标上我国理工类一流学科国际水平与理工类世界一流学科的主要差距，明晰了我国理工类一流学科在世界理工科体系中的相对位置，有利于引领我国理工类一流学科加快建成世界一流学科。

第三节　研究的局限性与展望

虽然本书在高精尖评价指标体系的构建和相关数据的搜集上做了大量的努

力,但由于理工类一流学科数量众多、理工类一流学科国际水平评价的复杂性以及能够衡量世界一流学科国际水平的可操作性指标的稀缺性,本书还存在若干的局限性和进一步完善的空间。

第一,理工类一流学科国际水平高精尖评价指标体系的不足及如何完善。首先,虽然本书在对现有文献展开分析以及对学科评价专家和理工类学科专家展开调研的基础上,构建了理工类一流学科国际水平高精尖评价指标体系,但学科制度、学科文化等一些难以用指标衡量却又非常重要的内容仍无法展开评价。其次,限于所选评价指标应具有国际可比性、可操作性、可定量且能代表世界一流学科的水平等要求,在原始创新方面,本书只通过论文相关指标("国际权威学术期刊论文"和"高被引论文被世界一流学科引用的比例")对理工类一流学科国际水平中的原始创新水平展开了评价,在一定程度上科学性仍然不足。尽管高水平的论文是学科原始创新水平的重要体现,但其绝不是学科原始创新水平的全部。最后,随着理工类一流学科国际水平的不断提升,理工类一流学科国际水平高精尖评价指标体系也需要不断"更新",以适应新阶段、新时代的需要。因此,在后续的研究中,可进一步开展对学科制度、学科文化等展开评价的研究;探索可定量、可操作性强的、非论文评价指标以对学科的原始创新水平展开评价;根据理工类一流学科发展的需要和实际,探索针对性的评价指标体系,以进一步提高评价的权威性和可靠性。

第二,学科的覆盖面的不足及如何完善。在我国国务院学位委员会和教育部2018年4月更新的《学位授予和人才培养学科目录(2018年)》中,理学和工学门类下共有53个一级学科,限于时间和精力等因素,本书只选取其中的26个一级学科进行研究,选取的样本学科只占到理学和工学总数的50%左右。因此,在后续的研究中,可继续对理学和工学门类下的其他一级学科进行研究,以全面了解我国理学和工学中各个学科的发展情况。

附录 1
访谈提纲

（1）您认为可以从哪些维度对理工类一流学科的国际水平进行评价？"人才培养、原始创新、经济贡献、学术大师、学科影响力"五个维度用于评价或衡量本学科一流学科国际水平的科学性和合理性如何？

（2）您认为"国际著名校友的培养、博士研究生培养的数量、国际权威学术期刊论文、高被引论文被世界一流学科引用的比例、国际专利转让比例、重大国际学术奖项的获奖人、国际权威学术期刊/组织的负责人、全球高被引科学家、在第三方评价中的影响力"用于评价或衡量本学科一流学科国际水平的科学性和合理性如何？

（3）您认为本学科领域是否有公认的重大国际学术奖项？如果有，请列举若干项并说明理由。

（4）您认为本学科领域是否有公认的国际权威学术期刊？如果有，请列举若干种并说明理由。

（5）您认为本学科领域是否有公认的有影响力的全球性学术组织？如果有，请列举若干个并说明理由。

（6）您认为世界一流学科是否应该有年度授予博士学位数量的最低要求？如果有，多少比较合适？

（7）您认为当前我国理工类一流学科国际水平与理工类世界一流学科国际水平是否还存在差距？若存在，存在哪些主要差距？造成差距的主要原因是什么？

附录 2
世界顶尖学科组样本高校清单

（一）化学学科

California Institute of Technology(加州理工学院)(美国)

ETH Zurich(苏黎世联邦理工学院)(瑞士)

Harvard University(哈佛大学)(美国)

Massachusetts Institute of Technology(麻省理工学院)(美国)

National University of Singapore(新加坡国立大学)(新加坡)

Northwestern University(西北大学)(美国)

Stanford university(斯坦福大学)(美国)

The University of Tokyo(东京大学)(日本)

University of California，Berkeley(加州大学-伯克利)(美国)

University of Cambridge(剑桥大学)(英国)

（二）数学学科

ETH Zurich(苏黎世联邦理工学院)(瑞士)

Harvard University(哈佛大学)(美国)

Imperial College London(帝国理工学院)(英国)

Massachusetts Institute of Technology(麻省理工学院)(美国)

New York University(纽约大学)(美国)

Princeton University(普林斯顿大学)(美国)

Stanford University(斯坦福大学)(美国)

University of California，Los Angeles(加州大学-洛杉矶)(美国)

University of Cambridge(剑桥大学)(英国)

University of Oxford(牛津大学)(英国)

(三) 物理学学科

California Institute of Technology(加州理工学院)(美国)

Harvard University(哈佛大学)(美国)

Massachusetts Institute of Technology(麻省理工学院)(美国)

Princeton University(普林斯顿大学)(美国)

Stanford University(斯坦福大学)(美国)

University of California，Berkeley(加州大学-伯克利)(美国)

University of Cambridge(剑桥大学)(英国)

University of Chicago(芝加哥大学)(美国)

University of Oxford(牛津大学)(英国)

University of Tokyo(东京大学)(日本)

(四) 地球科学学科

California Institute of Technology(加州理工学院)(美国)

Columbia University(哥伦比亚大学)(美国)

ETH Zurich(苏黎世联邦理工学院)(瑞士)

Harvard University(哈佛大学)(美国)

Massachusetts Institute of Technology(麻省理工学院)(美国)

Princeton University(普林斯顿大学)(美国)

University of California，San Diego(加州大学-圣地亚哥)(美国)

University of Cambridge(剑桥大学)(英国)

University of Oxford(牛津大学)(英国)

Utrecht University(华盛顿大学)(美国)

(五) 地理学学科

Durham University(杜伦大学)(英国)

The Australian National University(澳大利亚国立大学)(澳大利亚)

University College London(伦敦大学学院)(英国)

University of British Columbia(英属哥伦比亚大学)(加拿大)

University of Cambridge(剑桥大学)(英国)

University of Exeter(埃克塞特大学)(英国)

University of Manchester(曼彻斯特大学)(英国)

University of Melbourne(墨尔本大学)(澳大利亚)

University of Oxford(牛津大学)(英国)

Utrecht University(乌特勒支大学)(荷兰)

(六) 大气科学学科

California Institute of Technology(加州理工学院)(美国)

Columbia University(哥伦比亚大学)(美国)

ETH Zurich(苏黎世联邦理工学院)(瑞士)

Massachusetts Institute of Technology(麻省理工学院)(美国)

Princeton University(普林斯顿大学)(美国)

University of California，Los Angeles(加州大学-洛杉矶)(美国)

University of California，San Diego(加州大学-圣地亚哥)(美国)

University of Oxford(牛津大学)(英国)

University of Washington-Seattle(华盛顿大学-西雅图)(美国)

Yale University(耶鲁大学)(美国)

(七) 海洋科学学科

Columbia University(哥伦比亚大学)(美国)

Massachusetts Institute of Technology(麻省理工学院)(美国)

Princeton University(普林斯顿大学)(美国)

University of California，San Diego(加州大学-圣地亚哥)(美国)

University of Washington-Seattle(华盛顿大学-西雅图)(美国)

Utrecht University(乌得勒支大学)(荷兰)

(八) 电子电气工程学科

Ecole Polytechnique Federale de Lausanne(洛桑联邦理工学院)(瑞士)

ETH Zurich(苏黎世联邦理工学院)(瑞士)

Georgia Institute of Technology(佐治亚理工学院)(美国)

Harvard University(哈佛大学)(美国)

Massachusetts Institute of Technology(麻省理工学院)(美国)

Nanyang Technological University(南洋理工大学)(新加坡)

National University of Singapore(新加坡国立大学)(新加坡)

Stanford University(斯坦福大学)(美国)

University of California，Berkeley(加州大学-伯克利)(美国)

University of California，Los Angeles(加州大学-洛杉矶)(美国)

(九) 机械工程学科

California Institute of Technology(加州理工学院)(美国)

Harvard University(哈佛大学)(美国)

Imperial College London(帝国理工学院)(英国)

Massachusetts Institute of Technology(麻省理工学院)(美国)

Purdue University(普渡大学)(美国)

Stanford University(斯坦福大学)(美国)

University of California，Berkeley(加州大学-伯克利)(美国)

University of Cambridge(剑桥大学)(英国)

University of Michigan，Ann Arbor(密歇根大学-安娜堡)(美国)

(十) 化学工程与技术学科

California Institute of Technology(加州理工学院)(美国)

ETH Zurich(苏黎世联邦理工学院)(瑞士)

Imperial College London(帝国理工学院)(英国)

Massachusetts Institute of Technology(麻省理工学院)(美国)

Nanyang Technological University(南洋理工大学)(新加坡)

National University of Singapore(新加坡国立大学)(新加坡)

Princeton University(普林斯顿大学)(美国)

Stanford University(斯坦福大学)(美国)

University of California，Berkeley(加州大学-伯克利)(美国)

University of Texas at Austin(得克萨斯州大学奥斯汀分校)(美国)

(十一) 土木工程学科

Ecole Polytechnique Federale de Lausanne(洛桑联邦理工学院)(瑞士)

ETH Zurich(苏黎世联邦理工学院)(瑞士)

Nanyang Technological University(南洋理工大学)(新加坡)

Purdue University(普渡大学)(美国)

University of California，Berkeley(加州大学-伯克利)(美国)

University of Canterbury(坎特伯雷大学)(新西兰)

University of Illinois at Urbana, Champaign(伊利诺伊大学厄巴纳香槟分校)(美国)

University of New South Wales(新南威尔士大学)(澳大利亚)

University of Sydney(悉尼大学)(澳大利亚)

University of Texas at Austin(得克萨斯州大学奥斯汀分校)(美国)

(十二) 材料科学与工程学科

Georgia Institute of Technology(佐治亚理工学院)(美国)

Harvard University(哈佛大学)(美国)

Imperial College London(帝国理工学院)(英国)

Massachusetts Institute of Technology(麻省理工学院)(美国)

Nanyang Technological University(南洋理工大学)(新加坡)

National University of Singapore(新加坡国立大学)(新加坡)

Seoul National University(首尔国立大学)(韩国)

Stanford University(斯坦福大学)(美国)

University of California, Berkeley(加州大学-伯克利)(美国)

University of Cambridge(剑桥大学)(英国)

(十三) 计算机科学与技术学科

Carnegie Mellon University(卡内基梅隆大学)(美国)

ETH Zurich(苏黎世联邦理工学院)(瑞士)

Harvard University(哈佛大学)(美国)

Massachusetts Institute of Technology(麻省理工学院)(美国)

Nanyang Technological University(南洋理工大学)(新加坡)

Princeton University(普林斯顿大学)(美国)

Stanford University(斯坦福大学)(美国)

University of California, Berkeley(加州大学-伯克利)(美国)

University of Oxford(牛津大学)(英国)

University of Toronto(多伦多大学)(加拿大)

(十四) 环境科学与工程学科

California Institute of Technology(加州理工学院)(美国)

Delft University of Technology(代尔夫特理工大学)(荷兰)

ETH Zurich(苏黎世联邦理工学院)(瑞士)

Harvard University(哈佛大学)(美国)

Massachusetts Institute of Technology(麻省理工学院)(美国)

Stanford University(斯坦福大学)(美国)

University of California，Berkeley(加州大学-伯克利)(美国)

University of California，Davis(加州大学-戴维斯)(美国)

University of Queensland(昆士兰大学)(澳大利亚)

(十五) 信息与通信工程学科

Georgia Institute of Technology(佐治亚理工学院)(美国)

Nanyang Technological University(南洋理工大学)(新加坡)

National University of Singapore(新加坡国立大学)(新加坡)

University of British Columbia(英属哥伦比亚大学)(加拿大)

University of Houston(休斯敦大学)(美国)

University of Southampton(南安普敦大学)(英国)

University of Technology Sydney(悉尼科技大学)(澳大利亚)

University of Texas at Austin(得克萨斯州大学奥斯汀分校)(美国)

University of Waterloo(滑铁卢大学)(加拿大)

University Paris-Saclay(巴黎-萨克雷大学)(法国)

(十六) 能源科学与工程学科

Ecole Polytechnique Federale de Lausanne(洛桑联邦理工学院)(瑞士)

Georgia Institute of Technology(佐治亚理工学院)(美国)

Imperial College London(帝国理工学院)(英国)

King Abdullah University of Science and Technology(阿卜杜拉国王科技大学)(沙特阿拉伯)

Massachusetts Institute of Technology(麻省理工学院)(美国)

Nanyang Technological University(南洋理工大学)(新加坡)

Stanford University(斯坦福大学)(美国)

University of California，Berkeley(加州大学-伯克利)(美国)

University of Chicago(芝加哥大学)(美国)

University of Oxford(牛津大学)(英国)

（十七）矿业工程学科

Imperial College London(帝国理工学院)(英国)

Kyushu University(九州大学)(日本)

McGill University(麦吉尔大学)(加拿大)

Monash University(莫纳什大学)(澳大利亚)

The University of Adelaide(阿德雷德大学)(澳大利亚)

The University of Queensland(昆士兰大学)(澳大利亚)

University of Alberta(阿尔伯塔大学)(加拿大)

University of New South Wales(新南威尔士大学)(澳大利亚)

University of Toronto(多伦多大学)(加拿大)

University of Western Australia(西澳大利亚大学)(澳大利亚)

（十八）航空宇航科学与技术学科

California Institute of Technology(加州理工学院)(美国)

Delft University of Technology(代尔夫特理工大学)(荷兰)

Georgia Institute of Technology(佐治亚理工学院)(美国)

Massachusetts Institute of Technology(麻省理工学院)(美国)

Purdue University(普渡大学)(美国)

Stanford University(斯坦福大学)(美国)

University of Cambridge(剑桥大学)(英国)

University of Maryland，College Park(马里兰大学-大学城)(美国)

University of Michigan，Ann Arbor(密歇根大学-安娜堡)(美国)

University of Toronto(多伦多大学)(加拿大)

（十九）船舶与海洋工程学科

Delft University of Technology(代尔夫特理工大学)(荷兰)

Griffith University(格里菲思大学)(澳大利亚)

Nanyang Technological University(南洋理工大学)(新加坡)

National University of Singapore(新加坡国立大学)(新加坡)

Norwegian University of Science and Technology(挪威科学技术大学)(挪威)

Universidade de Lisboa(里斯本大学)(葡萄牙)

University College London(伦敦大学学院)(英国)

University of Plymouth(普利茅斯大学)(英国)

University of Southampton(南安普敦大学)(英国)

University of Western Australia(西澳大利亚大学)(澳大利亚)

(二十) 交通运输工程学科

Delft University of Technology(代尔夫特理工大学)(荷兰)

Massachusetts Institute of Technology(麻省理工学院)(美国)

Nanyang Technological University(南洋理工大学)(新加坡)

National University of Singapore(新加坡国立大学)(新加坡)

University of British Columbia(英属哥伦比亚大学)(加拿大)

University of California，Berkeley(加州大学-伯克利)(美国)

University of Leeds(利兹大学)(英国)

University of Southampton(南安普敦大学)(英国)

University of Sydney(悉尼大学)(澳大利亚)

University of Waterloo(滑铁卢大学)(加拿大)

(二十一) 食品科学与工程学科

Campinas State University(坎皮纳斯州立大学)(巴西)

Cornell University(康奈尔大学)(美国)

Ghent University(根特大学)(比利时)

Universidade de São Paulo(圣保罗大学)(巴西)

Universidade do Porto(波尔图大学)(葡萄牙)

University of California，Davis(加州大学-戴维斯)(美国)

University of Guelph(圭尔夫大学)(加拿大)

University of Massachusetts Amherst(马萨诸塞大学-阿默斯特)(美国)

University of Queensland(昆士兰大学)(澳大利亚)

Wageningen University & Research(瓦格宁根大学)(荷兰)

附录 3
世界一流学科组样本高校清单

(一) 化学学科

Dresden University of Technology(德累斯顿工业大学)(德国)

Hokkaido University(北海道大学)(日本)

Monash University(莫纳什大学)(澳大利亚)

Pohang University of Science and Technology(浦项理工大学)(韩国)

RWTH Aachen University(亚琛工业大学)(德国)

Seoul National University(首尔国立大学)(韩国)

Technical University of Berlin(柏林工业大学)(德国)

Tohoku University(东北大学)(日本)

University College London(伦敦大学学院)(英国)

University of Alberta(阿尔伯塔大学)(加拿大)

(二) 数学学科

Autonomous University of Madrid(马德里自治大学)(西班牙)

Boston College(波士顿学院)(美国)

Indiana University-Bloomington(印第安纳大学-布鲁明顿)(美国)

Polytechnic University of Catalonia(加泰罗尼亚理工大学)(西班牙)

Seoul National University(首尔国立大学)(韩国)

University of Bristol(布里斯托尔大学)(英国)

University of Copenhagen(哥本哈根大学)(丹麦)

University of Helsinki(赫尔辛基大学)(芬兰)

University of Southern California(南加州大学)(美国)

Uppsala University(乌普萨拉大学)(瑞典)

(三) 物理学学科

Karlsruhe Institute of Technology(卡尔斯鲁厄理工学院)(德国)

Michigan State University(密歇根州立大学)(美国)

Seoul National University(首尔国立大学)(韩国)

Stockholm University(斯德哥尔摩大学)(瑞典)

The Pennsylvania State University(宾夕法尼亚州立大学)(美国)

University of Amsterdam(阿姆斯特丹大学)(荷兰)

University of California，San Diego(加州大学-圣地亚哥)(美国)

University of Milan(米兰大学)(意大利)

University of Southampton(南安普敦大学)(英国)

University of Warwick(华威大学)(英国)

(四) 地球科学学科

Boston University(波士顿大学)(美国)

Lund university(隆德大学)(瑞典)

Macquarie University(麦考瑞大学)(澳大利亚)

McGill University(麦吉尔大学)(加拿大)

Purdue university(普渡大学)(美国)

Texas A&M University(德州农工大学)(美国)

Tohoku University(东北大学)(日本)

University of California，Davis(加州大学-戴维斯)(美国)

University of Manchester(曼彻斯特大学)(英国)

University of Melbourne(墨尔本大学)(澳大利亚)

(五) 地理学学科

Catholic University of Louvain(法语区鲁汶大学)(比利时)

Cornell University(康奈尔大学)(美国)

Griffith University(格里菲思大学)(澳大利亚)

Imperial College London(帝国理工学院)(英国)

Michigan State University(密歇根州立大学)(美国)

Monash University(莫纳什大学)(澳大利亚)

Simon Fraser University(西蒙弗雷泽大学)(加拿大)

The Pennsylvania State University(宾夕法尼亚州立大学)(美国)

University of Groningen(格罗宁根大学)(荷兰)

University of New South Wales(新南威尔士大学)(澳大利亚)

(六) 大气科学学科

Boston University(波士顿大学)(美国)

Duke University(杜克大学)(美国)

McGill University(麦吉尔大学)(加拿大)

Oregon State University(俄勒冈州立大学)(美国)

Seoul National University(首尔国立大学)(韩国)

University of Birmingham(伯明翰大学)(英国)

University of Breme(不来梅大学)(德国)

University of British Columbia(英属哥伦比亚大学)(加拿大)

University of California，Santa Barbara(加州大学-圣塔芭芭拉)(美国)

University of Gothenburg(哥德堡大学)(瑞典)

(七) 海洋科学学科

Duke University(杜克大学)(美国)

ETH Zurich(苏黎世联邦理工学院)(瑞士)

Georgia Institute of Technology(佐治亚理工学院)(美国)

Ghent University(根特大学)(比利时)

James Cook University(詹姆斯库克大学)(澳大利亚)

University of California，Irvine(加州大学-欧文)(美国)

University of Otago(奥塔哥大学)(新西兰)

University of St Andrews(圣安德鲁斯大学)(英国)

University of Sydney(悉尼大学)(澳大利亚)

Université de Montpellier(蒙彼利埃大学)(法国)

(八) 电子电气工程学科

Kings College London(伦敦国王学院)(英国)

KU Leuven(荷语区鲁汶大学)(比利时)

Polytechnic University of Catalonia(加泰罗尼亚理工大学)(西班牙)

RMIT University(皇家墨尔本理工大学)(澳大利亚)

The Australian National University(澳大利亚国立大学)(澳大利亚)

The University of Queensland(昆士兰大学)(澳大利亚)

Universidade de Lisboa(里斯本大学)(葡萄牙)

University of Padua(帕多瓦大学)(意大利)

University of Sheffield(谢菲尔德大学)(英国)

University of Technology Sydney(悉尼科技大学)(澳大利亚)

(九) 机械工程学科

Ecole Polytechnique Federale de Lausanne(洛桑联邦理工学院)(瑞士)

Indian Institute of Technology，Madras(印度理工学院-马德拉斯)(印度)

Johns Hopkins University(约翰·霍普金斯大学)(美国)

Karlsruhe Institute of Technology(卡尔斯鲁厄理工学院)(德国)

Ohio State University，Columbus(俄亥俄州立大学-哥伦布)(美国)

The University of Auckland (New Zealand)(奥克兰大学)(新西兰)

The University of Manchester(曼彻斯特大学)(英国)

The University of Queensland(昆士兰大学)(澳大利亚)

University of Adelaide(阿德雷德大学)(澳大利亚)

Virginia Polytechnic Institute and State University(弗吉尼亚理工学院)(美国)

(十) 化学工程与技术学科

Colorado School of Mines(科罗拉多矿业大学)(美国)

Eindhoven University of Technology(埃因霍温工业大学)(荷兰)

Ghent University(根特大学)(比利时)

Hanyang University(汉阳大学)(韩国)

King Saud University(沙特国王大学)(沙特阿拉伯)

Korea University(高丽大学)(韩国)

Norwegian University of Science and Technology(挪威科学技术大学)(挪威)

Pohang University of Science and Technology(浦项理工大学)(韩国)

University of Illinois at Urbana-Champaign(伊利诺伊大学厄巴纳-香槟分校)(美国)

University of Porto(波尔图大学)(葡萄牙)

(十一) 土木工程学科

Columbia University(哥伦比亚大学)(美国)

Eindhoven University of Technology(埃因霍温工业大学)(荷兰)

Ghent University(根特大学)(比利时)

Universidade de Coimbra(科英布拉大学)(葡萄牙)

Universite de Montreal(蒙特利尔大学)(加拿大)

University of Alberta(阿尔伯塔大学)(加拿大)

University of Bologna(博洛尼亚大学)(意大利)

University of Nottingham(诺丁汉大学)(英国)

University of Southern California(南加州大学)(美国)

University of Waterloo(滑铁卢大学)(加拿大)

(十二) 材料科学与工程学科

Delft University of Technology(代尔夫特理工大学)(荷兰)

Purdue University(普渡大学)(美国)

Rensselaer Polytechnic Institute(伦斯勒理工学院)(美国)

The University of Queensland(昆士兰大学)(澳大利亚)

Tohoku University(东北大学)(日本)

University College London(伦敦大学学院)(英国)

University of Maryland，College Park(马里兰大学-大学城)(美国)

University of New South Wales(新南威尔士大学)(澳大利亚)

University of Pennsylvania(宾夕法尼亚大学)(美国)

Yonsei University(延世大学)(韩国)

(十三) 计算机科学与技术学科

Arizona State University(亚利桑那州立大学)(美国)

Deakin University(迪肯大学)(澳大利亚)

Griffiths University(格里菲思大学)(澳大利亚)

Karlsruhe Institute of Technology(卡尔斯鲁厄理工学院)(德国)

King Abdullah University of Science and Technology(阿卜杜拉国王科技大学)(沙特阿拉伯)

KU Leuven(荷语区鲁汶大学)(比利时)

Michigan State University(密歇根州立大学)(美国)

Royal Institute of Technology(皇家理工学院)(瑞典)

RWTH Aachen University(亚琛工业大学)(德国)

University of California，Irvine(加州大学-欧文)(美国)

(十四) 环境科学与工程学科

Lancaster University(兰卡斯特大学)(英国)

McGill University(麦吉尔大学)(加拿大)

North Carolina State University(北卡罗来纳州立大学)(美国)

Purdue University(普渡大学)(美国)

Texas A&M University(德州农工大学)(美国)

University of Birmingham(伯明翰大学)(英国)

University of California，San Diego(加州大学-圣地亚哥)(美国)

University of Helsinki(赫尔辛基大学)(芬兰)

University of Manchester(曼彻斯特大学)(英国)

University of Melbourne(墨尔本大学)(澳大利亚)

(十五) 信息与通信工程学科

Arizona State University(亚利桑那州立大学)(美国)

Deakin University(迪肯大学)(澳大利亚)

Imperial College London(帝国理工学院)(英国)

King Abdulaziz University(阿卜杜勒阿齐兹国王大学)(沙特阿拉伯)

Lund University(隆德大学)(瑞典)

Macquarie University(麦考瑞大学)(澳大利亚)

Polytechnic University of Catalonia(加泰罗尼亚理工大学)(西班牙)

Tohoku University(东北大学)(日本)

University of Alberta(阿尔伯塔大学)(加拿大)

University of California，Davis(加州大学-戴维斯)(美国)

(十六) 能源科学与工程学科

Cornell University(康奈尔大学)(美国)

Delft University of Technology(代尔夫特理工大学)(荷兰)

KU Leuven(荷语区鲁汶大学)(比利时)

Kyoto University(京都大学)(日本)

Rice University(莱斯大学)(美国)

RWTH Aachen University(亚琛工业大学)(德国)

Technische Universität München(慕尼黑工业大学)(德国)

University of Adelaide(阿德雷德大学)(澳大利亚)

University of Tokyo(东京大学)(日本)

Uppsala University(乌普萨拉大学)(瑞典)

(十七) 矿业工程学科

Aalto University(阿尔托大学)(芬兰)

Indian School of Mines University(印度矿业学院)(印度)

Luleå University of Technology(吕勒奥理工大学)(瑞典)

St Petersburg State University(圣彼得堡国立大学)(俄罗斯)

The University of Tokyo(东京大学)(日本)

University of Melbourne(墨尔本大学)(澳大利亚)

University of Regina(里贾纳大学)(加拿大)

University of South Australia(南澳大学)(澳大利亚)

University of Western Ontario(西安大略大学)(加拿大)

Virginia Polytechnic Institute and State University(弗吉尼亚理工学院)(美国)

(十八) 交通运输工程学科

Aalto University(阿尔托大学)(芬兰)

Erasmus Universiteit Rotterdam(伊拉兹马斯大学)(荷兰)

King Abdulaziz University(阿卜杜勒阿齐兹国王大学)(沙特阿拉伯)

Northwestern University(西北大学)(美国)

Polytechnic University of Catalonia(加泰罗尼亚理工大学)(西班牙)

The Pennsylvania State University(宾夕法尼亚州立大学)(美国)

The University of Queensland(昆士兰大学)(澳大利亚)

University of Oxford(牛津大学)(英国)

University of Southern California(南加州大学)(美国)

Utrecht University(乌得勒支大学)(荷兰)

(十九) 食品科学与工程学科

Korea University(高丽大学)(韩国)

Oregon State University(俄勒冈州立大学)(美国)

Texas A&M University(德州农工大学)(美国)

Universidad Complutense de Madrid(马德里康普顿斯大学)(西班牙)

University of Helsinki(赫尔辛基大学)(芬兰)

University of Leeds(利兹大学)(英国)

University of Maryland，College Park(马里兰大学-大学城)(美国)

University of Melbourne(墨尔本大学)(澳大利亚)

University of Nottingham(诺丁汉大学)(英国)

University of Stellenbosch(斯坦陵布什大学)(南非)

附录 4
理工类一流学科重大国际学术奖项清单

(一) 化学学科

NOBEL PRIZE IN CHEMISTRY(诺贝尔化学奖)

WOLF PRIZE IN CHEMISTRY(沃尔夫化学奖)

PRIESTLEY MEDAL(普利斯特里奖章)

WELCH AWARD IN CHEMISTRY(韦尔奇化学奖)

NAS AWARD IN CHEMICAL SCIENCES(美国科学院化学奖)

FARADAY LECTURESHIP PRIZE(法拉第奖)

(二) 数学学科

THE ABEL PRIZE(阿贝尔奖)

FIELDS MEDAL(菲尔兹奖)

WOLF PRIZE IN MATHEMATICS(沃尔夫数学奖)

CRAFOORD PRIZE IN MATHEMATICS(克拉福德数学奖)

THE SHAW PRIZE IN MATHEMATICAL SCIENCES(邵氏数学奖)

ROLF NEVANLINNA PRIZE(奈望林纳奖)

NAS AWARD IN MATHEMATICS(美国科学院数学奖)

ROLF SCHOCK PRIZE IN MATHEMATICS(罗尔夫·朔克数学奖)

BOCHER MEMORIAL PRIZE(博谢纪念奖)

(三) 物理学学科

NOBEL PRIZE IN PHYSICS(诺贝尔物理学奖)

WOLF PRIZE IN PHYSICS(沃尔夫物理学奖)

ISAAC NEWTON MEDAL(牛顿奖章)

MAX PLANCK MEDAL(马克斯·普朗克奖章)

FUNDAMENTAL PHYSICS PRIZE OR BREAKTHROUGH PRIZE IN FUNDAMENTAL PHYSICS(基础物理学奖)

DANNIE HEINEMAN PRIZE FOR MATHEMATICAL PHYSICS(丹尼·海涅曼数学物理奖)

LORENTZ MEDAL(洛伦兹奖章)

HENRI POINCARE PRIZE(庞加莱奖)

CRAFOORD PRIZE IN ASTRONOMY(克拉福德天文学奖)

THE KAVLI PRIZE IN ASTROPHYSICS(卡夫利奖—天体物理学类)

THE SHAW PRIZE IN ASTRONOMY(邵氏天文学奖)

THE GOLD MEDAL OF ROYAL ASTRONOMICAL SOCIETY FOR ASTRONOMY(英国皇家天文学会金质奖章—天文学类)

THE BRUCE MEDAL(布鲁斯奖)

DANNIE HEINEMAN PRIZE FOR ASTROPHYSICS(丹尼·海涅曼天文物理学奖)

(四) 地球科学学科

CRAFOORD PRIZE IN GEOSCIENCES(克拉福德地球科学奖)

WOLLASTON MEDAL(沃拉斯顿奖)

THE GOLD MEDAL OF ROYAL ASTRONOMICAL SOCIETY FOR GEOPHYSICS(英国皇家天文学会金质奖章—地球物理类)

PENROSE MEDAL(彭罗斯奖章)

THE VETLESEN PRIZE(维特勒森奖)

ARTHUR L. DAY PRIZE AND LECTURESHIP(亚瑟·戴奖章与讲座)

ARTHUR L. DAY MEDAL(亚瑟·戴奖章)

(五) 电子电气工程学科

IEEE MEDAL OF HONOR(IEEE 荣誉奖章)

BENJAMIN FRANKLIN MEDAL IN ELECTRICAL ENGINEERING(本杰明·富兰克林奖章—电气工程类)

IEEE EDISON MEDAL,IEEE(爱迪生奖章)

（六）机械工程

ASME MEDAL（美国机械工程师协会奖章）

TIMOSHENKO MEDAL（铁摩辛柯奖）

BENJAMIN FRANKLIN MEDAL IN MECHANICAL ENGINEERING（本杰明·富兰克林奖章—机械工程类）

（七）化学工程与技术

R. H. WILHELM AWARD IN CHEMICAL REACTION ENGINEERING（化学反应工程威廉奖）

ALPHA CHI SIGMA AWARD FOR CHEMICAL ENGINEERING RESEARCH（化学工程研究奖）

FOUNDERS AWARD FOR OUTSTANDING CONTRIBUTIONS TO THE FIELD OF CHEMICAL ENGINEERING（创始人化学工程贡献奖）

PROFESSIONAL PROGRESS AWARD IN CHEMICAL ENGINEERING（化学工程专业进步奖）

JACQUES VILLERMAUX MEDAL（雅克·维莱莫奖章）

（八）土木工程

FREYSSINET MEDAL（弗莱西奈奖）

IABSE PRIZE（IABSE 奖）

INTERNATIONAL AWARD OF MERIT IN STRUCTURAL ENGINEERING（结构工程国际优胜奖）

（九）材料科学与工程学科

VON HIPPEL AWARD（冯·希佩尔奖）

MRS MEDAL AWARD（材料研究学会奖章）

DAVID TURNBULL LECTURESHIP（戴维·汤伯讲座奖）

（十）计算机科学与技术

A. M. TURING AWARD（图灵奖）

THE KNUTH PRIZE（高德纳奖）

ROYAI SOCIETY MILNER AWARD（米尔纳奖）

（十一）环境科学与工程

TYLER PRIZE FOR ENVIRONMENTAL ACHIEVEMENT（泰勒环境

成就奖）

VOLVO ENVIRONMENT PRIZE(沃尔沃环境奖)

STOCKHOLM WATER PRIZE(斯德哥尔摩水奖)

BBVA FOUNDATION FRONTIERS OF KNOWLEDGE AWARD IN ECOLOGY AND CONSERVATION BIOLOGY(西班牙对外银行基金会知识前沿奖—生态学与保护生物学类)

BBVA FOUNDATION FRONTIERS OF KNOWLEDGE AWARD IN CLIMATE CHANGE(西班牙对外银行基金会知识前沿奖—气候变化类)

HEINEKEN PRIZE FOR ENVIRONMENTAL SCIENCES(喜力环境科学奖)

（十二）信息与通信工程

THE OKAWA PRIZE(大川奖)

（十三）能源科学与技术

ENI AWARD(埃尼奖)

THE ENRICO FERMI AWARD(恩里科·费米)

THE GLOBAL ENERGY PRIZE(全球能源奖)

附录 5
理工类一流学科国际权威学术期刊清单

（一）化学学科

NATURE

SCIENCE

NATURE CHEMISTRY

NATURE MATERIALS

ANGEWANDTE CHEMIE-INTERNATIONAL EDITION

JOURNAL OF THE AMERICAN CHEMICAL SOCIETY

（二）数学学科

ANNALS OF MATHEMATICS

JOURNAL OF AMERICAN MATHEMATICAL SOCIETY

INVENTIONS MATHEMATICAE

COMMUNICATIONS ON PURE AND APPLIED MATHEMATICS

ACTA MATHEMATIC

（三）物理学学科

NATURE

SCIENCE

PHYSICAL REVIEW LETTERS

NATURE PHYSICS

REVIEWS OF MODERN PHYSICS

PHYSICAL REVIEW X

（四）地球科学学科

NATURE

SCIENCE

GEOPHYSICAL RESEARCH LETTERS

EARTH AND PLANETARY SCIENCE LETTERS

NATURE GEOSCIENCE

JOURNAL OF GEOPHYSICAL RESEARCH-EARTH SURFACE

GEOCHIMICA ET COSMOCHIMICA ACTA

（五）地理学学科

URBAN GEOGRAPHY

PROGRESS IN HUMAN GEOGRAPHY

ANNALS OF THE ASSOCIATION OF AMERICAN GEOGRAPHERS

GLOBAL ENVIRONMENTAL CHANGE-HUMAN AND POLICY DIMENSIONS

JOURNAL OF RURAL STUDIES

POLITICAL GEOGRAPHY

TRANSACTIONS OF THE INSTITUTE OF BRITISH GEOGRAPHERS

（六）大气科学学科

ATMOSPHERIC CHEMISTRY AND PHYSICS

NATURE CLIMATE CHANGE

JOURNAL OF GEOPHYSICAL RESEARCH-ATMOSPHERES

JOURNAL OF CLIMATE

CLIMATE DYNAMICS

BULLETIN OF THE AMERICAN METEOROLOGICAL SOCIETY

（七）海洋科学学科

JOURNAL OF PHYSICAL OCEANOGRAPHY

JOURNAL OF GEOPHYSICAL RESEARCH-OCEAN

GEOPHYSICAL RESEARCH LETTER

（八）电子电气工程学科

PROCEEDINGS OF THE IEEE

NATURE ELECTRONICS

NATURE PHOTONICS

IEEE ELECTRON DEVICE LETTERS

（九）机械工程学科

JOURNAL OF FLUID MECHANICS

JOURNAL OF THE MECHANICS AND PHYSICS OF SOLIDS

JOURNAL OF SOUND AND VIBRATION

IEEE-ASME TRANSACTIONS ON MECHATRONICS

COMBUSTION AND FLAME

INTERNATIONAL JOURNAL OF HEAT AND MASS TRANSFER

PROCEEDINGS OF THE COMBUSTION INSTITUTE

INTERNATIONAL JOURNAL OF MACHINE TOOLS & MANUFACTURE

INTERNATIONAL JOURNAL OF MECHANICAL SCIENCE

（十）化学工程与技术学科

INDUSTRIAL & ENGINEERING CHEMISTRY RESEARCH

ENERGY & ENVIRONMENTAL SCIENCE

AICHE JOURNAL

CHEMICAL ENGINEERING SCIENCE

（十一）土木工程学科

JOURNAL OF STRUCTURAL ENGINEERING

ENGINEERING STRUCTURE

STRUCTURAL SAFETY

（十二）材料科学与工程学科

NATURE

SCIENCE

NATURE MATERIALS

ADVANCED MATERIALS

NATURE NANOTECHNOLOGY

ACTA MATERIALIA

（十三）计算机科学与技术学科

ANNUAL CONFERENCE ON NEURAL INFORMATION PROCESSING SYSTEMS

ACM SIGGRAPH

USENIX SYMPOSIUM ON OPERATING SYSTEMS DESIGN AND IMPLEMENTATION

ACM SYMPOSIUM ON THEORY OF COMPUTING

SYMPOSIUM ON PRINCIPLES OF PROGRAMMING LANGUAGES

IEEE CONFERENCE ON COMPUTER VISION AND PATTERN RECOGNITION

ACM CONFERENCE ON HUMAN FACTORS IN COMPUTING SYSTEMS

INTERNATIONAL CONFERENCE ON MACHINE LEARNING

INTERNATIONAL SYMPOSIUM ON COMPUTER ARCHITECTURE

（十四）环境科学与工程学科

NATURE

SCIENCE

ENVIRONMENTAL SCIENCE & TECHNOLOGY

APPLIED CATALYSIS B-ENVIRONMENTAL

WATER RESEARCH

（十五）信息与通信工程学科

IEEE JOURNAL ON SELECTED AREAS IN COMMUNICATIONS

IEEE-ACM TRANSACTIONS ON NETWORKING

IEEE TRANSACTIONS ON IMAGE PROCESSING

（十六）能源科学与工程学科

ENERGY & ENVIRONMENTAL SCIENCE

ADVANCED ENERGY MATERIALS

（十七）矿业工程学科

ROCK MECHANICS AND ROCK ENGINEERING

INTERNATIONAL JOURNAL OF ROCK MECHANICS AND MINING SCIENCES

INTERNATIONAL JOURNAL OF COAL GEOLOGY

（十八）航空宇航科学与技术学科

JOURNAL OF SPACECRAFT AND ROCKETS

AIAA JOURNAL

JOURNAL OF PROPULSION AND POWER

JOURNAL OF GUIDANCE CONTROL AND DYNAMICS

（十九）船舶与海洋工程学科

JOURNAL OF FLUID MECHANICS

OCEAN ENGINEERING

MARINE STRUCTURES

（二十）交通运输工程学科

JOURNAL OF TRANSPORTATION RESEARCH PART D-TRANSPORT AND ENVIRONMENT

JOURNAL OF TRANSPORTATION RESEARCH PART A-POLICY AND PRACTICE

JOURNAL OF TRANSPORTATION RESEARCH PART B-METHODOLOGICAL

JOURNAL OF TRANSPORTATION RESEARCH PART E-LOGISTICS AND TRANSPORTATION REVIEW

JOURNAL OF TRANSPORTATION RESEARCH PART C-EMERGING TECHNOLOGIES

（二十一）食品科学工程学科

INTERNATIONAL JOURNAL OF FOOD MICROBIOLOGY

JOURNAL OF AGRICULTURAL AND FOOD CHEMISTRY

CRITICAL REVIEWS IN FOOD SCIENCE AND NUTRITION

FOOD CHEMISTRY

附录 6
代表性样本学科的国际水平表现

附表 1　化学学科国际水平表现及其指标得分表

大　　学	表现	奖项	编委	高被引	论文	比例	校友	影响力
世界顶尖学科组	*****	1.00	1.00	1.00	1.00	1.00	1.00	1.00
世界一流学科组	***	0.03	0.12	0.08	0.25	0.83	0.11	0.61
北京大学	****	0.00	0.00	0.50	0.84	0.83	0.69	1.00
复旦大学	****	0.00	0.20	1.00	0.59	0.75	0.48	0.90
南开大学	****	0.00	0.00	1.00	0.64	0.66	0.48	0.80
清华大学	****	0.00	0.00	1.00	0.68	0.88	0.43	1.00
浙江大学	****	0.00	0.20	0.50	0.54	0.79	0.56	1.00
中国科学技术大学	****	0.00	0.20	1.00	1.00	0.80	1.00	0.90
吉林大学	***	0.00	0.20	0.50	0.33	0.59	0.52	0.60
南京大学	***	0.00	0.00	0.33	0.55	0.70	0.43	0.90
厦门大学	***	0.00	0.20	0.50	0.55	0.69	0.39	0.60
上海交通大学	***	0.00	0.00	0.50	0.41	0.76	0.22	0.80
苏州大学	***	0.00	0.00	0.83	0.44	0.69	0.04	0.45
武汉大学	***	0.00	0.00	0.33	0.41	0.60	0.13	0.60
中山大学	***	0.00	0.00	0.83	0.36	0.59	0.22	0.60
大连理工大学	**	0.00	0.00	0.00	0.18	0.61	0.09	0.40
湖南大学	**	0.00	0.00	0.33	0.28	0.49	0.13	0.35
华东理工大学	**	0.00	0.00	0.33	0.21	0.63	0.17	0.40
华南理工大学	**	0.00	0.00	0.50	0.16	0.61	0.13	0.45
华中科技大学	**	0.00	0.00	0.00	0.22	0.68	0.04	0.40
四川大学	**	0.00	0.00	0.00	0.44	0.53	0.04	0.35
天津大学	**	0.00	0.00	0.17	0.29	0.63	0.13	0.60

注1：相同星级表现的高校按照学校名称的拼音字母排序。

注2：***** 表示该校的得分达到或超过世界顶尖学科组的水平，**** 表示超过世界一流学科组的水平且与世界顶尖学科组的差距不大，*** 表示达到或超过世界一流学科组的水平，** 表示与世界一流学科组的差距不大，* 表示与世界一流学科组的差距大。

注3：指标名称奖项、编委、高被引、论文、比例、校友、影响力等的全称依次为重大国际学术奖项的获奖人、重要国际学术期刊的编委、全球高被引科学家、国际权威学术期刊论文、高被引论文被世界一流学科引用的比例、国际著名校友的培养、在第三方评价中的影响力。

附表 2　数学学科国际水平表现及其指标得分表

大　　学	表现	奖项	编委	高被引	论文	比例	校友	影响力
世界顶尖学科组	*****	1.00	1.00	1.00	1.00	1.00	1.00	1.00
世界一流学科组	***	0.00	0.09	0.00	0.11	0.58	0.06	0.42
北京大学	****	0.00	0.00	1.00	0.42	1.00	0.34	0.90
电子科技大学	***	0.00	0.00	1.00	0.06	0.09	0.11	0.25
东南大学	***	0.00	0.00	1.00	0.00	0.24	0.11	0.25
复旦大学	***	0.00	0.00	0.00	0.30	0.56	0.11	0.80
清华大学	***	0.00	0.00	0.00	0.54	0.22	0.80
上海交通大学	***	0.00	0.00	1.00	0.18	1.00	0.22	0.70
浙江大学	***	0.00	0.00	0.00	0.06	0.54	0.22	0.60
中国科学技术大学	***	0.00	0.00	0.00	0.12	1.00	0.22	0.60
中国矿业大学	***	0.00	0.00	1.00	0.00	0.18	0.11	0.05
哈尔滨工业大学	**	0.00	0.00	0.00	0.00	0.16	0.22	0.40
武汉大学	**	0.00	0.00	0.00	0.12	0.22	0.00	0.35
中山大学	**	0.00	0.00	0.00	0.12	0.18	0.00	0.40
南开大学	*	0.00	0.00	0.00	0.06	0.06	0.00	0.30
山东大学	*	0.00	0.00	0.00	0.07	0.22	0.00	0.20
浙江师范大学	*	0.00	0.00	0.00	0.00	0.22	0.11	0.10
中南大学	*	0.00	0.00	0.00	0.00	0.06	0.00	0.15

注1：相同星级表现的高校按照学校名称的拼音字母排序。

注2：***** 表示该校的得分达到或超过世界顶尖学科组的水平，**** 表示超过世界一流学科组的水平且与世界顶尖学科组的差距不大，*** 表示达到或超过世界一流学科组的水平，** 表示与世界一流学科组的差距不大，* 表示与世界一流学科组的差距大。

注3：指标名称奖项、编委、高被引、论文、比例、校友、影响力等的全称依次为重大国际学术奖项的获奖人、重要国际学术期刊的编委、全球高被引科学家、国际权威学术期刊论文、高被引论文被世界一流学科引用的比例、国际著名校友的培养、在第三方评价中的影响力。

附表3 物理学学科国际水平表现及其指标得分表

大　学	表现	奖项	编委	高被引	论文	比例	校友	影响力
世界顶尖学科组	*****	1.00	1.00	1.00	1.00	1.00	1.00	1.00
世界一流学科组	***	0.03	0.21	0.14	0.21	0.75	0.03	0.55
北京大学	***	0.00	0.00	0.12	0.52	0.58	0.18	0.90
复旦大学	***	0.00	0.19	0.35	0.37	0.62	0.11	0.50
南京大学	***	0.00	0.00	0.12	0.26	0.57	0.13	0.60
清华大学	***	0.00	0.00	0.71	0.66	0.76	0.24	0.90
上海交通大学	***	0.00	0.00	0.35	0.27	0.71	0.09	0.70
中国科学技术大学	***	0.00	0.00	0.47	0.94	0.75	0.26	0.70
华中科技大学	**	0.00	0.00	0.12	0.19	0.31	0.02	0.25
浙江大学	**	0.00	0.00	0.00	0.21	0.49	0.04	0.40
北京航空航天大学	*	0.00	0.00	0.00	0.06	0.49	0.00	0.15
华中师范大学	*	0.00	0.00	0.00	0.02	0.37	0.02	0.10
南开大学	*	0.00	0.00	0.00	0.06	0.35	0.04	0.10
山东大学	*	0.00	0.00	0.12	0.02	0.31	0.07	0.15
苏州大学	*	0.00	0.00	0.00	0.04	0.28	0.02	0.10
武汉大学	*	0.00	0.00	0.00	0.09	0.35	0.09	0.15
中山大学	*	0.00	0.00	0.00	0.06	0.50	0.00	0.20

注1：相同星级表现的高校按照学校名称的拼音字母排序。

注2：***** 表示该校的得分达到或超过世界顶尖学科组的水平，**** 表示超过世界一流学科组的水平且与世界顶尖学科组的差距不大，*** 表示达到或超过世界一流学科组的水平，** 表示与世界一流学科组的差距不大，* 表示与世界一流学科组的差距大。

注3：指标名称奖项、编委、高被引、论文、比例、校友、影响力等的全称依次为重大国际学术奖项的获奖人、重要国际学术期刊的编委、全球高被引科学家、国际权威学术期刊论文、高被引论文被世界一流学科引用的比例、国际著名校友的培养、在第三方评价中的影响力。

附表 4 电子电气工程学科国际水平表现及其指标得分表

大　　学	表现	奖项	编委	高被引	论文	比例	校友	影响力
世界顶尖学科组	*****	1.00	1.00	1.00	1.00	1.00	1.00	1.00
世界一流学科组	***	0.00	0.22	0.00	0.15	0.46	0.06	0.48
北京大学	****	0.00	1.00	0.00	1.00	0.94	0.19	0.71
清华大学	****	0.00	1.00	1.00	1.00	1.00	0.93	1.00
北京航空航天大学	***	0.00	0.00	1.00	0.45	0.68	0.19	0.51
北京交通大学	***	0.00	0.00	0.00	0.00	0.74	0.00	0.35
北京理工大学	***	0.00	0.00	0.00	0.07	0.73	0.00	0.51
电子科技大学	***	0.00	0.00	0.00	1.00	0.56	0.19	0.51
东南大学	***	0.00	0.00	1.00	0.56	0.50	0.37	0.56
复旦大学	***	0.00	0.00	0.00	1.00	0.49	0.00	0.61
哈尔滨工业大学	***	0.00	0.00	0.00	0.00	0.51	0.19	0.71
华南理工大学	***	0.00	0.00	0.00	0.49	0.52	0.19	0.35
华中科技大学	***	0.00	0.00	0.00	1.00	0.79	0.19	0.71
上海交通大学	***	0.00	0.00	0.00	1.00	0.86	0.00	0.91
武汉大学	***	0.00	0.00	0.00	0.31	0.58	0.37	0.45
西安电子科技大学	***	0.00	0.00	0.00	1.00	0.53	0.00	0.40
西安交通大学	***	0.00	0.00	0.00	0.56	1.00	0.19	0.61
西北工业大学	***	0.00	0.00	1.00	0.03	0.52	0.19	0.35
浙江大学	***	0.00	0.00	0.00	0.70	0.99	0.37	0.91
中国科学技术大学	***	0.00	0.00	0.00	0.56	0.57	0.37	0.61
中山大学	***	0.00	0.00	0.00	0.66	0.80	0.19	0.45

注1：相同星级表现的高校按照学校名称的拼音字母排序。

注2：***** 表示该校的得分达到或超过世界顶尖学科组的水平,**** 表示超过世界一流学科组的水平且与世界顶尖学科组的差距不大,*** 表示达到或超过世界一流学科组的水平,** 表示与世界一流学科组的差距不大,* 表示与世界一流学科组的差距大。

注3：指标名称奖项、编委、高被引、论文、比例、校友、影响力等的全称依次为重大国际学术奖项的获奖人、重要国际学术期刊的编委、全球高被引科学家、国际权威学术期刊论文、高被引论文被世界一流学科引用的比例、国际著名校友的培养、在第三方评价中的影响力。

附表 5　机械工程学科国际水平表现及其指标得分表

大　　学	表现	奖项	编委	高被引	论文	比例	校友	影响力
世界顶尖学科组	*****	1.00	1.00	1.00	1.00	1.00	1.00	1.00
世界一流学科组	***	0.09	0.45	0.18	0.36	0.57	0.26	0.57
北京大学	****	0.00	0.41	1.00	0.66	1.00	0.18	0.80
北京航空航天大学	****	0.00	0.20	1.00	1.00	0.87	0.09	0.80
北京理工大学	****	0.00	0.20	1.00	0.76	0.70	0.45	0.50
哈尔滨工业大学	****	0.00	0.61	1.00	1.00	1.00	0.72	0.90
华中科技大学	****	0.00	0.20	1.00	1.00	1.00	0.63	0.80
清华大学	****	0.00	1.00	1.00	1.00	1.00	1.00	1.00
上海交通大学	****	0.00	1.00	0.00	1.00	1.00	0.72	1.00
西安交通大学	****	0.00	0.61	1.00	1.00	1.00	0.99	0.90
西北工业大学	****	0.00	0.61	0.00	1.00	0.85	0.54	0.50
浙江大学	****	0.00	1.00	0.00	1.00	1.00	0.72	0.80
大连理工大学	***	0.00	0.00	0.00	1.00	1.00	0.27	0.45
湖南大学	***	0.00	0.00	1.00	0.55	1.00	0.27	0.35
南京航空航天大学	***	0.00	0.41	0.00	0.83	1.00	0.36	0.35
天津大学	***	0.00	0.00	0.00	1.00	0.85	0.18	0.60
中国科学技术大学	***	0.00	0.20	0.00	1.00	0.98	0.36	0.70
重庆大学	***	0.00	0.20	1.00	0.95	0.83	0.00	0.45
东南大学	**	0.00	0.00	0.00	0.34	1.00	0.27	0.35
华北电力大学	**	0.00	0.00	0.00	0.63	0.61	0.00	0.30
华南理工大学	**	0.00	0.20	0.00	0.55	0.78	0.27	0.45
同济大学	**	0.00	0.00	0.00	0.60	0.80	0.00	0.40

注 1：相同星级表现的高校按照学校名称的拼音字母排序。

注 2：***** 表示该校的得分达到或超过世界顶尖学科组的水平，**** 表示超过世界一流学科组的水平且与世界顶尖学科组的差距不大，*** 表示达到或超过世界一流学科组的水平，** 表示与世界一流学科组的差距不大，* 表示与世界一流学科组的差距大。

注 3：指标名称奖项、编委、高被引、论文、比例、校友、影响力等的全称依次为重大国际学术奖项的获奖人、重要国际学术期刊的编委、全球高被引科学家、国际权威学术期刊论文、高被引论文被世界一流学科引用的比例、国际著名校友的培养、在第三方评价中的影响力。

附表6　化学工程与技术学科国际水平表现及其指标得分表

大　　学	表现	奖项	编委	高被引	论文	比例	校友	影响力
世界顶尖学科组	*****	1.00	1.00	1.00	1.00	1.00	1.00	1.00
世界一流学科组	***	0.04	0.15	0.44	0.67	0.79	0.10	0.52
北京化工大学	****	0.00	0.77	1.00	1.00	0.53	0.24	0.70
华东理工大学	****	0.00	1.00	1.00	1.00	0.55	0.37	0.70
清华大学	****	0.00	0.26	0.00	1.00	0.91	1.00	1.00
天津大学	****	0.00	1.00	0.00	1.00	0.43	0.49	1.00
浙江大学	****	0.00	0.00	1.00	1.00	0.65	0.73	0.90
中国科学技术大学	****	0.00	0.26	1.00	1.00	0.57	0.49	0.50
大连理工大学	***	0.00	0.00	0.00	1.00	0.46	0.37	0.70
福州大学	***	0.00	0.00	1.00	0.68	0.32	0.24	0.40
上海交通大学	***	0.00	0.26	0.00	1.00	0.78	0.12	0.80
西安交通大学	***	0.00	0.00	1.00	1.00	0.42	0.00	0.70
哈尔滨工业大学	**	0.00	0.00	0.00	0.40	0.43	0.24	0.60
湖南大学	**	0.00	0.00	0.00	0.80	0.33	0.00	0.40
华南理工大学	**	0.00	0.00	0.00	1.00	0.49	0.00	0.60
华中科技大学	**	0.00	0.00	0.00	0.87	0.34	0.00	0.70
江苏大学	**	0.00	0.00	1.00	0.66	0.28	0.00	0.40
南京大学	**	0.00	0.26	0.00	0.37	0.42	0.61	0.70
南京工业大学	**	0.00	0.00	0.00	1.00	0.25	0.00	0.40
四川大学	**	0.00	0.26	0.00	1.00	0.39	0.00	0.60
苏州大学	**	0.00	0.00	0.00	0.71	0.39	0.00	0.45
中国石油大学(北京)	**	0.00	0.00	0.00	1.00	0.54	0.00	0.55

注1：相同星级表现的高校按照学校名称的拼音字母排序。

注2：***** 表示该校的得分达到或超过世界顶尖学科组的水平，**** 表示超过世界一流学科组的水平且与世界顶尖学科组的差距不大，*** 表示达到或超过世界一流学科组的水平，** 表示与世界一流学科组的差距不大，* 表示与世界一流学科组的差距大。

注3：指标名称奖项、编委、高被引、论文、比例、校友、影响力等的全称依次为重大国际学术奖项的获奖人、重要国际学术期刊的编委、全球高被引科学家、国际权威学术期刊论文、高被引论文被世界一流学科引用的比例、国际著名校友的培养、在第三方评价中的影响力。

附表 7　土木工程学科国际水平表现及其指标得分表

大　　学	表现	奖项	编委	高被引	论文	比例	校友	影响力
世界顶尖学科组	*****	1.00	1.00	1.00	1.00	1.00	1.00	1.00
世界一流学科组	***	0.09	0.00	0.37	0.35	0.15	0.45	0.20
清华大学	****	0.00	1.00	0.00	1.00	1.00	0.49	1.00
同济大学	****	1.00	1.00	0.00	1.00	1.00	1.00	1.00
浙江大学	****	0.00	0.91	0.00	1.00	1.00	0.49	0.93
重庆大学	****	0.00	0.91	0.00	1.00	1.00	0.24	0.52
北京工业大学	***	0.00	0.00	0.00	1.00	1.00	0.00	0.31
北京交通大学	***	0.00	0.00	0.00	1.00	0.72	0.00	0.41
大连理工大学	***	0.00	0.00	0.00	1.00	1.00	0.49	0.52
东南大学	***	0.00	0.00	0.00	1.00	1.00	0.00	0.82
哈尔滨工业大学	***	0.00	0.00	0.00	1.00	1.00	0.24	0.72
河海大学	***	0.00	0.00	0.00	0.57	0.29	0.00	0.31
湖南大学	***	0.00	0.00	0.00	1.00	1.00	0.00	0.52
华中科技大学	***	0.00	0.00	0.00	0.64	1.00	0.00	0.62
上海交通大学	***	0.00	0.00	0.00	0.80	1.00	0.49	0.82
天津大学	***	0.00	0.00	0.00	1.00	0.87	0.49	0.72
武汉大学	***	0.00	0.00	0.00	0.76	0.89	0.00	0.52
武汉理工大学	***	0.00	0.00	0.00	0.53	0.53	0.00	0.31
西南交通大学	***	0.00	0.00	0.00	1.00	0.98	0.00	0.41
中南大学	***	0.00	0.00	0.00	1.00	0.34	0.24	0.31
长安大学	**	0.00	0.00	0.00	0.27	0.32	0.00	0.21
福州大学	**	0.00	0.00	0.00	0.49	0.00	0.00	0.21

注 1：相同星级表现的高校按照学校名称的拼音字母排序。

注 2：***** 表示该校的得分达到或超过世界顶尖学科组的水平，**** 表示超过世界一流学科组的水平且与世界顶尖学科组的差距不大，*** 表示达到或超过世界一流学科组的水平，** 表示与世界一流学科组的差距不大，* 表示与世界一流学科组的差距大。

注 3：指标名称奖项、编委、高被引、论文、比例、校友、影响力等的全称依次为重大国际学术奖项的获奖人、重要国际学术期刊的编委、全球高被引科学家、国际权威学术期刊论文、高被引论文被世界一流学科引用的比例、国际著名校友的培养、在第三方评价中的影响力。

附表8　材料科学与工程学科国际水平表现及其指标得分表

大　　学	表现	奖项	编委	高被引	论文	比例	校友	影响力
世界顶尖学科组	*****	1.00	1.00	1.00	1.00	1.00	1.00	1.00
世界一流学科组	***	0.00	0.34	0.16	0.33	0.93	0.16	0.58
北京大学	****	0.00	0.24	1.00	1.00	1.00	0.84	1.00
复旦大学	****	0.00	0.24	0.65	0.65	0.89	0.26	1.00
清华大学	****	0.00	0.49	1.00	1.00	1.00	1.00	1.00
上海交通大学	****	0.00	0.24	0.65	0.72	0.94	0.42	1.00
苏州大学	****	0.00	0.00	1.00	0.89	0.82	0.16	0.71
浙江大学	****	0.00	0.00	1.00	0.81	0.96	0.79	0.91
中国科学技术大学	****	0.00	0.00	1.00	0.86	0.88	1.00	1.00
北京航空航天大学	***	0.00	0.00	0.32	0.88	0.98	0.05	0.71
北京化工大学	***	0.00	0.00	0.32	0.24	0.80	0.16	0.61
北京科技大学	***	0.00	0.00	0.32	0.57	0.94	0.11	0.61
哈尔滨工业大学	***	0.00	0.00	0.36	0.83	0.32	0.71
华南理工大学	***	0.00	0.00	1.00	0.45	0.78	0.26	0.71
华中科技大学	***	0.00	0.00	0.65	0.50	0.95	0.16	0.81
吉林大学	***	0.00	0.24	0.16	0.56	0.88	0.68	0.71
南京大学	***	0.00	0.00	0.16	0.58	0.98	0.53	0.91
南开大学	***	0.00	0.00	0.48	0.39	0.91	0.32	0.61
天津大学	***	0.00	0.00	0.48	0.59	0.81	0.26	0.71
武汉理工大学	***	0.00	0.00	0.32	0.28	0.70	0.32	0.51
西安交通大学	***	0.00	0.00	0.16	0.71	0.91	0.11	0.71
西北工业大学	***	0.00	0.24	0.32	0.47	0.60	0.05	0.40

注1：相同星级表现的高校按照学校名称的拼音字母排序。

注2：***** 表示该校的得分达到或超过世界顶尖学科组的水平，**** 表示超过世界一流学科组的水平且与世界顶尖学科组的差距不大，*** 表示达到或超过世界一流学科组的水平，** 表示与世界一流学科组的差距不大，* 表示与世界一流学科组的差距大。

注3：指标名称奖项、编委、高被引、论文、比例、校友、影响力等的全称依次为重大国际学术奖项的获奖人、重要国际学术期刊的编委、全球高被引科学家、国际权威学术期刊论文、高被引论文被世界一流学科引用的比例、国际著名校友的培养、在第三方评价中的影响力。

附表 9　计算机科学与技术学科国际水平表现及其指标得分表

大　　学	表现	奖项	编委	高被引	论文	比例	校友	影响力
世界顶尖学科组	*****	1.00	1.00	1.00	1.00	1.00	1.00	1.00
世界一流学科组	***	0.00	0.12	0.22	0.19	0.57	0.05	0.43
清华大学	****	0.00	0.20	1.00	1.00	0.85	0.68	1.00
上海交通大学	****	0.00	0.20	1.00	0.62	0.92	0.30	0.90
浙江大学	****	0.00	0.00	1.00	0.51	0.82	0.53	0.90
北京大学	***	0.00	0.00	0.00	0.53	0.82	0.38	1.00
北京航空航天大学	***	0.00	0.00	0.00	0.33	0.78	0.08	0.55
北京理工大学	***	0.00	0.00	1.00	0.20	0.69	0.00	0.40
北京邮电大学	***	0.00	0.00	1.00	0.23	0.63	0.23	0.45
电子科技大学	***	0.00	0.00	1.00	0.12	0.47	0.00	0.55
东南大学	***	0.00	0.00	1.00	0.05	0.60	0.23	0.45
哈尔滨工业大学	***	0.00	0.00	1.00	0.26	0.57	0.38	0.80
华中科技大学	***	0.00	0.00	1.00	0.19	0.53	0.23	0.70
南京信息工程大学	***	0.00	0.00	1.00	0.02	0.37	0.08	0.30
深圳大学	***	0.00	0.00	1.00	0.15	0.55	0.00	0.35
西安电子科技大学	***	0.00	0.00	1.00	0.09	0.57	0.30	0.40
西北工业大学	***	0.00	0.00	1.00	0.31	0.51	0.15	0.45
中国科学技术大学	***	0.00	0.00	0.00	0.54	0.57	0.60	0.80
中山大学	***	0.00	0.00	0.00	0.32	0.67	0.15	0.50
大连理工大学	**	0.00	0.00	0.00	0.26	0.51	0.08	0.40
南京大学	**	0.00	0.00	0.00	0.17	0.75	0.00	0.50
天津大学	**	0.00	0.00	0.00	0.16	0.39	0.00	0.35

注 1：相同星级表现的高校按照学校名称的拼音字母排序。

注 2：***** 表示该校的得分达到或超过世界顶尖学科组的水平，**** 表示超过世界一流学科组的水平且与世界顶尖学科组的差距不大，*** 表示达到或超过世界一流学科组的水平，** 表示与世界一流学科组的差距不大，* 表示与世界一流学科组的差距大。

注 3：指标名称奖项、编委、高被引、论文、比例、校友、影响力等的全称依次为重大国际学术奖项的获奖人、重要国际学术期刊的编委、全球高被引科学家、国际权威学术期刊论文、高被引论文被世界一流学科引用的比例、国际著名校友的培养、在第三方评价中的影响力。

附表 10   环境科学与工程学科国际水平表现及其指标得分表

大　　学	表现	奖项	编委	高被引	论文	比例	校友	影响力
世界顶尖学科组	*****	1.00	1.00	1.00	1.00	1.00	1.00	1.00
世界一流学科组	***	0.26	0.18	0.48	0.35	0.70	0.29	0.57
北京大学	****	0.00	0.45	1.00	1.00	0.90	0.59	1.00
南开大学	****	0.00	0.68	0.69	1.00	0.60	0.42	0.46
清华大学	****	0.00	0.23	1.00	1.00	0.91	0.59	1.00
上海交通大学	****	0.00	0.00	1.00	1.00	0.63	0.25	0.61
同济大学	****	0.00	0.23	0.69	1.00	0.68	0.17	0.71
浙江大学	****	0.00	0.23	1.00	1.00	0.55	0.59	0.91
中山大学	****	0.00	0.45	1.00	1.00	0.72	0.17	0.51
大连理工大学	***	0.00	0.00	0.69	1.00	0.50	0.00	0.35
复旦大学	***	0.00	0.23	1.00	1.00	0.70	0.25	0.71
哈尔滨工业大学	***	0.00	0.00	0.69	1.00	0.52	0.00	0.71
湖南大学	***	0.00	0.00	1.00	1.00	0.34	0.00	0.30
南京大学	***	0.00	0.00	0.00	1.00	0.56	0.59	0.81
天津大学	***	0.00	0.23	0.00	1.00	0.43	0.50	0.40
北京师范大学	**	0.00	0.00	0.00	0.73	0.60	0.00	0.71
华东师范大学	**	0.00	0.00	1.00	0.37	0.44	0.00	0.30
华中科技大学	**	0.00	0.00	0.00	1.00	0.34	0.00	0.40
暨南大学	**	0.00	0.00	0.00	0.82	0.41	0.08	0.30
中国科学技术大学	**	0.00	0.00	0.00	1.00	0.40	0.25	0.51
中国农业大学	*	0.00	0.00	0.00	0.40	0.64	0.00	0.25
中南大学	*	0.00	0.00	0.00	0.35	0.41	0.00	0.30

注 1：相同星级表现的高校按照学校名称的拼音字母排序。

注 2：***** 表示该校的得分达到或超过世界顶尖学科组的水平，**** 表示超过世界一流学科组的水平且与世界顶尖学科组的差距不大，*** 表示达到或超过世界一流学科组的水平，** 表示与世界一流学科组的差距不大，* 表示与世界一流学科组的差距大。

注 3：指标名称奖项、编委、高被引、论文、比例、校友、影响力等的全称依次为重大国际学术奖项的获奖人、重要国际学术期刊的编委、全球高被引科学家、国际权威学术期刊论文、高被引论文被世界一流学科引用的比例、国际著名校友的培养、在第三方评价中的影响力。

附表 11　信息与通信工程学科国际水平表现及其指标得分表

大　学	表现	奖项	编委	高被引	论文	比例	校友	影响力
世界顶尖学科组	*****	1.00	1.00	1.00	1.00	1.00	1.00	1.00
世界一流学科组	***	0.50	0.20	0.50	0.35	0.64	1.00	0.56
清华大学	*****	1.00	1.00	1.00	1.00	1.00	1.00	1.00
北京航空航天大学	****	0.00	1.00	0.00	1.00	1.00	1.00	0.83
电子科技大学	****	0.00	1.00	0.00	1.00	1.00	1.00	1.00
哈尔滨工业大学	****	0.00	1.00	0.00	1.00	1.00	1.00	0.83
上海交通大学	****	0.00	1.00	0.00	1.00	0.69	1.00	1.00
武汉大学	****	0.00	1.00	1.00	1.00	0.73	1.00	0.63
中国科学技术大学	****	0.00	0.00	0.00	1.00	0.90	1.00	0.83
北京大学	***	0.00	1.00	0.00	1.00	1.00	1.00	1.00
北京邮电大学	***	0.00	1.00	0.00	1.00	1.00	0.00	1.00
东南大学	***	0.00	1.00	0.00	1.00	1.00	1.00	1.00
华南理工大学	***	0.00	1.00	0.00	0.83	0.92	0.00	1.00
华中科技大学	***	0.00	1.00	0.00	1.00	1.00	1.00	1.00
南京大学	***	0.00	0.00	1.00	1.00	1.00	1.00	0.63
西安电子科技大学	***	0.00	0.00	0.00	1.00	1.00	1.00	1.00
西安交通大学	***	0.00	0.00	0.00	1.00	1.00	1.00	0.83
浙江大学	***	0.00	0.00	0.00	1.00	1.00	1.00	1.00
中山大学	***	0.00	0.00	0.00	1.00	1.00	1.00	0.63
天津大学	**	0.00	0.00	0.00	1.00	1.00	0.00	0.63
中南大学	**	0.00	0.00	0.00	0.34	1.00	0.00	0.63
山东大学	*	0.00	0.00	0.00	0.44	0.00	0.00	0.42

注1：相同星级表现的高校按照学校名称的拼音字母排序。

注2：***** 表示该校的得分达到或超过世界顶尖学科组的水平，**** 表示超过世界一流学科组的水平且与世界顶尖学科组的差距不大，*** 表示达到或超过世界一流学科组的水平，** 表示与世界一流学科组的差距不大，* 表示与世界一流学科组的差距大。

注3：指标名称奖项、编委、高被引、论文、比例、校友、影响力等的全称依次为重大国际学术奖项的获奖人、重要国际学术期刊的编委、全球高被引科学家、国际权威学术期刊论文、高被引论文被世界一流学科引用的比例、国际著名校友的培养、在第三方评价中的影响力。

参考文献

英文文献

［1］ Abramo G，Angelo C A，Soldatenkova A. An investigation on the skewness patterns and fractal nature of research productivity distributions at field and discipline level［J］. Journal of Informetrics，2017，11(01)：324－335.

［2］ Alfred P，Sloan J R. My years with general motors［M］. New York：Currency & doubleday，1963.

［3］ Altbach P G. The costs and benefits of world-class universities［J］. Journal of Higher Education，2004，90(01)：20－23.

［4］ American Chemical Society. Gilman Hall at the University of California，Berkeley［EB/OL］.［2022－02－10］. https://www.acs.org/content/acs/en/education/whatischemistry/landmarks/gilman.html♯gilbert-newton-lewis.

［5］ Asderaki F，Maragos D. The internationalization of higher education：The added value of the European portals and social media pages for the national and the institutional internationalization strategies［J］. International Conference on Information Communication Technologies in Education，2013 (13)：498 － 510.

［6］ Australian Government，Australian Research Council. ERA National Report 2018 － 2019［EB/OL］.［2022－04－22］. https://dataportal.arc.gov.au/ERA/NationalReport/2018/.

［7］ Becher T. Academic tribes and territories［M］. Buckingham，UK：Open University Press，1996.

［8］ Berg B，Ostergren B. Innovation processes in higher education［J］. Studies in Higher Education，1997，(04)：261－268.

［9］ Bernardo L C，Silva N R G，Freitas A C V，et al. The tutor as facilitator agent in the teaching and learning process：an experience in the discipline of Metabolic Biochemistry ［J］. Revista De Ensino De Bioquimica，2019，17(02)：1－14.

［10］ Biglan A. Relationships between subject matter characteristics and the structure and output of university departments［J］. Journal of Applied Psychology，1973(03)：

204 - 213.

[11] Birnbaum R. No World-Class University Left Behind[J]. International Higher Education，2007(47)：7 - 9.

[12] Bornmann L，Daniel H D. What do we know about the h Index? [J]. Journal of the Association for Information science & Technology，2010，58(09)：1381 - 1385.

[13] Bowen H R，Schuster J H. American professors：a national resource imperiled[M]. New York：Oxford university Press，1986.

[14] Boyatzis R E. Transforming qualitative information：Thematic analysis and code development [M]. CA：Sage Publications 1998.

[15] Braun T，Diospatony I. The counting of core journal gatekeepers as science indicators really counts. The scientific scope of action and strength of nations[J]. Scientometrics，2005，62(62)：297 - 319.

[16] Britannica. Glenn T. Seaborg[EB/OL]. [2022 - 02 - 11]. https://www. britannica. com/biography/Glenn-T-Seaborg.

[17] Carroll M C，Blair J P. Local economic development and the academy[J]. Applied Geography，2012，32(01)：51 - 53.

[18] Chan W W Y. International cooperation in higher education：theory and practices[J]. Journal of studies in international education，2004 (08)：32 - 35.

[19] Clark B R. The Distinctive College[M]. New Brunswick：Transaction Publishers，1990.

[20] Cole S. Cole J R. Visibility and the Structural Bases of Awareness of Scientific Research [J]. American Sociological Review，1968，33(03)：397 - 413.

[21] College of Chemistry. About the Chemistry Ph.D. Program[EB/OL]. [2022 - 02 - 17]. https://chemistry. berkeley. edu/grad/chem/about.

[22] College of Chemistry. Academics [EB/OL]. [2022 - 02 - 08]. https://chemistry. berkeley. edu/academics.

[23] College of Chemistry. Chemistry & Chemical Biology Undergraduate Student Learning Goals[EB/OL]. [2022 - 02 - 17]. https://chemistry. berkeley. edu/ugrad/usli/chem.

[24] College of Chemistry. College History[EB/OL]. [2022 - 02 - 08]. https://chemistry. berkeley. edu/berkeley-chemistry-1868-to-present.

[25] College of Chemistry. Lawrence Berkeley National Laboratory[EB/OL]. [2022 - 02 - 15]. https://www.lbl.gov/about/.

[26] College of Chemistry. Major Awards & Honors[EB/OL]. [2022 - 02 - 08]. https://chemistry.berkeley.edu/awards-honors.

[27] College of Chemistry. The College[EB/OL]. [2022 - 02 - 15]. https://chemistry.berkeley.edu/about.

[28] Coutts B J. Disciplinary principles for cadastral surveyors：a case study in Australia and New Zealand[J]. Journal of Spatial Science，2011，56(01)：3 - 13.

[29] Cremonini L，Benneworth P，Dauncey H，et al. Reconciling Republican Egalité and Global Excellence Values in French Higher Education[M]. Netherlands：Springer，2013.

[30] Cunha M，Rocha V. On the efficiency of public higher education institutions in portugal：an exploratory[J]. FEP Working Papers，2012 (12)：13 – 16.

[31] Davis D，Walker K. Towards an optics of power：technologies of surveillance and discipline and case-loading midwifery practice in New Zealand[J]. Gender，Place & Culture，2013，20(5)：597 – 612.

[32] Dehnad A，Abdekhoda M，Atatalab F F. H-index and promotion decisions[J]. Annals of Library and Information Studies，2019，66(04)：171 – 175.

[33] Department of Materials Science and Engineering. About DMSE[EB/OL]. [2022 – 03 – 02]. https：//dmse.mit.edu/about.

[34] Department of Materials Science and Engineering. Admissions ＋ Aid[EB/OL]. [2022 – 03 – 02]. https：//web.mit.edu/admissions-aid/.

[35] Department of Materials Science and Engineering. Celebrating great mentorship for graduate students[EB/OL]. [2022 – 03 – 11]. https：//news.mit.edu/2018/celebrating-great-mentorship-for-graduate-students – 0424.

[36] Department of Materials Science and Engineering. Committed to Caring[EB/OL]. [2022 – 03 – 11]. https：//oge.mit.edu/community/committed-to-caring-c2c/.

[37] Department of Materials Science and Engineering. Disciplines[EB/OL]. [2022 – 03 – 05]. https：//dmse.mit.edu/research/disciplines.

[38] Department of Materials Science and Engineering. Faculty Awards[EB/OL]. [2022 – 03 – 02]. https：//dmse.mit.edu/about/award.

[39] Department of Materials Science and Engineering. Graduate Program[EB/OL]. [2022 – 03 – 05]. https：//dmse.mit.edu/graduate.

[40] Department of Materials Science and Engineering. Innovation and Entrepreneurship [EB/OL]. [2022 – 03 – 04]. https：//dmse.mit.edu/about/entrepreneurship.

[41] Department of Materials Science and Engineering. MIT Open Courseware[EB/OL]. [2022 – 03 – 02]. http：//www2.myoops.org/cocw/mit/Materials-Science-and-Engineering/index.htm.

[42] Department of Materials Science and Engineering. Opportunities[EB/OL]. [2022 – 03 – 07]. https：//dmse.mit.edu/undergraduate/prospective/opportunities.

[43] Department of Materials Science and Engineering. Research[EB/OL]. [2022 – 03 – 02]. https：//dmse.mit.edu/research.

[44] Department of Materials Science and Engineering. Undergraduate Research Opportunities (UROP) in Materials science and Engineering[EB/OL]. [2022 – 03 – 07]. https：//dmse.mit.edu/undergraduate/research.

[45] Department of Materials Science and Engineering. What Is MSE[EB/OL]. [2022 – 03 –

04]. https://dmse.mit.edu/about/what-is-mse.

[46] Dolan E L, Elliott S L, Henderson C, et al. Evaluating Discipline-Based Education Research for Promotion and Tenure[J]. Innovative Higher Education, 2018, 43(01): 31 – 39.

[47] Fitzpatrick S. Education and social mobility in the Soviet Union: 1921 – 1934[M]. New York: Cambridge University Press, 2002.

[48] Frey B S, Neckermann S. Awards: A view Form economics[J]. The Economics of Ethics, 2009, 73 – 88.

[49] Friedrich-Nel H, Kinnon J C. The quality culture in doctoral education: Establishing the critical role of the doctoral supervisor[J]. Innovations in Education and Teaching International, 2019, 56(02): 140 – 149.

[50] Garcia C E, Granadino B, Plaza, L M. The representation of nationalities on the editorial boards of international journals and the promotion of the scientific output of the same countries[J]. Scientometrics, 2010, 84(03): 799 – 811.

[51] Garfield E. The diverse roles of citation indexes in scientific research[J]. Revista De Investigación Clínica, 1998, 50(06): 497 – 504.

[52] Gautam P. An overview of the Web of Science record of scientific publications (2004 – 2013) from Nepal: focus on disciplinary diversity and international collaboration[J]. Scientometrics, 2017, 113(03): 1245 – 1267.

[53] Gingras Y. Khelfaoui M. Do we need a book citation index for research evaluation? [J]. Research Evaluation, 2019, 28(04): 383 – 393.

[54] Graham G P. The Remains of a British Discipline[J]. Journal of Geography in Higher Education, 2007, 31(03): 353 – 379.

[55] Grigoroudis E, Tsitsiridi E, Zopounidis C. Linking customer satisfaction, employee appraisal and Business Performance: an evaluation methodology in the banking sector [J]. Ann Oper Res, 2013, 20(05): 5 – 27.

[56] Hayashi T. Research assessment in the humanities and social sciences in the national university evaluation[J]. Trends in the Science, 2018, 23(10): 10 – 16.

[57] Hirsch J E. An index to quantify an individual scientific research output [J]. Proceedings of the National academy of Sciences, 2005, 102(46): 16569 – 16572.

[58] Holland D G. Discipline in the context of development: a case of the social sciences in Malawi, Southern Africa[J]. Higher Education, 2008, 55(06): 671 – 681.

[59] Hossain N U I, Jaradat R M, Hamilton M A, et. al. A Historical Perspective on Development of Systems Engineering Discipline: A Review and Analysis[J]. Journal of Systems Science and Systems Engineering, 2020(01): 1 – 35.

[60] Jaffe K, Horst E, Gunn L H, et.al. A network analysis of research productivity by country, discipline, and wealth[J]. PLoS One, 2020 (05): 88 – 90.

[61] Kampen K J. On the (In) consistency of citizen and municipal level indicators of social

capital and local government performance[J]. Soc Indic Res，2010(97)：213-228.

[62] Kemp M W，Lazareus B M，Perron G G，et al. Biomedical Ph.D. Students Enrolled in Two Elite Universities in the United Kingdom and the United States Report Adopting Multiple Learning Relationships[J]. PLoS One，2014，9(07). https：//doi.org/10.1371/journal.pone.0103075.

[63] Kuckartz U. Qualitative text analysis：A guide to methods，practice and using software [M]. London：Sage Publications，2014.

[64] Lazarev V S. Discipline Impact Factor：Some of Its History，Some of the Author's Experience of Its Application，the Continuing Reasons for Its Use and Next Beyond[J]. Journal of Data and Information Science，2020，5(03)：197-209.

[65] Lee D，Kim S，Cha S H. Evaluating the effectiveness of research centers and institutes in universities：Disciplines and life cycle stages[J]. Kedi Journal of Educational Policy，2014，11(01)：119-137

[66] Li J H. Exploring the logic and landscape of the knowledge system：Multilevel structures，each multiscaled with complexity at the mesoscale[J]. Engineering，2016，2(03)：276-285.

[67] Mansoori P. 50 years of Iranian clinical，biomedical，and public health research：a bibliometric analysis of the Web of Science Core Collection (1965-2014)[J]. Journal of Global Health，2018，8(02)：1-15.

[68] Marx W，Cardona M. Physics in Cuba from the Perspective of Bibliometrics[M]. Netherlands：Springer，2014.

[69] Mayring P. Qualitative content analysis：Theoretical foundation，basic procedures and software solution[M]. Austria：Klagenfurt，2014.

[70] Mcculloch A，Kumar V，Schalkwyk S V，et al. Excellence in doctoral supervision：an examination of authoritative sources across four countries in search of performance higher than competence[J]. Quality in Higher Education，2016，22(01)：64-77.

[71] McKinnis D R，Sloan M A，Snow L D，et al. A university engagement model for achieving technology adoption and performance improvement impacts in healthcare，manufacturing，and government [J]. Journal of Higher Education Outreach and Engagement，2014，18(01)：187-213.

[72] McLean R K D，Finner K，Woodward L. Finding Balance：An Evaluation Governance Model to Ease Tension between Independence and Inclusion[J]. Canadian Journal of Program Evaluation，2017，32(01)：109-121.

[73] Miyairi N，Chang H W. Bibliometric characteristics of highly cited papers from Taiwan：2000-2009[J]. Scientometrics，2012，92(01)：197-205.

[74] Moed H F. Citation Analysis in Research Evaluation[M]. Netherlands：Springer，2006.

[75] National Research Council，Policy and Global Affairs，Office of International Affairs，

et al. Maximizing U.S. Interests in Science and Technology Relations with Japan[M]. Washington DC: The National Academies Press, 1997.

[76] Nicolescu B, Ertas A. Transdisciplinarity: Theory and Practice[M]. New York: Hampton Press, 2008.

[77] Nofianti L, Suseno N S. Factors affecting implementation of good government governance (GGG) and their implications towards performance accountability[J]. Procedia-Social and Behavioral Sciences, 2014, 164: 98 - 105.

[78] Ohlin B. Interregional and international trade[M]. Cambridge, Massachusetts: Harvard University Press, 1993.

[79] Pang E F, Lim L Y C. Evolving Great University in Small and Developing Countries [J]. International Higher Education, 2003(33): 9 - 10.

[80] Patton M Q. Evaluation Science[J]. American Journal of Evaluation, 2018, 39(02): 183 - 200.

[81] Porter E M. The competitive advantage of nations[M]. London: Macmillan Press, 1990.

[82] Posselt J R. Disciplinary Logics in Doctoral Admissions: Understanding Patterns of Faculty Evaluation[J]. Journal of Higher Education, 2015, 86(06): 807 - 833.

[83] Prahalad C K, Hamel G. The core competence of the corporation[J]. Harvard Business Review, 1990(68): 79 - 91.

[84] Punch K F. Introduction to social research: Quantitative and qualitative approaches [M]. CA: Sage Publications, 2013.

[85] Pyhalto K, Vekkaila J, Keskinen J. Fit matters in the supervisory relationship: doctoral students and supervisors perceptions about the supervisory activities[J]. Innovations in Education and Teaching International, 2015, 51(02): 4 - 16.

[86] QS. QS World University Rankings By Subject: Methodology[EB/OL]. [2021 - 11 - 17]. http://www.iu.qs.com/univers-ity-rankings/subject-tables/.

[87] QS. 2021 QS World University Rankings by Subject[EB/OL]. [2022 - 01 - 02]. https://www.qschina.cn/subject-rankings/2021.

[88] Rassi E R, Meho L I, Nahlawi A. Medical research productivity in the Arab countries: 2007 - 2016 bibliometric analysis[J]. Journal of Global Health, 2018, 8(02): 1 - 10.

[89] Reed K N, Fenning P, Johnson M, et al. Promoting statewide discipline reform through professional development with administrators[J]. Preventing School Failure, 2020, 64(02): 172 - 182.

[90] Rodriguez-Navarro A. Research assessment based on infrequent achievements: a comparison of the United States and Europe in terms of highly cited papers and Nobel Prize[J]. Journal of the Association for Information Science and Technology, 2016, 67(03): 731 - 740.

[91] Sanchez T W. Faculty Performance Evaluation Using Citation Analysis: An Update[J].

Journal of Planning Education and Research，2017，37(01)：83－94.

[92] School of Electrical and Electronic Engineering. About Us[EB/OL]. [2022－02－16]. https://www.ntu.edu.sg/eee.

[93] School of Electrical and Electronic Engineering. Centre for Integrated Circuits and Systems[EB/OL]. [2022－02－17]. https://www.ntu.edu.sg/cics/home.

[94] School of Electrical and Electronic Engineering. Electromagnetic Effects Research Laboratory[EB/OL]. [2022－02－20]. https://wcms-prod-admin.ntu.edu.sg/emerl/home.

[95] School of Electrical and Electronic Engineering. Industry Collaborations [EB/OL]. [2022－02－18]. https://www.ntu.edu.sg/eee/research/industrycollaboration.

[96] School of Electrical and Electronic Engineering. Research[EB/OL]. [2022－02－16]. https://www.ntu.edu.sg/eee/research.

[97] School of Electrical and Electronic Engineering. Research-areas [EB/OL]. [2022－02－22]. https://www.ntu.edu.sg/eee/research/research-areas/core-strengths-and-strong-competitive-research-areas.

[98] Science. Information for authors[EB/OL]. [2021－05－10]. http://www.sciencemag.org/authors/science-information-authors.

[99] Smith A. The wealth of nation[M]. New York：The Modern Library，1937.

[100] Sombatsompop N，Markpin T. Making an equality of ISI impact factors for different subject fields [J]. Journal of the American Society for Information Science and Technology，2005(56)：676－783.

[101] Strauss A，Corbin J M. Basics of qualitative research：Grounded theory procedures and techniques[M]. CA：Sage Publications，1990.

[102] Stura I，Gentile T，Migliaretti G，et al. Accreditation in higher education：Does disciplinary matter? [J]. Studies in Educational Evaluation，2019(63)：41－47.

[103] The Nobel Prize. Melvin Calvin Biographical[EB/OL]. [2022－02－10]. https://www.nobelprize.org/prizes/chemistry/1961/calvin/biographical/.

[104] The Nobel Prize. William F. Giauque Biographical[EB/OL]. [2022－02－10]. https://www.nobelprize.org/prizes/chestry/1949/giauque/biographical/.

[105] The Scottish Funding Council，the Higher Education Funding Council for Wales，the Department for the Economy of Northern Ireland. Research Excellence Framework 2021 [EB/OL]. [2022－05－26]. http://www.ref.ac.uk/.

[106] THE. Methodology[EB/OL]. [2021－11－22]. https://www.timeshighereducation.com/world-university-rankings/by-subject.

[107] Thelin J R. A History of American Higher Education[M]. Baltimore and London：The Johns Hopkins University Press，2004：200.

[108] Thelwall M. Three practical field normalised alternative indicator formulae for research evaluation[J]. Journal of Informetrics，2017，11(01)：128－151.

［109］ Trifonas P P. Revolutionary pedagogies：cultural politics，instituting education，and the discourse of theory［M］. New York：Routledge，2000.

［110］ Trowler P R. Higher education policy and institutional change：intentions and outcomes in turbulent environments［M］. Buckingham：Society for Research into Higher Education & Open University Press，2002.

［111］ US News. Ranking Indicators［EB/OL］. ［2021－11－20］. https://www.usnews.com/education/best-global-universties/articles/subject-rankings-methodology.

［112］ Waltman L，Eck N J V. A systematic empirical comparison of different approaches for normalizing citation impact indicators［J］. Journal of Informetrics，2013，7(04)：833－849.

［113］ Wang X W，Cui Y X，Xu S M，et al. The state and evolution of Gold open access：a country and discipline level analysis［J］. Aslib Journal of Information Management，2018，70(05)：573－584.

［114］ Williams R，Van-Dyke N. Reputation and reality：ranking major disciplines in Australian universities［J］. Higher Education，2008，56(01)：1－28.

［115］ Zare M N，Pourkarimi J，Salehi G Z. In search of a world-class university in Iran［J］. Journal of Applied Research in Higher Education，2016：522－529.

［116］ Zheng Y Y. Liu S. Bibliometric analysis for talent identification by the subject-author-citation three-dimensional evaluation model in the discipline of physical education［J］. Library Hi Tech，2020，40(01)：62－79.

［117］ Zuckerman H. The proliferation of prizes：Nobel complements and Nobel surrogates in the reward and system of science［J］. Theoretical Medicine and Bioethics. 1992，13(02)：217－231.

中文文献

［1］ 白强.大学科研评价旨意：悖离与回归［J］.大学教育科学,2018(06)：67－73.

［2］ 白强.世界一流学科的生成逻辑与建设路径——基于中外两所大学两个一流学科生长史的考察［J］.大学教育科学,2019(04)：47－52,65.

［3］ 包水梅,常乔丽.从政府战略到院校行动：香港世界一流学科建设的经验及启示［J］.高等工程教育研究,2017(03)：95－99.

［4］ 曹蕾.区域生态文明建设评价指标体系及建模研究［D］.华东师范大学,2014.

［5］ 曹雁,袁晓平.高校一流工程学科建设方案的特征及反思——基于 67 份一流工程学科建设方案的文本分析［J］.中国高校科技,2020(Z1)：4－7.

［6］ 陈彪,严嘉,胡波.科研平台在学科建设中的作用——基于某高校全国一级学科评估的数据［J］.中国高校科技,2017(12)：4－7.

［7］ 陈佳洱.基础研究：自主创新的源头［J］.科学咨询,2005(12)：11－14.

［8］ 陈敬.原始创新力：从学科交叉到学科会聚［J］.中国高校科技与产业化(学术版),2006

（S1）：10 - 12.

［9］ 陈澜,王明强,王黎辉.大学生课外科技活动对创新能力培养的作用[J].合肥工业大学学报(社会科学版),2004(05)：137 - 140.

［10］ 陈丽媛,杨建华,高磊.一流大学学术大师的指标表现及其引育机制研究：基于国际比较的视野[J].上海交通大学学报(哲学社会科学版),2019,27(03)：70 - 79.

［11］ 陈其荣.诺贝尔自然科学奖与世界一流大学[J].上海大学学报(社会科学版),2010,17(06)：17 - 38.

［12］ 陈世银.国际学科排名对我国高校创建一流学科的启示[J].现代教育论丛,2016(03)：80 - 84.

［13］ 陈仕吉,邱均平.一流学科与学科排名的对比研究——基于教育部学科评估、ESI 和 QS 学科排名的一流学科对比分析[J].评价与管理,2019,17(04)：27 - 32.

［14］ 陈向明.质的研究方法与社会科学研究[M].北京：教育科学出版社,2000.

［15］ 邓军,季荣生,刘大锰.关于理工类高校建设与发展的若干思考[J].中国地质教育,2005(03)：1 - 6.

［16］ 冯家贵,梁元星.大学品牌及其塑造策略[J].改革与战略,2006(06)：58 - 61.

［17］ 冯用军,赵雪.中国"双一流"战略：概念框架、分类特征和评估标准[J].现代教育管理,2018(01)：12 - 18.

［18］ 冯倬琳,刘念才.世界一流大学建设蓝皮书(2020—2021)[M].上海：上海交通大学出版社,2021.

［19］ 冯倬琳,刘念才.世界一流大学评价与建设[M].上海：上海交通大学出版社,2019.

［20］ 冯倬琳,王琪,刘念才.世界一流大学建设之路与启示[J].中国高等教育,2014(10)：61 - 63.

［21］ 高敏,谈小龙.中国行业特色高校 ESI 学科排名研究[J].高教发展与评估,2019,35(03)：30 - 38,56.

［22］ 高艳,吴森林,郭兴蓬.论大学学科建设[J].中国高等教育评估,2015(03)：23 - 29.

［23］ 顾行发.改革科技评价制度促进重大原始创新[N].人民政协报,2017 - 09 - 11(03).

［24］ 郭丛斌.中国高水平大学学科发展现状与建设路径分析——从 ESI、QS 和 US News 排名的视角[J].教育研究,2016,37(12)：62 - 73.

［25］ 郭建鹏,计国君.大学生学习体验与学习结果的关系：学生投入的中介作用[J].心理科学,2019,42(04)：868 - 875.

［26］ 郭书剑,王建华.论一流学科的制度建设[J].高校教育管理,2017,11(02)：34 - 40.

［27］ 国务院.关于印发《统筹推进世界一流大学和一流学科建设总体方案》的通知[EB/OL].[2019 - 12 - 02].http://www.gov.cn/zhengce/content/2015-11/05/content_10269.htm.

［28］ 韩喜双,方灵敏.理工类研究型大学人文社会科学建设问题探究[J].哈尔滨工业大学学报(社会科学版),2010,12(04)：99 - 104.

［29］ 郝凤霞,张春美.原创性思维的源泉——百年诺贝尔奖获奖者知识交叉背景研究[J].自然辩证法研究,2001,17(09)：55 - 59.

［30］ 郝玉凤.全球性大学学科评价指标体系分析及其启示[J].中国高等教育评估,2015

（05）：33 - 38.

[31] 何晋秋.建设和发展研究型大学,统筹推进我国世界一流大学和一流学科建设[J].清华
大学教育研究,2016,37(04)：17 - 23,45.

[32] 侯志军,窦亚飞,耿加进.环境科学、生态学学科评估国际比较[J].高教发展与评估,
2013,29(06)：57 - 67.

[33] 胡波,严嘉.地球科学领域学科发展水平分析——基于 ESI 数据库的地球科学领域文
献计量分析[J].中国地质教育,2015,24(01)：10 - 14.

[34] 胡建华.大学科学研究与创新型人才培养[J].现代大学教育,2009(04)：1 - 4.

[35] 黄明东,陈越.协调与统一：高校教学与科研关系的再思考[J].中国高校科技,2016
(10)：4 - 8.

[36] 黄淑芳.基于跨学科合作的团队异质性与高校原始性创新绩效的关系研究[D].浙江大
学,2016.

[37] 黄涛.原创研究何以可能——诺贝尔自然科学奖的启示[J].科技导报,2009,27(24)：
94 - 95.

[38] 汲培文.数理科学的发展机遇与使命——国家自然科学基金委员会数理科学部 20 年
工作简要回顾与展望[J].中国科学基金,2006(06)：345 - 348.

[39] 姜春林,张立伟,刘学.牛顿抑或奥尔特加?——一项来自高被引文献和获奖者视角的
实证研究[J].自然辩证法研究,2014,30(11)：79 - 85.

[40] 姜帆.社会科学领域的国际学术奖项评价研究[D].上海交通大学,2019.

[41] 姜华,刘苗苗.中国"C9"与澳大利亚"G8"联盟一流学科之比较分析——基于 ESI 和
InCites 数据库[J].中国高教研究,2017(06)：62 - 72.

[42] 焦一丹,俞征鹿.国际高影响力期刊中我国编委表现度分析——以自然指数数据库收
录期刊为例[J].科技与出版,2020(09)：130 - 136.

[43] 教育部,财政部,国家发展改革委.关于印发《"双一流"建设成效评价办法(试行)的通
知》[EB/OL].[2021 - 04 - 25].http://www.moe.gov.cn/srcsite/A22/moe_843/202103/
t20210323_521951.html.

[44] 教育部,财政部,国家发展改革委.关于印发《统筹推进世界一流大学和一流学科建设
实施办法(试行)的通知》[EB/OL].[2021 - 12 - 02].http://www.moe.gov.cn/srcsite/
A22/moe_843/201701/t20170125_295701.html.

[45] 教育部,财政部,国家发展改革委.关于公布第二轮"双一流"建设高校及建设学科名单
的通知[EB/OL].[2022 - 04 - 20]. http://www.moe.gov.cn/srcsite//A22/s7065/
202202/t20220211_598710.html.

[46] 教育部,财政部,国家发展改革委.《关于公布世界一流大学和一流学科建设高校及建
设学科名单的通知》[EB/OL].[2019 - 11 - 22].http://www.moe.gov.cn/srcsite/A22/
moe_843/201709/t20170921_314942.html.

[47] 教育部,科技部.印发《关于规范高等学校 SCI 论文相关指标使用 树立正确评价导向的
若干意见》的通知[EB/OL].[2022 - 01 - 09].http://www.moe.gov.cn/srcsite/A16/
moe_784/202002/t20200223_423334.html.

[48]　教育部.关于加强博士生导师岗位管理的若干意见[EB/OL].[2022 - 03 - 28].http://www.moe.gov.cn/jyb_xwfb/s271/202009/t20200928_492187.html.

[49]　教育部办公厅.关于开展清理"唯论文、唯帽子、唯职称、唯学历、唯奖项"专项行动的通知[EB/OL].[2022 - 01 - 09].http://www.moe.gov.cn/srcsite/A16/s7062/201811/t20181113_354444.html.

[50]　杰弗里·雷蒙.吸引国际顶尖人才,除了"硬指标"还有什么?[J].国际人才交流,2019(05)：38 - 41.

[51]　金立波,黄海,尹海燕,等.高等院校科研平台承载作用的研究[J].科技管理研究,2014,34(08)：112 - 116.

[52]　科技部.印发《关于破除科技评价中"唯论文"不良导向的若干措施(试行)》的通知[EB/OL].[2022 - 01 - 09].https://www.most.gov.cn/xxgk/xinxifenlei/fdzdknr/fgzc/gfxwj/gfxwj2020/202002/t20200223_151781.html.

[53]　李光丽,段兴民.侧析我国的学术环境——对诺贝尔奖困惑的反思[J].科学管理研究,2005(05)：65 - 68.

[54]　李佳哲,胡咏梅.世界一流经济学科建设：概念、指标与实现路径[J].清华大学教育研究,2019,40(03)：21 - 32.

[55]　李克强.我们到了要大声疾呼加强基础研究的关键时刻[EB/OL].[2021 - 12 - 01].http://www.gov.cn/xinwen/2021-07/20/content_5626166.htm.

[56]　李明,宋爱林,贺伟.基于文献计量的高校"双一流"学科评价指标体系构建研究[J].新世纪图书馆,2018(11)：94 - 97.

[57]　李明.基于模糊 DEA 的地方高校学科建设绩效评价方法研究[J].北京工业大学(社会科学版),2014,14(06)：73 - 79.

[58]　李师群.科研训练是大学本科人才培养的重要环节——近 20 年清华物理系学生的 seminar[J].物理与工程,2020,30(01)：19 - 22,28.

[59]　李文鑫,陈学敏.孕育基础科学人才的沃土,培养基础科学人才的摇篮——国家理科基地建设回顾与总结[J].高等理科教育,2007(02)：5 - 8,25.

[60]　李向森,杨华.基于 ESI 数据库的环境与生态学领域研究影响力分析[J].预防医学情报杂志,2017,33(10)：1061 - 1065.

[61]　李兴国,张莉莉.世界一流大学建设的现实基础与路径选择——基于 38 所样本高校 ESI 学科指标的统计分析[J].高校教育管理,2015,10(06)：149 - 155.

[62]　李言荣."从 0 到 1"高校的机遇何在[N].中国科学报,2019 - 04 - 08(01).

[63]　李燕.世界一流学科评价及建设研究[D].中国科学技术大学,2018.

[64]　李宇杰,刘双科,王珲等."双一流"建设背景下科学构建研究生课程体系的思考——基于麻省理工学院材料学科的对比研究[J].高等教育研究学报,2018,41(04)：62 - 70.

[65]　梁传杰.论学科建设绩效评价[J].北京科技大学学报(社会科学版),2010,26(01)：158 - 161.

[66]　梁燕,耿燕,林玉伟等.基于层次分析法的高校科技创新能力评价指标体系研究[J].科学学与科学技术管理,2009,30(05)：194 - 196.

[67] 林健.面向未来的中国新工科建设[J].清华大学教育研究,2017,38(02):26-35.

[68] 刘宝存.美国大学的创新人才培养与本科生科研[J].外国教育研究,2005,(12):39-43.

[69] 刘凡丰.美国研究型大学本科教育改革透视[J].高等教育研究,2003(01):100-104.

[70] 刘莉,董彦邦,岳卫平,等.一流大学原创研究的评价与比较[J].上海交通大学学报(哲学社会科学版),2019,27(03):38-50.

[71] 刘莉,董彦邦,朱莉,等.科研评价:中国一流大学重大原创性成果产出少的瓶颈因素——基于国内外精英科学家的调查结果[J].高等教育研究,2018,39(08):23-31.

[72] 刘莉.英国大学科研评价改革:从RAE到REF[J].科学学与科学技术管理,2013,35(02):39-45.

[73] 刘瑞儒,何海燕.世界一流学科建设中期绩效考核评估研究[J].研究生教育研究,2018(02):60-66.

[74] 刘献君.学科交叉是建设世界一流学科的重要途径[J].高校教育管理,2020,14(01):1-7,28.

[75] 刘小强,聂翠云.走出一流学科建设的误区——国家学科制度下一流学科建设的功利化及其反思[J].学位与研究生教育,2019(12):18-24.

[76] 卢铁城.为建设创新型国家培养造就拔尖创新人才[J].中国高教研究,2006(10):10-13.

[77] 芦艳,庞青山.世界一流学科形成的影响要素研究[J].大学教育科学,2018(02):89-94.

[78] 陆根书,胡文静.一流学科建设应重视培育学科文化[J].江苏高教,2017(03):5-9.

[79] 罗风竹.汉语大词典[M].北京:汉语大词典出版社,1989.

[80] 骆亚华.本科生科研训练的现状分析与对策研究——以浙江大学数学与科学学院为例[J].教育教学论坛,2016(30):218-219.

[81] 马丽娜.科技论文合著现象发展趋势研究——以英国《自然》杂志为例[J].情报探索,2010(10):10-12.

[82] 马延奇.一流学科建设与拔尖创新人才培养[J].国家教育行政学院学报,2019(03):3-10.

[83] [美]艾尔·巴比著.邱泽奇译.社会研究方法[M].北京:华夏出版社,2009.

[84] [美]伯顿·克拉克著.徐辉,王承绪译.高等教育新论:多学科的研究[M].杭州:浙江教育出版社,2001.

[85] [美]菲利普·G.阿特巴赫主编.蒋凯,主译.21世纪美国高等教育——社会、政治、经济的挑战[M].北京:北京大学出版社,2005.

[86] [美]路德维希·冯·贝塔朗菲著.秋同,袁嘉新译.一般系统论:基础发展应用[M].北京:社会科学文献出版社,1987.

[87] [美]罗伯特·K·殷著.周海涛译.案例研究:设计与方法[M].重庆:重庆大学出版社,2012.

[88] [美]罗伯特·K·殷著.周海涛译.案例研究方法的应用[M].重庆:重庆大学出版社,

2004.

[89]　[美]米歇尔·福柯著.性经验史[M].上海:上海人民出版社,2000.

[90]　倪瑞,胡忠辉,燕京晶.基于 ESI 的国内外部分高校理学学科发展比较研究[J].学位与研究生教育,2011(05):32-38.

[91]　宁昕.导师指导对博士生教育经历满意度的影响研究[J].学位与研究生教育,2020(08):37-42.

[92]　潘旭涛.2018 年全球创新指数报告:中国首次跻身全球创新 20 强[N].人民日报海外版,2018-07-12.

[93]　裴兆宏,胡和平.优化学术环境,建设一流大学的教师队伍[J].清华大学教育研究,2005,26(06):85-89.

[94]　彭一然.中国生态文明建设评价指标体系构建与发展策略研究[D].对外经济贸易大学,2016.

[95]　邱均平,楼雯.“985”大学世界一流学科建设成效研究——基于“武大版”世界大学评价结果的分析[J].中国社会科学评价,2015(02):115-125.

[96]　邱均平,杨瑞仙.基于 ESI 数据库的材料科学领域文献计量分析研究[J].情报科学,2010,28(08):1121-1126.

[97]　日本学术振兴会.研究热点形成事业 Core-to-Core Program[EB/OL].[2022-01-22].http://www.jsps.go.jp/jc2c/gaiyou.html.

[98]　[日]杉木勋著.日本科学史[M].北京:商务印书馆,1999.

[99]　软科.排名方法——2021 世界一流学科排名[EB/OL].[2021-11-17].https://www.shanghairanking.cn/methodo-logy/gras/2021.

[100]　沈满,张一凡.加强高校科研平台建设的探索与实践[J].中国电力教育,2014(08):8-9.

[101]　史秋衡,陈志伟.发达国家顶尖人才培养体系特征研究[J].教育研究,2016,37(06):131-141.

[102]　史竹琴,朱先奇.ESI 在世界一流大学与学科评价中的问题与对策研究[J].重庆大学学报(社会科学版),2017,23(06):84-91.

[103]　司江伟,孟晓娟.海外人才与本土人才的协调共生机制构建探索[J].当代经济管理,2012,34(08):76-80.

[104]　眭依凡.关于“双一流建设”的理性思考[J].高等教育研究,2017,38(09):1-8.

[105]　孙晋海.我国高校体育学学科发展战略研究[D].苏州大学,2015.

[106]　索传军.论学术评价的价值尺度——兼谈“唯论文”问题的根源[J].社会科学文摘,2021(01):13-15.

[107]　唐卫民,许多.日本一流学科建设的经验与启示——以早稻田大学为例[J].辽宁工程技术大学学报(社会科学版),2020,22(01):60-64.

[108]　托尼·莱格特.创新要培育自由、宽松的学术环境[J].国际人才交流,2014(06):2.

[109]　万文涛,余可锋.从美国诺贝尔奖得主的成长曲线看其创新教育[J].比较教育研究,2008(07):36-40.

[110]　王春晖.推动高校优势学科建设 促进办学水平提升[J].中国高等教育,2015(12)：50－52.

[111]　王成军,方明,秦素.基于诺贝尔科学奖的研究型大学原始性创新能力提升研究[J].演化与创新经济学评论,2020(01)：83－94.

[112]　王大中.大学学科建设和专业结构调整的实践和体会[J].中国大学教学,2002(11)：7－9.

[113]　王顶明,黄葱.新时代高校科研评价改革的思考[J].高校教育管理,2021,14(02)：24－36.

[114]　王顶明.为什么需要适度扩大博士生培养规模[J].中国研究生,2019(06)：60－61.

[115]　王鉴,王子君.新时代教师评价改革：从破"五唯"到立"四有"[J].中国教育学刊,2021(06)：88－94.

[116]　王靖元.基于学科交叉的大学组织机构建设策略研究[J].中国高新科技,2021(23)：159－160.

[117]　王任模,屠中华,刘惠琴,等.博士生培养质量与规模研究[J].研究生教育研究,2017(03)：8－12.

[118]　王牧华,全晓洁.美国研究型大学本科拔尖创新人才培养及启示[J].教育研究,2014,35(12)：149－155.

[119]　王兴.国际学术话语权视角下的大学学科评价研究——以化学学科世界1 387所大学为例[J].清华大学教育研究,2015,36(03)：64－75.

[120]　王战军,杨旭婷.世界一流学科建设评价的理念变革与要素创新[J].中国高教研究,2019(03)：7－11.

[121]　王章豹,汪立超.我国高校原始创新能力不足的成因分析及其建设路径[J].现代教育科学,2007(05)：1－5.

[122]　魏红征.法制化营商环境评价指标体系研究[D].华南理工大学,2019.

[123]　魏宏森,曾国屏.系统论——系统科学哲学[M].北京：清华大学出版社,1995.

[124]　魏占祥,郭淑媛.研究型大学创新本科生科研训练模式探讨[J].中国农业教育.2016(04)：78－83.

[125]　吴金培,李学伟.系统科学发展概论[M].北京：清华大学出版社,2010.

[126]　吴越.世界一流大学的学科建设理念——基于MIT的个案研究[J].西北师大学报(社会科学版),2010,47(02)：80－85.

[127]　武建鑫.走向自组织：世界一流学科建设模式的反思与重构[J].湖北社会科学,2016(11)：158－164.

[128]　[西]奥尔特加·加塞特著,徐小州,陈军译.大学的使命[M].杭州：浙江教育出版社,2001.

[129]　夏征农.辞海[M].上海：上海辞书出版社,1988.

[130]　向兴华,杜鹃.建设一流创新团队 加快提升我国研究型大学学科水平[J].学位与研究生教育,2011(07)：22－26.

[131]　邢新会.培养本土人才与引进海外人才同等重要[N].中国组织人事报,2011-03-09.

[132]　徐岚.导师指导风格与博士生培养质量之关系研究[J].高等教育研究,2019,40(06)：58-66.

[133]　徐志明.社会科学方法论[M].北京：当代中国出版社,1995.

[134]　宣勇.大学学科建设应该建什么[J].探索与争鸣,2016(07)：30-31.

[135]　宣勇.建设世界一流学科要实现"三个转变"[J].中国高教研究,2016(05)：1-6,13.

[136]　薛天祥.高等教育学[M].桂林：广西师范大学出版社,2001.

[137]　阎光才.海外高层次学术人才引进的方略与对策[J].复旦教育论坛,2011,9(05)：49-56.

[138]　阎光才.学科的内涵、分类机制及其依据[J].大学与学科,2020,1(01)：58-71.

[139]　阎光才.学术影响力评价的是非争议[J].教育研究,2019,40(06)：16-26.

[140]　杨梦婷,潘启亮.我国原创性科研成果产出的影响因素和激励机制研究[J].科技管理研究,2021,41(09)：15-20.

[141]　杨天平.学科概念的沿演与指谓[J].大学教育科学,2004(01)：13-15.

[142]　杨烨军,李娜,王徐凯.研究生导师指导质量满意度影响因素分析[J].牡丹江师范学院学报(自然科学版),2021(04)：71-76.

[143]　杨玉良.关于学科和学科建设有关问题的认识[J].中国高等教育,2009(19)：4-7,19.

[144]　尤政.建设世界一流工科 引领工程教育发展[J].清华大学教育研究,2019,40(03)：1-7,20.

[145]　俞林伟,施露静,周恩红.我国高校本科生科研训练的发展历程、困境与未来方向[J].高等工程教育研究.2015(02)：89-93.

[146]　俞蕖.中国顶尖大学外籍学者集聚现状及其制约因素探析——基于30所"双一流"建设高校的数据调查与分析[J].中国高教研究,2019(08)：62-69.

[147]　原帅,黄宗英,贺飞.交叉与融合下学科建设的思考——以北京大学为例[J].中国高校科技,2019(12)：4-7.

[148]　袁广林.学科交叉、研究领域与原始创新——世界一流学科生成机理与建设路径分析[J].学位与研究生教育,2022(01)：13-20.

[149]　张荻.二战前后美国大学化学学科的快速崛起及其影响因素探析[D].河北大学,2017.

[150]　张建红."双一流"建设背景下我国高校拔尖创新人才培养研究[J].江苏高教.2021(07)：70-74.

[151]　张梅.基于 InCites 的机械工程学科发展分析——以北京工业大学为例[J].情报探索,2016(07)：41-48.

[152]　张明,钱欣平.中国高校 Nature、Science 论文解析[J].中国科技期刊研究,2005,16(03)：307-309.

[153]　张瑞红,任晓亚,谢黎等.ESI 高被引科学家的分布研究[J].世界科技研究与发展,2019,41(03)：307-316.

[154]　张绍文.大学学科竞争力研究[D].华东师范大学,2016.

[155]　张伟,徐广宇,缪楠.世界一流学科建设的内涵、潜力与对策——基于 ESI 学科评价数据的分析[J].现代教育管理,2016(06)：32-36.

[156] 张炎.词源[M].北京：商务印书馆,1998.

[157] 张艳.我国护理学学科体系构建与发展策略研究[D].第二军医大学,2013.

[158] 张应强.人文社会科学学术评价及其治理——基于对"唯论文"及其治理的思考[J].西北工业大学学报(社会科学版),2019(04)：24-34.

[159] 张镇强.为什么美国盛产诺贝尔奖得主？[J].科学决策月刊,2006(12)：60.

[160] 赵炬明.失衡的天平：大学教师评价中"重研究轻教学"问题的制度研究——美国"以学生为中心"本科教学改革研究之八[J].高等工程教育研究,2020(06)：6-26,44.

[161] 赵林萍.科技创新平台建设现状、存在的问题及发展规划[J].农业科研经济管理,2010(02)：2-6.

[162] 赵沁平.建设一流学科培养创新人才[J].中国高等教育,1999(02)：10-12.

[163] 赵婷婷.释放高校学科建设活力 加快推进一流学科发展[J].中国高教研究,2019(09)：14-15.

[164] 赵渊.我国世界一流学科建设的路径依赖及其破解[J].中国高教研究,2019(06)：27-32.

[165] 郑海燕.大学学科建设的战略研究[D].南京航空航天大学,2004.

[166] 郑莉.建构"体用"结合的学科评价体系[J].中国高教研究,2016(05)：25-27,67.

[167] 郑培钢.理工类高校人文社会科学发展战略的思考[J].高校教育管理,2007(05)：40-42,56.

[168] 郑晓红,黄成惠,段金廒等.中医药学科发展建设的价值取向和战略选择[J].中医杂志,2015,56(03)：181-184.

[169] 中国学位与研究生教育信息网.全国第四轮学科评估工作概览[EB/OL].[2020-04-20].http://www.cdgdc.ed-u.cn/xwyyjsjyxx/xkpgjg/283494.shtml♯3.

[170] 钟世云.麻省理工学院材料科学与工程专业本科培养计划的分析[J].中国大学教学,2013(03)：89-95.

[171] 钟伟军.一流学科建设中的政府职能转型[J].中国高教研究,2016(05)：7-9.

[172] 周光礼,武建鑫.什么是世界一流学科[J].中国高教研究,2016,(01)：65-74.

[173] 周鹏,赵娇洁.加强重点实验室建设 促进高校学科发展[J].科技咨询导报,2007(25)：239.

[174] 周勇义,凌辉,张黎伟.劳伦斯伯克利实验室科研平台的启示[J].实验室研究与探索,2013,32(07)：139-143.

[175] 周佑勇.理工类大学如何创建"一流文科"[J].中国高等教育,2017(23)：40-41.

[176] 周志发,孔令帅.美国大学从"地方性"走向"世界一流"的发展历程(1876—1950)——从物理学科发展的视角[J].清华大学教育研究,2009,30(01)：61-66.

[177] 朱冰莹,董维春."建成"抑或"生成"：世界一流学科成长的逻辑与路径[J].学位与研究生教育,2014(09)：14-20.

[178] 朱明.我国大学学科水平评价问题研究[D].南京航空航天大学,2015.

[179] 庄丽君,刘少雪.中美两国研究型大学本科教育改革之比较[J].高等教育研究,2008(06)：70-76.

缩略语说明

序号	缩略语	全　　　称
1	ARWU	ShanghaiRanking's Academic Ranking of World Universities 软科世界大学学术排名
2	CICS	Centre for Integrated Circuits and Systems 集成电路与系统中心
3	EMC	Electromagnetic Compatibility 电磁兼容性
4	EMERL	Electromagnetic Effects Research Laboratory 电磁效应研究实验室
5	ERA	Excellence in Research for Australia 澳大利亚卓越科研
6	ESI	Essential Science Indicators 基本科学指标
7	GRAS	ShanghaiRanking's Global Ranking of Academic Subjects 软科世界一流学科排名
8	IEEE	Institute of Electrical and Electronics Engineers 美国电气与电子工程师协会
9	IREG	International Ranking Expert Group 大学排名国际专家组
10	MIT	Massachusetts Institute of Technology 麻省理工学院
11	NAE	National Academy of Engineering 美国国家工程院

序号	缩略语	全　　称
12	NAS	National Academy of Sciences 美国国家科学院
13	QS	Quacquarelli Symonds 夸夸雷利·西蒙兹
14	REF	Research Excellence Framework 卓越研究框架
15	SORPES	Station for Observation Regional Processes of the Earth System 地球系统区域过程综合观测试验基地
16	THE	Times Higher Education 《泰晤士高等教育》
17	UROP	The Undergraduate Research Opportunities Program 本科生研究机会项目
18	US News	US News World Report 《美国新闻和世界报导》
19	WOS	Web of Science 科学网

索 引

致 谢

感谢北京市、上海市、南京市、杭州市、长沙市等 15 个城市的北京大学、清华大学、上海交通大学、南京大学、浙江大学、中南大学等 32 所"双一流"建设高校的 133 名学科专家接受访谈邀请,对本书评价指标体系的构建等内容给予的宝贵建议。

感谢中南大学资源加工与生物工程学院、资源与安全工程学院,南京大学-赫尔辛基大学大气与地球系统科学教育部国际合作联合实验室对本书案例研究部分的支持。